イノヴェーションの創出
ものづくりを支える人材と組織

尾高 煌之助・松島 茂・連合総合生活開発研究所——編

有斐閣
YUHIKAKU

はしがき

　経済のグローバル化が進展する中で，日本企業が競争力を発揮して良好な雇用機会を生み出していくためには，生産体制の高度化，産業組織の変化，すなわちイノヴェーションが求められている。

　イノヴェーションが連続的に創出され，良好な雇用機会が十分に提供されることと企業の活力は，深く結びついている。こうした問題意識のもとに，連合総研では，生産現場において労働者・技術者が果たす役割を考察するため，2007年5月に「グローバル経済下の産業革新と雇用に関する研究委員会」を設置した。研究委員会の主査には，尾高煌之助一橋大学/法政大学名誉教授，副主査には，松島茂東京理科大学教授をお願いし，7名の中堅・若手研究者委員の方々には実地調査をご担当いただき，聴き取り調査や報告論文の作成をお願いした。

　日本企業のイノヴェーションの展開過程について，機械工業，鉄鋼業，化学工業，通信業，ソフト産業に属する企業を調査対象として選定し，各企業の関係者に対する聴き取り調査を実施した。そして，研究技術開発のあり方，技術者の役割，技術者と現場技能者の関係などに焦点を当てながら，これら企業における技術開発・製品開発および人材育成について実証的な調査・分析を行った。調査内容をめぐっては，研究委員会内の相互討論に加えて，ミニ・コンファレンス「イノヴェーションの創出――ものづくりを支える人材と組織」（2009年9月）を開催し，報告論文執筆者と外部の研究者，企業の関係者との間で意見交換が行われた。本書は，こうした2年半にわたる研究成果を最終報告書としてまとめたものである。

　本書の各章から共通して浮かび上がったことは，終章において尾高主査が歴史的な見地も踏まえて考察されている通り，イノヴェーションが創出されている企業では，組織内の人的交流や情報交換（職場連繋モデル）が上手く機能していることである。経済社会の激しい変化の中で，それぞれの企業組織が，職場の技術者・技能者による相互の意見交換を通じて，連

繋機能を発揮している姿を描き出し，そして，その評価を行ったのが本書である。

　最後に，本調査研究に熱心に携わられ，本書にご執筆いただいた尾高主査，松島副主査をはじめ，研究委員会委員の皆様に対して，心から感謝を申し上げる。

　2010年2月

　　　　　　　　　　　　　　　　財団法人 連合総合生活開発研究所
　　　　　　　　　　　　　　　　　　　　所長　薦田　隆成

謝　辞

　本書を構成する一連の共同研究は,「はしがき」に書かれた問題提起を受けて連合総研内に設けられた「グローバル経済下の産業革新と雇用に関する研究委員会」が, 機械, 鉄鋼, 化学, 電気通信, およびソフトウェアの諸産業の生産現場の現状を観察し, また関係者から事情聴取した結果をとりまとめたものである。上記の研究委員会には, 実地調査メンバー（本書各章の執筆者たち）のほかに, 清水宣行（JAM政策・政治グループ次長）と連合本部関係者の方々も連なってくださり, 種々の助言を頂戴した。

　調査対象とした企業は, 調査メンバー（本書執筆者）が直接依頼したケースと, 連合総研の事務局が連合傘下の労組を介して協力をお願いした場合とがある。調査活動が開始されてからは, 実地調査メンバーの各人が対象とする企業の関係者や生産現場を数回にわたって訪問し, 過去・現在における当該企業の生産活動の状況や課題についておおいに学んだ。事業所等をお邪魔した回数は,（同一人が複数企業にお邪魔した場合も含めて, 本書第1章以下の執筆順に）松島が27回, 山藤・松島が8回, 梅崎が8回, 青木が4回, 西野が6回, 中島が3回, そして藤田・生稲が4回だった（共編者も, これらのうち何回かに同行した）。ご多忙中にもかかわらず, それぞれ数回にわたる実地調査と聴き取り調査とに快く協力してくださった関係各社のみなさんに, 深甚のお礼を申し上げる。

　また調査研究の傍ら, フィールド・スタディの合間をぬって, 計9名の先輩の研究者の方々（阿部正浩, 石田光男, 青島矢一, 石田英夫, 中馬宏之, 飯塚悦功, 小池和男, ジェイムス・リンカーン〔James R. Lincoln〕, そして都留康の諸教授）をこの順にお招きして研究蓄積の一端を披瀝していただき, プロジェクト・メンバーの問題意識の先鋭化と豊穣化とをはかるという, すばらしい機会をもった（この方々の報告内容の一端は, 序章の補論で紹介する）。

　実態調査結果の輪郭が見えてくると, 順次その成果を研究会で2回ずつ

報告し，互いに検討を重ねた。これらの研究会には，毎回，研究委員会の顔ぶれだけではなく，連合総研の方々が参加して積極的に批判やコメントを寄せてくださり，研究者一同の裨益するところはきわめて大きかった。

　本書の共編者として連合総研がその名を連ねるのは，以上のような実績を踏まえてのことである。ただし，本書に収められた各章に述べられた主張や意見は，研究委員会メンバーによる共同討議の後にそれぞれの執筆者の責任でまとめられ，私共編者の校訂を経たもので，そこにもられた主張は，必ずしも連合総研の公式見解を代表するものではない。

　2009年9月18日に開催した公開の研究成果報告会（於　総評会館）で，予定討論者として貴重なコメントを頂戴した（あいうえお順に）小滝一彦氏（独立行政法人経済産業研究所上席研究員），川添雄彦氏（NTT研究企画部門チーフプロデューサ），田中辰雄氏（慶応義塾大学経済学部准教授），田中靖氏（JFEスチール研究所自動車鋼板研究部長），藤本真氏（独立行政法人労働政策研究・研修機構人材育成部門研究員），そして三原佑介氏（株式会社昭芝製作所代表取締役）のみなさんには，研究メンバーを代表してあつくお礼申し上げる。

　出版事情の困難な時期にもかかわらず本報告書が公刊出来るのは，有斐閣のご配慮のおかげである。とりわけ，締めくくり段階の研究会に（おそらくは読者代表を兼ねて）出席して調査結果の内容を把握し，また編集と刊行の事務手続きを切り盛りしてくださった同社編集部の柴田守さんと得地道代さんのお二人のご尽力と周到な編集作業とに感謝する。

　この研究の問題意識を練るとともに，研究がスタートしてからは調査の円滑な進行にお骨折りくださった連合総研のみなさん，とくに草野忠義理事長，薦田隆成所長，久保田泰雄専務理事，成川秀明副所長，鈴木不二一（前）副所長の5名の方々は，執筆者たちの報告を丁寧に聴いてくださり，研究執行や改善のために有益な助言や批判を，継続的かつ辛抱強く提供してくださった。また，澤井景子主任研究員，岡田恵子（前）主任研究員，および大谷直子（前）研究員は，プロジェクトの進行役また不可欠の裏方を務めてくださり，関連企業や労組との連絡，研究会の準備・設営・後処理，出版準備など，事務局として親身にお世話くださっただけではなく，

実地調査に参加されたこともあった。ありがとうございました！
　この共同研究に体現された連合総研の熱意と健闘にエールを送りたい。

　2009 年 12 月 15 日

尾高煌之助

松　島　　茂

執筆者紹介 (執筆順)

尾高 煌之助 (おだか こうのすけ)　編者, 序章, 終章
経済産業研究所編纂主幹, 一橋大学経済研究所非常勤研究員, 一橋大学名誉教授, 法政大学名誉教授
主要著作　『職人の世界, 工場の世界』(リブロポート, 1993年; 新版, NTT出版, 2000年); 『労働市場分析』(岩波書店, 1984年)

松島 茂 (まつしま しげる)　編者, 第1章, 第2章 (共同執筆)
東京理科大学専門職大学院総合科学技術経営研究科教授
主要著作　「産業構造の多様性と地域経済の『頑健さ』」(橘川武郎ほか編『地域からの経済再生』有斐閣, 2005年, 所収); 『産業集積の本質』(共編, 有斐閣, 1998年)

山藤 竜太郎 (やまふじ りゅうたろう)　第2章 (共同執筆)
横浜市立大学国際総合科学研究院准教授
主要著作　「三井物産の買弁制度廃止」(『経営史学』第44巻第2号, 2009年); 「開港期横浜の中国人商人」(一橋大学日本企業研究センター編『日本企業研究のフロンティア 第3号』有斐閣, 2007年, 所収)

梅崎 修 (うめざき おさむ)　第3章
法政大学キャリアデザイン学部准教授
主要著作　「賃金制度」(仁田道夫・久本憲夫編『日本的雇用システム』ナカニシヤ出版, 2008年, 所収); 『人事の経済分析』(共編著, ミネルヴァ書房, 2005年)

青木 宏之 (あおき ひろゆき)　第4章
高知短期大学社会科学科准教授
主要著作　「組織の希望」(共同執筆, 東京大学社会科学研究所ほか編『希望の再生』東京大学出版会, 2009年, 所収); 「釜石製鉄所の経営合理化をめぐる労使の対応」(『社會科學研究』〔東京大学〕第59巻第2号, 2008年)

西野 和美 (にしの かずみ)　第5章
東京理科大学専門職大学院総合科学技術経営研究科准教授
主要著作　「技術が生み出すビジネスモデル」(伊丹敬之・森健一編『技術者のためのマネジメント入門』日本経済新聞社, 2006年, 所収); 『ケースブック 経営戦略の論理』(共編著, 日本経済新聞社, 2004年)

中島 裕喜 (なかじま ゆうき)　第6章
東洋大学経営学部准教授
主要著作　「ラジオ産業における生産復興の展開」(『経営論集』〔東洋大学〕第71号, 2008年); 「戦前期日本の電話事業における技術問題」(『企業家研究』第4号, 2007年)

藤田 英樹 (ふじた ひでき)　第7章 (共同執筆)
東洋大学経営学部准教授
主要著作　『コア・テキスト ミクロ組織論』(新世社, 2009年); 「誇り動機づけ理論」(『組織科学』第33巻第4号, 2000年)

生稲 史彦 (いくいね ふみひこ)　第7章 (共同執筆)
文京学院大学経営学部准教授
主要著作　「Yahoo!知恵袋 ケース・スタディ」(共同執筆, 『赤門マネジメント・レビュー』第7巻第6号, 2008年); 「家庭用ゲームソフトの製品開発」(藤本隆宏・安本雅典編著『成功する製品開発』有斐閣, 2000年, 所収)

「グローバル経済下の産業革新と雇用に関する研究委員会」委員名簿

(役職は 2009 年 9 月時点)

主　査	尾高　煌之助	経済産業研究所編纂主幹，一橋大学経済研究所非常勤研究員，一橋大学名誉教授，法政大学名誉教授
副主査	松島　茂	東京理科大学専門職大学院総合科学技術経営研究科教授
委　員	青木　宏之	高知短期大学社会科学科准教授
	生稲　史彦	文京学院大学経営学部准教授
	梅崎　修	法政大学キャリアデザイン学部准教授
	中島　裕喜	東洋大学経営学部准教授
	西野　和美	東京理科大学専門職大学院総合科学技術経営研究科准教授
	藤田　英樹	東洋大学経営学部准教授
	山藤　竜太郎	横浜市立大学国際総合科学研究院准教授
	清水　宣行	JAM 政策・政治グループ次長
	吉野　貴雄	元連合経済政策局部長（2008 年 9 月まで）
	青木　健	前連合経済政策局部長（2008 年 10 月から）
	末永　太	前連合雇用法制対策局部長（2007 年 9 月まで）
	弘岡　建史	連合雇用法制対策部長（2009 年 2 月から）
	伊古田　隆一	連合雇用法制対策局（2007 年 9 月から，2009 年 1 月以降はオブザーバー）
事務局	鈴木　不二一	前連合総合生活開発研究所副所長（2009 年 1 月まで）
	成川　秀明	連合総合生活開発研究所副所長
	岡田　恵子	前連合総合生活開発研究所主任研究員（2008 年 7 月まで）
	澤井　景子	連合総合生活開発研究所主任研究員（2008 年 8 月から）
	大谷　直子	連合総合生活開発研究所研究員
	山脇　義光	連合総合生活開発研究所研究員（2008 年 9 月まで）

目　次

　グローバル経済下の産業競争力を考える　　I

　　　　尾高煌之助

1　本書の課題 …………………………………………………… 2
2　各章の梗概 …………………………………………………… 3

　　　第1章　製品技術・生産技術・製造技術の相互作用　　3
　　　第2章　自動車部品二次サプライヤーにおける技術革新　　4
　　　第3章　産業機械産業における「探求」を促す人材組織戦略　　5
　　　第4章　鉄鋼製品開発を支える組織と人材　　5
　　　第5章　化学産業における技術革新と競争力　　6
　　　第6章　情報通信産業における研究開発と事業創造　　6
　　　第7章　ソフトウェア産業における経営スタイルの革新　　7
　　　終　章　現代に生きる歴史　　8

補　論 ………………………………………………………………… 9

　　　(1)　外国籍従業員比率の増大は必至　　9
　　　(2)　国際比較の視点から見た日本の自動車産業　　9
　　　(3)　「神話」も競争力を生むことについて　　11
　　　(4)　組織観をめぐる東西の差，ならびに起業家育成の必要について　　11
　　　(5)　包括性と機敏性が求められる経営判断　　12
　　　(6)　品質管理の退化を防げ　　12
　　　(7)　トヨタ自動車の国際展開の経験に学ぶ　　12
　　　(8)　日本の雇傭と経営の現状を評価する　　14
　　　(9)　給与制度改革の最近事例　　15

第1章 製品技術・生産技術・製造技術の相互作用
トヨタ技術者のオーラル・ヒストリーからの考察　17

松島　茂

はじめに ……………………………………………………………… 18
1　製造技術と生産技術の相互作用 ……………………………… 20
　　1.1　トヨタ生産方式のはじまりと生産技術　20
　　　　――楠兼敬氏の証言
　　1.2　技術員室の機能――池渕浩介氏の証言　26
　　1.3　生産技術とトヨタ生産方式の対立と融合　28
　　　　――楠兼敬氏と池渕浩介氏の証言
2　製品技術と製造技術の相互作用 ……………………………… 31
　　2.1　車両の切り替えとレジデンス・エンジニア制度　31
　　　　――熊本祐三氏の証言
　　2.2　材料技術部門と製造現場との人事交流　36
　　　　――大橋正昭氏の証言
3　製品技術と生産技術の相互作用 ……………………………… 39
　　3.1　設計と生産技術の切磋琢磨――和田明広氏の証言　39
　　3.2　設計部門と生産技術部門の人事交流　44
　　　　――和田明広氏の証言
おわりに ……………………………………………………………… 45

第2章 自動車部品二次サプライヤーにおける技術革新
昭芝製作所の競争力の源泉　51

山藤竜太郎・松島茂

はじめに ……………………………………………………………… 52
1　金属プレス加工業と昭芝製作所 ……………………………… 54
　　1.1　技術と業界の概要　54
　　1.2　対象企業と調査方法　59
2　組織とキャリア ………………………………………………… 61

  2.1 生産本部　61
  2.2 技術部　63
  2.3 開発部　65
3 技術革新 ……………………………………………… 68
  3.1 プレス加工　68
  3.2 金型　71
  3.3 生産システム　73
  3.4 一次サプライヤーとの双方向の情報交流　76
 おわりに ………………………………………………… 78

第3章　産業機械産業における「探求」を促す人材組織戦略
粉体機器業界の製品開発　83

梅崎　修

 はじめに ………………………………………………… 84
1 粉体機器業界の市場と製品開発 ……………………… 85
  1.1 粉体機器の特質　85
  1.2 粉体機器の市場　89
  1.3 粉体機器の製品開発戦略　90
  1.4 高付加価値の源泉　93
2 分析のフレームワーク ………………………………… 93
3 奈良機械製作所 ………………………………………… 95
  3.1 会社概要　96
  3.2 技術者のキャリア　98
  3.3 製品開発とプロジェクト・チーム　100
  3.4 プロジェクト・チーム方式の利点と問題点　105
4 ホソカワミクロン ……………………………………… 106
  4.1 会社概要　107
  4.2 技術者のキャリア　107
  4.3 製品開発と事業部制　108
5 2社の共通点と相違点 ………………………………… 109

おわりに ……………………………………………………………… 111

第4章 鉄鋼製品開発を支える組織と人材
JFE スチールの自動車用ハイテン鋼板　　115

青木 宏之

はじめに ……………………………………………………………… 116
　(1) 課　題　116
　(2) 方　法　117
　(3) 対　象　118

1 自動車産業との共同開発の深化 ………………………………… 119
　1.1 取引関係　119
　1.2 技術者交流──問題解決から問題発見へ　121

2 組織，キャリア，インセンティブ ……………………………… 122
　2.1 開発組織の全体像　123
　2.2 研　究　所　124
　2.3 商品技術部──製造と研究所の架け橋　127
　2.4 製造・設備保全部門　129

3 製品開発パターン ……………………………………………… 132
　3.1 製品開発のステージ　132
　3.2 分業関係　134

おわりに ……………………………………………………………… 136

第5章 化学産業における技術革新と競争力
三井化学，プライムポリマーによる汎用樹脂事業　　141

西野 和美

はじめに ……………………………………………………………… 142

1 化学産業の既存研究 …………………………………………… 144

2 ポリエチレンの技術革新と技術蓄積 ………………………… 147
　2.1 ポリエチレンとは何か　147

- 2.2 ポリエチレン製造における「技術」と関連性　148
- 2.3 触媒技術と生産技術の発展　151
- 2.4 日本におけるポリエチレンの工業化　155

3 三井化学とプライムポリマーのポリエチレン事業 ……… 156
- 3.1 調査概要　156
- 3.2 三井化学におけるポリエチレン事業の推移　157
- 3.3 製品ライン　159
- 3.4 3種類の製造法　161
- 3.5 組織と製造技術の蓄積　162
- 3.6 量産化のステージ　165
- 3.7 製造技術の蓄積と利用　166
- 3.8 生産技術の蓄積　168

4 技術蓄積と波及効果 …………………………………………… 169
- 4.1 製品特性ゆえの技術蓄積の特徴　169
- 4.2 蓄積された技術の波及効果　171

おわりに ……………………………………………………………… 174

第6章 情報通信産業における研究開発と事業創造
NTTの総合プロデュース活動　177

中島　裕喜

はじめに …………………………………………………………… 178
- (1) 課題と視角　178
- (2) 事例——NTTの研究開発　180

1 NTTの研究開発組織と「死の谷」の問題 ………………… 184
- 1.1 研究開発組織の概要　184
- 1.2 「死の谷」の問題　186

2 総合プロデュース活動 ……………………………………… 188
- 2.1 研究開発組織の特徴　188
- 2.2 プロデューサーの役割　190

3 IPTV開発における総合プロデュース活動 ……………… 193

3.1 IPTVについて　193
3.2 映像圧縮技術の開発　194
3.3 IPTVの実用化過程におけるプロデューサーの調整機能　196

おわりに——総合プロデュース活動の意義 …………………………… 199
(1) 組織間の相互作用を導くキー・パーソン　199
(2) 長期的かつ漸進的な研究開発活動の「守護者」　200

第7章 ソフトウェア産業における経営スタイルの革新
カスタム・システム開発を支える人事システム　205

藤田英樹・生稲史彦

はじめに …………………………………………………………………… 206

1 本章の位置づけとねらい ……………………………………………… 208
　1.1 ソフトウェア産業に関する既存研究　208
　1.2 本章の目的　209
2 A社の現状と課題 ………………………………………………………… 211
　2.1 調査事例の概要　211
　2.2 A社のソフトウェア事業の課題　211
　2.3 B社の概要　212
3 経営スタイルの革新——B社の事例 ………………………………… 213
　3.1 ソフトウェア開発の「工業化」　214
　3.2 プロセス管理の概要——見積りと改善活動　216
　3.3 人的資源管理　217
4 人事システムを中核とした経営スタイル革新の成果 ……………… 219
　4.1 職能資格給制度と「日本型」年功制　220
　4.2 残業のあり方およびスキル認定と昇格の関係性の明確化　221
　4.3 「フローティング・システム」と「経営者の役割」　222
5 ソフトウェア産業の今後と公式組織 ………………………………… 223
　5.1 国際競争に直面する日本のソフトウェア産業　223
　5.2 日本のソフトウェア産業の方向性　224
　5.3 リッチ・コミュニケーションの重要性　226

5.4　企業の境界を超えた公式組織の成立可能性　227
　　5.5　ソフトウェア産業における組織活性化　228
　おわりに ……………………………………………………… 229

終章　現代に生きる歴史　235

尾高煌之助

1　与えられた課題と課題への回答 ……………………………… 236
2　得られた回答の国際的有効性 ………………………………… 239
3　回答のよってきたる所以 ……………………………………… 241
　　3.1　制度的淵源　241
　　3.2　社会意識的淵源　244
　　3.3　史的ならびに国際比較的要因の統合　245
4　総　　括 ……………………………………………………… 246

　事項索引　251
　企業・組織名索引　256
　人名索引　258

序章

グローバル経済下の産業競争力を考える

尾高 煌之助

1　本書の課題

「グローバリゼーション」（globalization，全球化）の世紀が激しく展開している。国際分業構造再編の波の中で，日本の多くの企業は海外に生産拠点を構築し，国内の産業構造は高付加価値分野へシフトする気配を見せつつある。企業合併，吸収，系列化，ならびにその再編など，産業組織の変化も活発化し，他方では企業の経営戦略の再構築も進みつつある。知識基盤型経済への進行が進み，技術革新（イノヴェーション，innovation）を含む新技術開発に軸足を置いた産業活性化策が求められている。

これらの変化に対応して，産業構造の変化と，革新に備える日本社会の課題をめぐる論議がなされることがある。GDP の水準で欧米諸国に伍するに至ったこの国が，従前のように「追いかけ，追い越す」を目標にするのではなく，「先導し，次いで追い抜かれ，再び追い越す」競争の世紀に生き抜くためには，産業内のイノヴェーションを必要とすることについては，大方の合意が成立している。

だが，産業競争力の重要さやそれの背景に控える企業家精神の肝要さはわかったとしても，いまそのことのために何をすればよいのか。その具体化や社会設計についての本格的な考察は，これからの課題である。工業技術の変貌や，それに対する生産組織（企業）の変化の必要性等をめぐる論議は華やかであっても，それらは主として企業本位の——経営側の，あるいは技術開発を推進する主体からの——考察であって，製造現場を担う人たちからの視点が欠けている。企業に焦点を当てた考察はもちろん重要不可欠だけれども，産業構造の変化や新型の技術がもたらす変化に備えて，そこに開けるであろう新しい可能性を製造現場から実現していくための条件を整え，革新や社会変動がもたらすかもしれない職場人たちの不安にも十分に留意しなくてはならない。産業構造の成行きとそれに見合う職業構成の変化はどの方向に行くのか。その新しい潮流の中で，働き手たちの労働権を擁護するとともに，彼らが実力を発揮し，自他ともに満足のいく職業生活と自己実現とを図る人生設計をするためには，個人として，労組として，経営体として，また社会として，いま何を考え，どう行

動するのがよいのか。この一連の問いかけに，実証分析の背景をもって答えることが大切である。

　本書の第1章から第7章を構成している一連の共同研究は，上記の問題意識を受けて連合総合生活開発研究所内に設けられた「グローバル経済下の産業革新と雇用に関する研究委員会」が，生産現場の現状を観察し，その機軸である工業技術の変化や革新を条件づける組織の要因を探ろうとしたものである。この目的達成のためには，比較的情報蓄積の豊かな機械産業を尺度に据え，それとともに，機械産業とは条件の異なる工業素材，電気通信，化学，ソフトウェア（software）の各産業を取り上げることにした。産業競争力に影響を及ぼす重要な要因として，製品開発力，生産技術力，それに製造現場の技能（skill）が考えられる[1]。これら3つの要素は，産業によって影響を及ぼす度合いは異なるであろう。本書は，この点に配意しつつ，機械，鉄鋼，化学，通信，そしてソフトウェア開発の諸産業に即して，製品開発と生産技術，生産技術と製造現場の技能・技術の間にどのような相互作用が働いているかを検討する。

　以下では，序章に続く7つの諸章で展開される議論の内容を，かいつまんで紹介しよう。また，本プロジェクトにおける招待報告に含まれていたいくつかの論点を摘記して，これを本章の「補論」とする。

2　各章の梗概

第1章　製品技術・生産技術・製造技術の相互作用

　第1章は，本書全篇を通じて流れる作業仮説（基本命題と呼んでもよい）を提示したものである[2]。

　自動車産業におけるものづくりのプロセスは，製品をデザインしその設計図を作成するところから始まる（製品技術）。製品技術には，どのような材料を使うかに関する材料技術も含まれる。その設計に基づき，さまざまな種類の生

---

1) ここで「生産技術」とは，工学技術の知識体系が，特定のある製品製造のために利用される（個別具体的な）ものづくりの技術を指す。
2) この作業仮説は，本プロジェクト開始以前から現在まで，高度成長期以降のトヨタ自動車躍進の背景をたずねて実施された技術者の（オーラル・ヒストリーとも呼ばれる）インタヴュー記録の作成を通じて構築された。

産設備や治具を開発・準備（生産技術）した後に，材料を加工して部品を生産（あるいは外部から調達）し，これらを最終製品に組み立てる（製造技術）。大まかに区分けをすれば，ものづくりは，このような製品技術，生産技術，製造技術を動員して行われる。

　欧米の自動車産業より遅れてスタートしたトヨタが競争上の優位を獲得していく過程では，さまざまなイノヴェーションが，製品技術，生産技術，製造技術それぞれの分野で，しかもこれら三者間の相互作用を伴いつつ，連鎖的に発生した。本章は，技術者のオーラル・ヒストリーをもとに，このようなイノヴェーションの連鎖が起きる条件として，異なる技術を担う組織間における場の共有，共通の言語，全体最適を優先させる共通の価値観という要因が大事であると主張する。

第2章　自動車部品二次サプライヤーにおける技術革新

　日本の自動車産業が躍進を遂げ，その生産基地が海外に拡がるとともに，一部の自動車部品の二次サプライヤーも積極的に海外直接投資に励むようになった。ここで事例として取り上げる昭芝製作所も，フィリピン，中国に進出してきた。

　しかし，昭芝製作所は，生産拠点が海外に位置するようになっても，最終製品の国際競争力を維持するための新製品開発や製品多角化は国内の製造現場がこれを担当する方針である。そこで同社では，海外需要に応ずるため積極的に海外生産に励み，国内では資本集約度を上昇させて（ロボットの多用など）労働節約に励むとともに，生産ならびに製造技術の担当者たちは，各々専門領域を有しながらも多種多様の経験を経ることによって，新機軸開発に必要なノウハウを蓄えてきた。新製品開発は昭芝製作所単独で行われるとは限らず，一次サプライヤーの開発プロセスに昭芝製作所の技術者が関与する場合もあり，ここには企業の境界を越えた業務の交流と職務情報の共有の柔軟性が見出される。これは，日本の組織の特徴である，職務機能の柔軟性の高さの1つの現れである（昭芝製作所の技術者による仕事の自分史は，この間の事情をよく物語っている）。今後における日本の機械工業が生きる1つの道筋は，ここに示されていよう。

第3章　産業機械産業における「探求」を促す人材組織戦略

　同じ機械の製作といっても，注文生産に携わる産業機械の場合は，大量見込み生産に従事する自動車製造とは事情が異なる。本章で取り上げる粉体機器は，前者の典型である。機械の注文生産の場合は，新機軸の製品開発とともに，良質で迅速な修理・保全・改良のサービスの供給こそが，（おそらくは）製品単価にも増して経営戦略のポイントを構成する。この戦略を企業が実行するためには，広い視野と多彩な業務経験を携えた技術者の育成と保有とが肝要で，したがって彼らの「探求」意欲を引き出す組織設計・運用ならびに人事管理が大切である。

　奈良機械製作所では，機能別組織とプロジェクト・チーム制が採用されているので，技術者間の協力が促進されるが人事評価には困難が伴う。他方，ホソカワミクロンは，事業部制なので人事評価の難易度は比較的低いが，技術者間協力が促されるかどうかには問題がある。いずれにしても，担当者間の柔軟な協力とともに，仕事の動機づけを図る組織の設計こそは，少量の産業機械生産にとって共通の課題と言えよう。

第4章　鉄鋼製品開発を支える組織と人材

　日本の鉄鋼業を代表する高炉メーカー，JFEスチールにおける自動車用薄鋼板（ハイテン鋼板）の製造に焦点を当てて現場検証した成果が本章である。

　同社の製品開発は，研究所・商品技術部・製造部相互間の緊密な情報・人材の交流をもって展開される。新しい製品開発は研究所の責任とはいえ，そのプロセスは製造を担当する工場現場との情報交換を伴って進行する。この事情は，巨大で高価な設備を必要とする鉄鋼業の製品開発ではとりわけ重要である。また，最終製品が，その注文主（顧客）のニーズにマッチするよう留意し，顧客の許へ自社の技術者を派遣したり，原料に関する新しい判断材料を提供したりもする。ただし，必要とされる専門知識と経験とは多岐に亘り複雑なので，全体を1人で総括する重量級リーダーは存在せず，その代わりに，関係者が他分野への参画や専門をまたいで協議を重ねる（すなわち，企業内の各部局は，自己が得意とする機能に特化せず，複数種のニーズに対応する）。ちなみに，研究所の研究開発業績は，企業収益と連動する形で評価される。

製品需要の国際的拡大に応じて海外生産や技術提供の必要が増加しているが，国内の鉄鋼生産基地が消滅するとは予想されておらず，また顧客企業との密接な経営関係も維持されるものと見込まれている。しかし，経営の国際環境や顧客企業との力関係の将来がどう変化するかなど，予断を許さぬところもある。

第5章　化学産業における技術革新と競争力

本章で扱うのは，代表的な石油化学製品，ポリエチレンである。

1950年代後半以降，日本の石油化学産業は，（通産省〔当時〕の後押しもあって）飛躍的な発展を遂げた。もっともその初期には，基礎技術を欧米からの技術導入に頼るほかはなく，そのために大量の資金が必要だったが，学習過程が終了した後（1960年代末以降）には，日本国内での新たな技術開発や蓄積も散見され，独自の触媒の開発と利用も含め，競争力を云々できるようになった。とりわけ合成樹脂の製造は，複数技術の相互関連を要請する。すなわち，新しいポリエチレン製品とその生産技術，ならびに触媒技術の開発，試作，さらに永い製造過程は，運転員相互はもちろん技術者・運転員間の緊密な連携と協力を必要とした。それゆえ，企業内インフォーマル・ネットワークが形成されたのである（ただし，製品開発のうち量産まで辿り着くのは全体の1％にも満たない）。

しかし，日本の石油化学製品市場の特色は，1つの製品に対して複数のブランドが競立し，しかもそのそれぞれが独自の特性を要求するところにある。原料は同じでも最終製品は多種少量生産になる場合が少なくない。ところが，石油化学は規模の経済性がとりわけ強いので，多種少量生産は生産費用上の著しい不利をもたらす。近年，石油化学業界で再編や合併が併発したのは，折からのバブル不況やサブプライム不況のためでもあるが，業界が原価計算上の難問を抱えていることをも反映している。新技術の開発と蓄積とともに，価格競争力をいかに獲得するか。日本ポリエチレン生産の将来はこの点にかかっていると言えよう。

第6章　情報通信産業における研究開発と事業創造

明治期の創業以来，公的独占事業として，技術力においても研究開発能力においても，また研究実績においても莫大な力と実績とを誇ってきたNTTだが，

1990年代以降に，世の民活化動向によって民営化されてからは，公的防波堤のもとで収益性や研究投資資金の回収などを気にせずR&Dに勤しめばいいというわけにはいかなくなった。それどころか，研究成果が永く「お蔵入り」だったり陽の目を見ずに終わる「死の谷」現象の回避をいまや真剣に考えざるをえない。しかも，その本業は市場の競争にさらされて，必ずしも安泰とばかりは言えない状況にある。

　この事態のもとで，多数の研究活動を維持すると同時にR&Dの成果を社会の実用に供し，研究投資資金を回収し，しかもなお十分の営業収益をあげるべく，NTTは，（苦心の末）「総合プロデュース」機能をNTT持株会社の許に設置した。この活動は，研究活動と営業活動とを繋ぐ機能を負い，内外組織間の要の位置にあって，技術情報の収集と提供，組織間コミュニケーションの仲介，技術的アドヴァイスの提供などに携わるほか，新技術の起業化を図るいわば「キー・パーソン」（プロデューサー）役であって，研究開発とその起業化を目指すチームワークのまとめ役と言ってもよい。その成果の一例がIPTV（internet protocol television，インターネット・プロトコル・テレビジョン）である。これは，技術的に広い分野を網羅し，営業的には内外の生産企業との連携・協力を必要とする苦心の産物だが，最近ようやく成功への道を歩み始めた。

　NTTの「総合プロデュース活動」は，技術開発の成功のためには「多様な人々の合意形成」を図り，「要素技術の発展経路を1つの方向性に収斂させ」ることが重要だとする沼上［1999］が提示した理論の生きた実践例とも言えよう。

第7章　ソフトウェア産業における経営スタイルの革新

　日本のソフトウェア産業は弱いというのが通説である。日本のこの産業が汎用ソフトの開発よりもカスタマイズ（customize，特定の顧客のために開発）されたソフトウェアを多く手がけるという事実は，その弱さの反映であると看做されてきた。

　しかし，本章の執筆者たちによれば，日本がソフトウェア開発に弱いという通説は正しくない。しかも，市場が要請するのはいまや汎用ソフトばかりではなく，カスタマイズされたソフトウェアに対する需要は増大する可能性がある。

この情勢のもとで，ソフトウェアの製作を「工業化」することによって，すなわち，その開発活動を標準化されたプロセスに分割し，さらにそれらプロセスの遂行を，密接なコミュニケーション網で結び合わされた多能工的なプログラマが担当することによって，日本のソフトウェア産業は十分に競争力を発揮できるという。

　さらに，本章の執筆者たちによれば，上記の生産システムは，長期安定的雇傭制度と年功的給与システムからなる（いわゆる）「日本的経営」によって効率よく機能する。すなわち，企業収益をあげるだけを目的とせず，働くことに意義と喜びとを見出す仕事集団を維持・発展させることが可能である。

終　章　現代に生きる歴史

　戦後におけるトヨタ自動車の経験，すなわち企業内革新を支える組織的要因は，製品技術，生産技術，製造技術，そして現場の生産工程の四者間における人と情報の相互連関（相乗り）であるとの（第1章で提示された）作業仮説は，その後に続く第2～7章での観察とおおむね整合的である。これを受けてこの終章では，上記の仮説を「職場連繋モデル」と名づけ，このモデルのよってきたる背景を比較史の中に探ろうとする。

　すなわち，徳川時代以降現代に至るまで，日本の職場には，身分差はあっても欧米におけるほど明瞭な（マギレのない）職種（job）概念が成立せず，したがって異なる職務相互間で「相乗り」が生ずる可能性が存在した。それに加えて，個人主義の思想と実践とは，欧米に比べて弱かった。他方，明治維新以降も厳然として存在した職場による身分差（とりわけホワイトカラー〔white collar, 事務職〕とブルーカラー〔blue collar, 現業職〕との間の社会的差別）は，第二次大戦後の経済民主化の中で名実ともに撤廃された。これらの事情は，職場間の業務連繋を推進する隠れた促進要因となったと考えられる。しかも明治維新以後の日本社会に膾炙した人民平等の思想は，この動きを裏打ちするものであった。

　だが以上は，あくまでも本書で分析の対象とした諸社の経験に基づいた考察である。これらの事情が，いまや急速に展開しつつあるサービス経済化と経済の国際化（または「全球化」，いわゆるグローバリゼーション）の中でどう展開す

るのか，あるいはまったく新しいモデルに衣替えされるのか，これらは将来の検討課題として残されている。

補　論

　本書の土台となった共同研究では，プロジェクト・メンバーによる実態調査を実施するとともに，9名の研究者をお招きして[3]，それぞれが専攻しておられる研究テーマの中から，われわれのプロジェクトに関連するトピックスについて報告をしていただいた。それぞれの報告内容の中には，上記（本章第1節）の問題を解決する際に参考になるヒントがたくさんあった。そこで以下では，それらの中から，とりわけ筆者の関心をそそったいくつかの論点を，筆者の責任で祖述したい。

(1)　外国籍従業員比率の増大は必至

　日本の製造工業の比較優位は保持され続けるだろう。それと同時に，日本の雇傭労働力に占める外国籍従業員の比率は急速に増大していくであろう。したがって日本国内の企業運営では，これらの人たちの存在を十分に視野に収めた職場管理が実践されねばならない。彼らの労働権や生活，福祉などを尊重し，共生の努力をするのは言うまでもない。

(2)　国際比較の視点から見た日本の自動車産業

　20世紀末の比較実態調査（労働政策研究・研修機構［2007］）の結果によると，日本の自動車工業の製造現場は，技能員の動機づけや彼らに体化された生産技能の量と質，作業者同士のチームワーク，技術員と生産工程従業者との間の協力態勢，作業管理，品質管理などのすべての面で，アメリカの水準と比べてはるかに優るものがあった。この事実には，①製造技術と②労使関係とが関係する。

製造技術について

　クルマに代表される組立産業は，部品点数が多く，モデル数も多い。しかも多種少量生産であれば，生産工程には日々微小の修正・調整が必要で，アメリカ的生産システム（標準部品の組合せ）の機械的な応用だけでは対応できない。つまり，標準工程には網羅されていない「隙間」が多く発生するので，それを適切に補充し

---

[3]　お招きした順に，阿部正浩，石田光男，青島矢一，石田英夫，中馬宏之，飯塚悦功，小池和男，ジェイムス・リンカーン（James R. Lincoln），そして都留康の諸教授。

欠陥のない商品を作るためには，個々人の「即興的」対応や作業者間相互の協力が必要になる。ここに，日本的工場組織の運営が製品の強さ（品質の高さ→強い競争力）を保証する理由があったのではなかろうか。

ちなみにこれとは対照的に，化学，エネルギーのように規格品を製造する産業では，工程にも生産技術にも標準性が高く，アメリカ的生産システムが強靱なのではなかろうか。

労使関係について

労組の強さとは一体何なのか。この問いを，改めて考えさせられる。

ゴードン（Andrew Gordon）流に考えた労組の「強さ」とは，以下のような状態をいうであろう（たとえば，Gordon［1998］を参照）。すなわち，同一業種ならば，どこの工場でも守られるべき（「マギレのない」）ルールを作り，それを経営者に認めさせ，日常業務の中で遵守させる。労働報酬は，（査定ではなく）横断的労働市場で決まる賃金相場により，同じ仕事ならば誰でも均等とする。超過勤務は，ルールで認められている範囲外にはありえない。就業条件に関しては，該当業種の典型的な標準を改善することを目指し，労使交渉で勝ち取った成果は企業の枠を越えて一律に適用されるように努める。要するに，労働サービスの供給側の平均的な（場合によっては先端的な）主張を効果的に代表・実現する能力が高いのが，「強い」労組である。

この見方からすれば，日本の労組は弱体だとの評価を受ける。たとえば日本の自動車製造工場では，仕事の段取りや作業内容の修正や補正を，必要に応じて毎週（あるいは毎日）労使間で討議し，その結果，個々の事業所における生産工程の仕事の範囲が変化する。当然，拘束労働時間も伸び縮みし，労働報酬には，個人の能率や作業態度の査定結果が反映する。労使協議制によって縛られているとはいえ，労働者の権利は経営側の都合によっていかようにも侵害されうるというのがゴードン流の評価である。営々として働いて受け取る労働報酬額は高いにしても，仕事場の緊張（ストレス，stress）は高く，家庭生活は犠牲となる場合も多いに違いないと批判される。この意見には，胸を開いて聴くべきところがある。

だが，現代における仕事は，ほとんどの場合，個人芸ではない。従業員同士の協力が必須であり，しかも人が集団で協業するときには，リーダーを中心とする作業管理が要請される。仕事の達成感（満足感）も，この文脈の中で実現する。もちろん労使は，その利害が対立する面があるが，同時に互いに寄り添うところもあるのだから，同じやるのなら，仕事は労使が「協力して」，できるだけ摩擦なしに遂行するのがよい。つまり，労使関係はできるだけ平和で安定的でありつつ，同時に

働く者の権利は十全に守られていてほしいというのが，平均的な日本の民間労組の考えであろう。

このように見ると，労使関係をめぐっても，両者の基本は対立にあるとする「二分法」（dichotomy）的世界観と，拮抗と協力とが並立する「相乗り」（complementarity）的世界観との相違があるのかもしれない。

(3) 「神話」も競争力を生むことについて

産業の「競争力」は，製品や製造技術の物理的優秀性だけでなく，ゴールへの到着順や市場で形成される「通念」（image）に左右される場合がある。そのよい例が電機産業にある。すなわち，日本のデジカメ（digital camera，デジタル写真機）が製品としての比較優位を維持してきたのは，偶然のもたらした運のよさや品質（信頼性）の高さとともに，画素数が大きければ大きいほど高品質であるとの「神話」が成立したところが大きかった。この神話を実現する生産技術（設備能力）が備わっていたのは日本企業だけだったからである。

(4) 組織観をめぐる東西の差，ならびに起業家育成の必要について

日本文化とアングロ・サクソン文化との間には，組織観の違いがある。専門性の差による明瞭な（縦割りの）モジュール（組合せ）型分業が定着している後者では，業務の汎用性確立のための標準化も容易で，したがって共用のシステム・ネットワークが構築しやすい。ところが，日本のように仕事の内容が属人的（または属組織的）で，しかも業務が相互に「入れ子」構造になりやすい場合には，汎用化に手間取る（または困難である）ことが多い。

これら2つの組織観には，（当然のことながら）それぞれ利点と短所とがある。日本型組織は，現在のところ国際競争上の不利を経験しているが，もし現在の困難を克服できた暁には，改めて「その底に秘めた強さ」を発揮することもありえよう。[4]

職務機能の柔軟性は日本の組織の特徴だが，これは合理的な側面をもつ。この特徴があるときには，技術者などの専門家たちの流動化（労働異動率の上昇）が研

---

[4] とはいうものの，最近のユニヴァーサリズム（実はアメリカニズム）一辺倒の見方からすれば，日本の組織もアングロ・サクソン型に生まれ変わらない限りその将来はないということになろう。この見解に対して，経済社会には（他の多くのことがらと同様）多様なスタイルがありうることを納得的に示すためには，日本型システムの生き抜く道を具体的にデザイン（あるいは理論化）してみせる必要があるだろう。DRAM 開発の日韓競争で日本が敗退した事情は，そのための貴重な資料として役立つ可能性がある。

究開発（R&D）の効率の上昇につながるとは限らない[5]。

他方，経営革新を決断するのは企業家である。企業家には起業家と専門経営者とがあるが，この両者はまったく異なる領域（ジャンル，genre）に属する。経営革新は起業家が生むことが多い事実に鑑みれば，専門経営者とともに，起業家を育てることに意を用いねばならない。

ところで，従来の経験によれば，ビジネス・スクールから起業家は育たない。起業家の育成は，ビジネス・スクールでは遅すぎるからだ。別途の方法を工夫せねばならない。

(5) 包括性と機敏性が求められる経営判断

電子機器製造分野など，高度の科学的あるいは知的熟練を必要とする産業では，抽象度の高い技能形成とその頻繁な高度化（upgrading）とが要請される。とりわけ技術変化の激しい分野（半導体など）では，研究開発，商品販売（市場開拓），経営管理など，異なる分野相互間における緊密な情報交換と，それに基づく機敏な決断とが必須である。

ところが，日本の企業経営ではこの種の決断が遅れる傾向があり，そのためアジアの開発途上諸国（NICs, newly industrialized countries）に遅れをとるケースが散見されるに至った。この点は，いっそうの研究と改善とを必要とする。

(6) 品質管理の退化を防げ

品質管理の退化が激しい。これを食い止めねばならない。

これに関連する1つの課題は，働く若者たちの勤労意欲（work motivation）の現状と問題点とを明らかにし，必要な改善を図ることである。

他方，広義のサービス産業（たとえば医療分野）では，その生産プロセスが体系化されておらず，したがってその生産や品質管理の問題点のありようも不明である。この点は早急に改善せねばならない。

(7) トヨタ自動車の国際展開の経験に学ぶ[6]

生産方式をめぐって

（1） 生産ラインの設計には，国による微妙な差があり，その詳細は必然的にその

---

5) とはいえ，人事上の処遇では技術者と研究者とを別系列とし，年功によらず，実力による選別方式を採用するべきである。

土地固有の実践的知恵（ノウハウ，know-how）を構成する。たとえばカリフォルニアの工場には，腰を屈めて作業する頻度の上限を決めた（生体科学〔ergonomics〕的な）規則がある。
(2) 製品開発と生産ラインの改革を決定する会議は，ラインの側で，立ってやる。最終決定は，多数決にはよらない。
(3) 製品設計における3次元CAD（computer-aided designing）の利用によって，かつては平面設計だけだったものが，具象的（virtual）な図が出てくるようになった。この結果，関係者間の相互連携（interactions）はむしろ活発になった。たとえば，金型はその構造がむしろ複雑化して，工法にバリが出ないような工夫を凝らす必要があるなど，仕事の手順の予想と対策が難しくなった（これに加えて，素材が変化したという事情もある）。
(4) 海外トヨタの生産方式は，その土地の企業に自然には広まらないようだ。人間が移動しない限り，影響は少ないのだろう。
(5) （トヨタ生産方式の実施は，素材が変わったとき，デザインに大きな変化があったときなどには難しいのではないか，との質問に対して）ハイブリッドは大きな変化ではない。製造過程はむしろ逆戻りである。立上げのときには生産速度を落とし，チーム・プレイによって互いに助け合う場面が多くなる。これが，昔の生産方法に接近していく理由である（ちなみに，素材よりも市場規模の影響のほうが大きい）。
(6) （トヨタ生産方式の他産業への応用いかん，との質問に対して）モジュール方式では，日本に勝ち目はあるまい。しかし，たとえば半導体も，複雑な機構が加わって統合型の製品になってくれば（すなわち，1つのチップに次第にたくさんの内容を盛り込もうとするなら），製造工程のエッセンスは段々自動車のそれに似てきて，競争力を発揮できよう。ビールやセメントなどの化学系（連続操業）の産業でも，コントロール・ルームにいる担当者の推理能力が強く関係するとすれば，応用できる側面が少なくない。

働き手をめぐって
(7) 日本では生産工程従事者（blue collar）の能力が高く，エンジニアを突き上げる。これが，国内と海外とのいちばん大きな違いだ。
(8) 中堅層活用の生産方式が（トヨタで）定着したのは1960年代だったが，鉄

---

6) 現場での聴き取り調査では，必ず同一人に日を違えて2回尋ねる。なるべく具体例を話してもらう。新鋭の作業場は，生産設備ができてしばらく間を置いてから観察する。

鋼ではもっと早く，1950年代からだった（その検証は，東京大学社会科学研究所で当時盛んにやられた）。
(9) 製造現場での細かな問題点の指摘や改善提案には学歴が必要だが，9〜12年の教育歴があれば十分だ。[7]
(10) 従業員個々人相互間の（査定をめぐる）競争は，日本がいちばん激しい。[8] ちなみに，査定がないところでは，必ずウラ査定をやっている。依怙贔屓はどこにでもある。
(11) カリフォルニアの工場（New United Motor Manufacturing, Inc., NUMMI）では，査定がない。リーダー・クラスのチームに入っていても賃金は変わらない。それでも生産はほどほどにうまく行くのだから，アメリカ人の勤労意欲はよほど高いと判断せざるをえない。それがなぜか，理由は不明である。
(12) 海外トヨタに勤務する技術者たちは，日本トヨタで働く技術者よりも多種多様の仕事を網羅せざるをえないので，幅広い能力がつく（ちなみに，トヨタでも外国人技術者の活用度合いが増えてきた。派遣技術者の比率も上昇して，今では半数が派遣である。この事実からすれば，もっと彼らを昇格させていい）。
(13) 生産工程従事者でも，海外との交流頻度が上昇してきた（たとえば，デザイン変更のときには，支援者が2人一組で国境を越えて移動するなど）。もっとも，海外での経験が国内の仕事の進め方を変えた例があるかといえば，生産工程従事者では判然としない。しかし，事務系（ホワイトカラー，white collar）の場合には明らかな影響がある。

(8) 日本の雇傭と経営の現状を評価する

日本の勤労者が（アメリカの勤労者に比べて）仕事に満足していない理由[9]

日本の勤労者がハッピーでない理由の1つには文化的要因がある。アメリカでは，何事であれ楽観的であるのがよいとされるのに対し，日本ではまじめであるこ

---

[7] ちなみに，日本の製造現場（ライン）でいちばん高学歴者が配置されるのは電力産業で，大卒でも7〜8年はラインの仕事をやらされる（サービスが中止するのは許されないから）。航空業にも同様の傾向がある。

[8] 日本の職人の賃金は階層給だった。これに反し，欧州の職人（ジャーニーマン，journeyman）の賃金は一律だった。とすれば，戦後における日・欧米の賃金制度の差の淵源（の一端）は，近代にまで遡るのかもしれない。

[9] この判断の根拠はLincoln and Kalleberg [1990]であるが，まったく同様の結論が，1999〜2000年に実施された電機連合の調査（電機連合 [2000]）からも得られている。小池 [2008] をも参照。

とが評価されるからだ。いまひとつには，仕事の安定性に対する期待の差がある。アメリカでは，生産工程従事者は馘首される可能性がいつもあるとの前提で働くが，日本では，仕事は安定（半永久的）だという（暗黙の）前提がある。さらに，日本の雇傭制度は，全体としてはうまく機能しており，競争力維持に貢献しているが，いくつかの問題もある。たとえば，常時競争に晒されている，若いからという理由で十分に高い報酬が払われない，しかし簡単に辞めて高賃金の職場に移るのは容易でない，さまざまな社会的圧力（social pressure）がかかる（チームワークを組め，いつも効率の改善を心がけよ，上司とはうまくやれ，等々），仕事の評価は成果（job performance）でなく勤務態度（attitude）による，など。したがって若者の勤務成績は必ずしもよくない，など。

日本の企業経営の現状

高品質化と低価格化とは当然の世の中で，競争は激化している。日本の製造工業における生産技術は今でもすばらしいが，経営管理技術はやや危機的状況ではあるまいか。経営戦略は不足（もしくは欠如）しており，革新は漸進的（incremental）だ。たとえば，比較優位が失われた国内生産にこだわるのはよくない。しかし，インドや中国が相手になると，従来からの戦略ではうまくいくまい。

サービス産業に対する需要は増大の傾向にあるから，この分野での革新と効率の改善とは，とくに必要だ。

(9) 給与制度改革の最近事例

人件費をできるだけ効率化したい。年齢や勤続年数ではなく成果に応じた報酬制度にしたい。この2つの目的をもって自動車販売業 A 社（従業員数約 2300 名）は，2000 年に給与システムを改定した。その主内容は，①職能資格給制度を廃し，職務ベース制を導入，②基本給プラス線型業績給方式に代わって基本給プラス非線型業績給方式の採用，そして③潜在能力を含む総合評価ではなく個人業績特化型の人事考課制度の採用，であった。

給与制度の改定の結果，新車の販売成績は 24％ 改善したが，中古車の販売は多少（12％）改善したにすぎなかった。しかも，成績の改善は若手（職位の下位者）に多く，改定にはいくぶんマイナスの影響もあった（すなわち，非線型業績給の場合，最低期待販売水準が高すぎると従業員の努力を減殺させる，など）。

参 考 文 献

電機連合［2000］『調査時報 第 315 号　14 ヶ国電機労働者の意識調査（第 3 回国際共同意識調査）結果報告』電機連合。

Gordon, Andrew［1998］*The Wages of Affluence: Labor and Management in Postwar Japan*, Cambridge, Mass.: Harvard University Press.

小池和男［2008］「日本の働く人は会社が好きか」『電機連合 NAVI』第 15 号，29-33 頁。

Lincoln, James R., and Arne L. Kalleberg［1990］*Culture, Control, and Commitment: A Study of Work Organization and Work Attitudes in the United States and Japan*, Cambridge, UK: Cambridge University Press.

沼上幹［1999］『液晶ディスプレイの技術革新史──行為連鎖システムとしての技術』白桃書房。

労働政策研究・研修機構研究調整部研究調整課編集［2007］『自動車産業の労使関係と国際競争力──生産・生産技術・研究開発の観点から』労働政策研究・研修機構。

第1章 製品技術・生産技術・製造技術の相互作用

トヨタ技術者のオーラル・ヒストリーからの考察

松島　茂

1958年に発表されたトヨペット・クラウン・デラックス（RS21型）
（写真提供：トヨタ自動車）

はじめに

　ものづくりのプロセスは，自動車産業を例にとってみれば，まずどのような製品をつくるかをデザインして，それを実現するための設計図を作成するプロセスから始まる。これにかかわる技術が製品技術である。製品技術には，どのような材料を使うかに関する材料技術も含まれる。その設計に基づいて，材料を加工して部品を生産し，あるいは部品を外部から調達して，これらの部品を製品に組み立てる。これにかかわる技術が製造技術であり，製造の現場は工場である。当然のことながら，製造を行うためにはさまざまな種類の設備や技術を開発し，準備しなければならない。これにかかわる技術が生産技術である。ものづくりは，大まかに区分けをすれば，このような製品技術，製造技術，生産技術を動員して行われる[1]。

　世界の自動車産業の中にあって，今日，欧米の自動車産業より遅れてスタートしたトヨタが競争上の優位を獲得していくプロセスでは，製品技術，生産技術，製造技術のそれぞれの分野で継続的にさまざまなイノヴェーションが創出されているが（トヨタ自動車株式会社［1987］108-133頁），これらの多くは技術の相互作用によって生まれている。「技術の相互作用」とは，図1-1のように製造技術⇄生産技術，製品技術⇄製造技術，製品技術⇄生産技術という3つの関係において，双方向の作用が働いていることを指す。

　具体的に言えば，1970年代の石油価格の高騰をきっかけとして，燃費効率の向上を目指した車両開発が行われた。その中で車両の軽量化を図るために高張力鋼板を使うという製品技術のイノヴェーションが進められたが，これは高張力鋼板を使用することに伴うスプリング・バックなどの問題を解決する生産技術のイノヴェーションが連鎖して行われたことによってはじめて可能になった。また，消費者の嗜好の多様化に対応して，多車種の開発を短い開発期間で

---

1) 尾高煌之助は，「一般に，モノの生産に関する知識と実践との総合体系を，生産技術（production technology）という」（尾高［1993］23頁）として，生産技術を，広義に捉えている。本章では，技術の相互作用に着目する観点から，広義の生産技術を，製品技術，製造技術，狭義の生産技術（製造に用いる機械・装置にかかわる技術）に分解している。

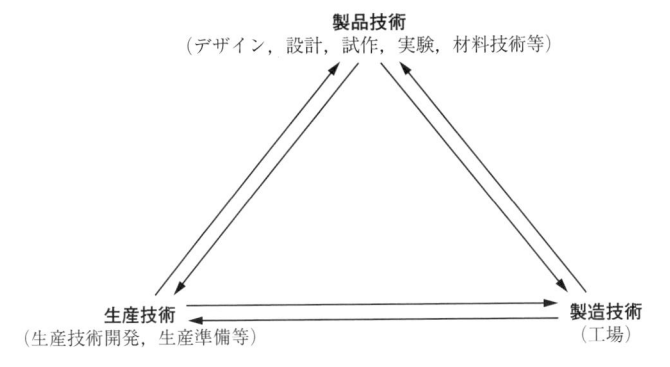

図 1-1 技術の相互作用

製品技術
（デザイン，設計，試作，実験，材料技術等）

生産技術
（生産技術開発，生産準備等）

製造技術
（工場）

行う製品技術のイノヴェーションが進展するが，これも少ないラインで多車種の組立てを可能にするような製造技術のイノヴェーション（たとえば，後工程引取り方式とかんばんの導入，「1個流し」の生産方式など）や少ない設備で多品種の部品の生産・加工を可能にするような製造技術のイノヴェーション（たとえば，段取り時間の短縮等）が連鎖して行われたからである。これらの製造技術のイノヴェーションを集大成してトヨタ生産システムが確立していくわけであるが，その背後でこれを支える生産技術面でのイノヴェーションが行われた。

なぜ，さまざまな技術分野でのイノヴェーションが連鎖するのか。それぞれの技術に相互依存性（technological interdependence, Rosenberg [1982] pp. 55-80 を参照）があり，1つの技術分野でのイノヴェーションの成果を活かすために，他の技術分野でのイノヴェーションを誘発するというメカニズムが働くからであるというのが，筆者の仮説的理解である。

本章では，製品技術，生産技術，製造技術が相互作用によって，らせん状にイノヴェーションが創出されていることに注目して，いままでに筆者が行ってきたトヨタ技術者のオーラル・ヒストリー[2]を主な材料として，製品技術・生産技術・製造技術の相互作用によるイノヴェーション・プロセスのスケッチを試みるとともに，技術の相互作用が起こる条件について考察を行うこととする。

---

2) 松島・尾高 [2007, 2008a, 2008b], 松島 [2009], および松島 [近刊] である。

1 　製造技術と生産技術の相互作用

1.1 　トヨタ生産方式のはじまりと生産技術——楠兼敬氏の証言

　製造技術と生産技術は，ともに設計図を製品として実現するための技術である。自動車の生産技術は，鋳造，鍛造，機械加工，熱処理，プレス成型，溶接，塗装，メッキ，樹脂成型，組立てに大別されるが，これらの技術の開発（生産技術開発）を行うとともに，製造に必要な機械設備を準備すること（生産準備）が生産技術部門の仕事である。そして，これらの機械設備を用いて，よい製造品質，安いコストの製品を，必要なときに必要なだけ生産する技術が製造技術である。よい製造品質のためには工程で品質をつくりこむことが必要であり，安いコストの製品のためには「無駄を省く」ことが必要である。このための現場で工夫される技術も製造技術である。したがって，製造技術の担い手としては，製造技術を担当するエンジニアだけではなく現場の技能者も重要である。トヨタ生産システムは，「敗戦後のトヨタの経営状態では，新しい設備を入れる資金はなかった」という状況で「ある設備でとにかく利益を出すには，極力細いラインにしてモノの流れを無駄のないジャスト・イン・タイムにする」（豊田英二の発言，齋藤［2001］376頁）しかないということで，製造技術のイノヴェーションとしてスタートした。大野耐一氏は，その強力な推進者であった。[4]

---

3) トヨタでは，物を生産する過程で，現状の設備・材料・人をトータルとして最も効率的に使いこなす考え方と手法を製造技術（production engineering）と言っている。生産管理を「需要に合った良い品質の製品を，必要な期日までに，必要な数量だけ，企画した原価で生産するために，生産の基本的な要素としての5Mすなわち人（man），機械（machine），材料（material），方法（method），資金（money）などの活用を計画し，企業の生産活動を全体的に統制し，生産力を最高に発揮させることである」（坂本［2004］8頁）と定義すれば，製造技術は生産管理を含むと考えてよい。

4) 大野耐一氏は1932年名古屋高等工業（現在の名古屋工業大学）を卒業後，豊田紡織に入社，43年に合併に伴ってトヨタ自動車工業に移籍。1947年に機械工場で「多台持ち」を，48年に機械工場で「後工程引取り方式」を試みる。1949年に機械工場長に就任，「多台持ち」を導入，50年に機械工場で「流れ生産」「多工程持ち」を本格的に試みる。1951年に機械工場で「標準作業」の考え方を導入，作業指示書として「かんばん」をはじめて使用した。1954年に取締役に就任，それまでの月末追込み生産を改め，平準化生産に取り組む。1962年に本社工場長に就任，これ以降，外部の協力工場へのかんばんの普及にも取り組んでいる。1970年に専務取締役，75年に取締役副社長，78年に相談役に就任している。1990年に逝去。

楠兼敬氏は，1946年に東北帝国大学工学部機械工学科を卒業して，直ちにトヨタ自動車に入社された。その後，冷間鍛造技術，粉末冶金技術を自動車業界としてはじめて導入するなど，トヨタの生産技術の中核を担った技術者である。1975年に生産管理部長に就任されて以降は，トヨタ生産方式を確立した大野耐一氏の下で役員として生産技術と製造技術をつなぐ仕事をされ，さらにその2つの経験を踏まえてトヨタ自動車の副社長として，アメリカ展開を指揮された。

　楠氏は生産技術者としてキャリアをスタートするが，この時期に現場の技能者と一緒になって工場の生産ラインのボトルネックの解消に取り組む様子を次のように語る。

　　楠：僕は，ドッジラインというのは日本が生き残りをしていくための筋肉にするための贅肉落としだと思います。

　　　　それで，いまのようなことで現有の人でまずやって，そのときに英二さんから，僕はまだペエペエだったから直接じゃないな，野口（正秋――引用者注）部長，小林徳男課長，そういう人たちから，まず金がないから何とか工場内のモノの流れをよくしろ，無駄のない流れをしろ，そのために機械をこっちへ持っていくとかあっちへ持っていくとかあるだろう，それは金を使わんで済む，そういう工夫はやれ。それから，流れとして何台かの機械でラインができていますから，ある機械1台だけ能力が足らん，そのためにここだけネックになってしまう。

　　松島：ボトルネックですね。

　　楠：そこへ集中的に技術屋は集まって技能員と両方で改善をしろ，通りをよくしろ，と。ライン能力とラインバランスをとり，ラインスピードを上げろ，そういう改善をする。そうすると，1台だけを改善すればいいわけです。10台の機械はやらなくていい。そういう工夫をして，お金を使わずに，モノの流れとしてモノの手当てをしろ，と。

　　松島：それは先ほどのお話に出てきた，所どころいい機械はあるけれども，全体として流れがよくないというのと全く反対ですね。

　　楠：反対です。それを徹底してみろ，と。

ここから先がトヨタの特徴でして，そういう指示が出るだけではないのです。英二さんが自分で見に来るのです。「ここがおかしいじゃないか。お前は何を見ているんだ」と。「生産技術者は何をしている。楠を呼べ」と。「お前はハウスの中で何をやっている。本を読んでいるんじゃないか。本を読むよりちゃんとモノを見ろ」と。

　　大野さんはまたそれをすぐ直せと言うわけです。「明日，設備業者に行って治工具を変える」と答えますね。そうすると，「何で明日だ。いまから自転車で飛ばしていけ」と。あの当時は自動車がなかったですからね。「自転車で行けば30分で行けるじゃないか。直して，帰ってこい」と。

松島：それは部署で言うと生産技術部門の仕事になるのでしょうか。それとも工場の製造部門の仕事になるのでしょうか。

楠：新しい設備を計画して入れるところまでは純粋に生産技術部門の仕事です。いまのように，入れたけれどもボトルネックが出ると，これは生産技術だ，現場だと言っていてはいかん，一緒にやれ，と。

松島：そのときから生産技術と製造部門のインタラクションというのでしょうか，共同してやれというのはトヨタの中であった考え方なのですね。

楠：共同というよりも一緒になってやれ，と。モノができんというが，生産技術者と工場側がこれでいいと思った，だから両方が一緒になってやるのが当たり前だと。「30分で行けるところじゃないか。何で明日だ？」と，大野さんは立って待っているわけだ。帰らないのです。そうすると，現場と生産技術が飛んで行って，あるいはそこの人が飛んできて直すのですが，直るまで帰らないのです。（松島［近刊］）

　当時の生産は，現場の技能員の経験や職人芸で行われていた。製造技術が生産技術よりも優位に立っており，これを担っていたのは豊田自動織機で技能を修得した技能者たちであった。このような現場の優位は1955年のクラウンの生産までは続いていた。しかし，品質を確保しつつ生産量を増大していくためにアメリカから機械を購入するようになると，技能員の経験や職人芸への依存が変化してくる。

楠氏は，そのプロセスを次のように語っている。
楠：生産部門の中の生産技術者と工場のリーダーたち，工長・組長，現場のスタッフ，その間は比較的一緒でしたね。むしろだんだん海外へ学ぶ，アメリカの機械を買ってくる。（日本の工作機械ではだめだとか，豊田工機の機械ではまだマザーマシンは無理だとか）そういうふうになって，クオリティを確保し，量を上げていくときに，職人芸で最初はやっていたが，だんだん変わっていく。そこから脱皮して最初に入ってきたのが，圧縮空気でモノを出し入れする，それが入ってきまして，初めてコントロールパネルが製造する機械本体と別にできた。リミットスイッチというのが初めて入ってきたのです。

松島：それはいつごろですか。

楠：それは英二さんと齋藤（尚一──引用者注）さんが争議の直後（1950年──引用者注）にアメリカへ行って，ポケットへ入れて持ってきた。こういうのは非常に便利だと，豊田工機がまずつくろうとし，生産技術者の僕らにもつくれと。つくったけれど，うまくいかないのです。ピシャッとぶつけたり何かしました。それから，エアバルブなんかも磁気が働いて作動するのです。冷延鋼板を重ねてマグネットをつくるのだけれども，端のほうにささくれが出ていますと熱を持ってしまうのです。そういう試行錯誤を重ねながら，生産技術者がやりました。

　その次が油圧なのです。油圧の機械をやらんといかん，油圧のバルブが要る，ポンプが要る，そういうふうになりまして，その辺になると技術者は海外の文献をスタディしました。商社の売り込みもあり，だんだん技術者のほうが先行するようになりました。争議の直後は現場のほうが強かったね。むしろ我々はデータがないものだから，鍛造をやれといったって，大学の講義は紙っぺら1枚しかないのです。"Forging Handbook"というのを1冊くれました，「型打ち鍛造」をやれと。フリーハンマーでポンポン打ちますけれども，これは型がないのです。ところが，上下面の型が彫ってあるのです。これを「たい焼き」と言いましてね。わかりやすいですね。たい焼きを新しく1つでもやったら卒業だと。

松島：たい焼きの型をつくる。

楠：型をつくって，いいと思ってやってみても，それで製品はできない。余分な肉を周囲に延ばさんとフィルアップしないでしょう。量の計算がそんなにうまくいかないからバリが出る。そのバリがまたうまくとれないですよ。そこまで含めてやれ。たい焼き1つやったら卒業だと。

　もう1つ，鍛造型をつくるのももっと合理化しろと。要するに彫り方です。当時，戦争中に買ったのだろうな，東芝がつくった自動型彫機械が1台ありました。いまで言えばNCに近い。それが故障ばかりしていて，僕が東芝へ聞いたら，そういうのは戦争中につくっただけで，もうやめました，と。だから，型をつくることの近代化もできなかった。

　1つ，僕じゃないですが，林君が開発に成功したのはエンジンバルブ。あれがパーンとつぶすと広がってだめなのです。このコツは，一遍ちょっと下げる。下げてピュッと上げるとフィルアップする。これは林君が見つけた。それは"Forging Handbook"には書いてないのです。現場をやっている間に技術者と見直してみたらうまくいった，そういうのはありました。

　しかし，クラウンまでは，大体現場のほうが強かったですね。大学を出てないけれども，山本（由夫——引用者注）さんという技範（職制の名称。熟練技能者が任命された——引用者注）の方は，経験でミーリングの刃をこういうふうに，中心線がモノより上に来てしまうとビビルというのです。中心線を下へ持ってこいと。僕は大学の工作の先生にそれを言ったら，大学の先生は知らなかった。その方は計算尺を使わないのです。こうやってモノを見ては，ぽんと書く。そういう方でしたね。トヨタの生産の技術をやった人にはそういう方が何人かおられました。技範が3名か4名おられた。現場では工範が同数くらい。

松島：そういう方はどうしてそういう技能を身につけられたのでしょうか。

楠：そういう能力のある人を織機の中から探したのでしょうね。（松島［近刊］）

　技能員の経験や職人芸への依存が変化してくるもう1つの理由は，生産技術

者が現場の技能員の経験をデータベース化することに努めたことであった。

楠氏は,これについて次のように語る。

 松島：楠さんのご著書『努力と成長』の中に,「学卒の技術者は,現場の技能員の経験をデータベース化することに努めた」という記述がありますね。

 楠：そうそう,結局いまで言えばスキャニングですね。モノがあって,それからデータを別にとる。何とか我々としては,いずれ将来は技術者が先導したい,しかし,いまは何もこちらはないわけだから,彼らの経験でやっていることを何とかスキャニングでデータベース化したい,それがないと先に行けないと,みんなそういうことで生産関係はおりました。

 松島：データベース化はできていくのですか。

 楠：だんだんできていきました。それができてくるのと一緒ぐらいに多少お金ができたから,あるいは輸銀で借りたり世銀で借りたりして,アメリカとかドイツから,(大体アメリカですが,)いい機械を買いました[5]。そのカタログは英語ですから訳すのは我々ですね。その辺からだんだん現場のほうが学卒を認めて,あるいは頼りにするとか,そういうふうになってきました。

  しかし,トヨタというのは最初から生産関係は一緒でしたね。最初のうちは現場のほうが強かった。こちらはデータをつくっては試行錯誤しながらやっていく。だんだん海外の技術や何かが入ってきて,立場が変わっていった。(松島［近刊］)

手探りで生産を行っていた時代の現場の経験優位から,輸入機械の導入と知識のデータベース化を進めることによって生産技術者が次第に実力を持つようになる過程について,楠氏は「勉強になると,やっぱり先頭に立つのは技術者です。しかし,翻訳したものだけで威張っていてはだめなので,こうなったか

---

[5]「57年（1957年——引用者注）に本社の車体工場のなかに石膏モデルの製作場をつくり,輸入した倣い型彫り盤もここに並べ,型工場が発足した。このときに購入した工作機械だけで4億円を超したので,56年,世銀融資8億4千万円の半分以上を使ったと言われた」(楠［2006］28頁)。

らどうだと，そこから現場のほうは，それじゃ一緒にやりますかと，そこからですね。もともとそうだったから，だんだん比重が現場から技術者のほうに変わってはいきました」と語っている（松島［近刊］）。

製造技術と生産技術が乖離せず，このような変化がスムースに行われたのは，製造技術を担当する技術者・技能者と生産技術者が近接していて，両者が場の共有ができやすい環境にあったからである。

1.2 技術員室の機能——池渕浩介氏の証言

池渕浩介氏は，1960年に大阪大学工学部溶接学科を卒業され，直ちにトヨタ自動車工業に入社された。その後，20年近くも本社工場，田原工場などの技術員室に所属されて，製造技術を担当するエンジニアとして，大野耐一氏の指導の下でトヨタ生産方式を実践された。また，トヨタとGMの合弁事業であるNUMMI（New United Motor Manufacturing, Inc.）の取締役副社長として同社の立上げに携わられた。その後，高岡工場長，堤工場長，明知工場長，上郷工場長のほか，副社長，副会長を歴任されている。

技術員室が職制表にはじめて登場するのは，1958年7月からである。当時は本社工場のみであったが，その中の鍛造工場，鋳造工場，機械工場，車体工場，総組立工場のスタッフ組織として技術員室を設置して，製造技術を担当するエンジニアを配置した。これによって，工場の組織は各生産ラインの組織と技術員室というスタッフ組織によって構成されることになった。[6]

技術員室を設置した理由は2つあった。1つは，ジャスト・イン・タイムを実現するために必要な後工程引取りやかんばん方式を導入し，定着させるためである。新しい製造技術の導入に際しては，ライン組織[7]はしばしば「抵抗勢力」になる。これを抑えて新しい製造技術を定着させるために，スタッフ組織としての技術員室に配置されたエンジニアのパワーが必要であった。もう1つの理由は，生産技術とのコミュニケーションのためである。前述したように

---

[6] トヨタ自動車工業株式会社社史編集委員会［1967］によれば，1967年時点での本社工場車体部の組織は，部長の下にライン組織であるプレス課，ボデー課，およびスタッフ組織である技術員室が置かれている。池渕氏は，この技術員室に配属されていた。

[7] ライン組織は課長—工長—職長—…により構成されていた。工長以下は技能員であったが，ごく稀に技術者が工長になることがあった。池渕浩介氏は工長を経験されている1人である。

1950年代の半ばには新しい機械設備を導入することができるようになり，生産技術者は独自に新しい生産技術の開発を試みるようになっていた。このため，「あらゆる無駄を排した最も細い生産の流れを作る」ことを目指す製造技術との調整を図る必要も出てきていた。製造技術の立場を代表して生産技術者とのコミュニケーションのできる技術者が工場に必要となってきたのである。

　池渕氏は，このような技術員室の機能について次のように語っている。

　　池渕：昔は職人と技術屋とがお互いにこうやる（ぶつかる――引用者注）でしょう。それを埋めようということです。それでスタートして，会社も大きくなってきて，いろんな外部の関係ができたので，部品もうまくタイムリーに入ってこないとだめなので，そこから技術員室のスタッフを使って改革をやろうということです。(略)

　　尾高：技術員室を最初につくられたころは，トヨタの中では現場の人たちの抵抗もあったわけですね。

　　松島：ギャップを埋めなくてはいけないからということですか。

　　池渕：いやいや，いいものをつくるためには本当の意味のコミュニケーション，席を変えようとか，生産技術の連中をもっと教育しようかとか，みんなそういう組織はあるけれども，やっぱりお互いに，ここからは越えない，ここからは越えないという川があるのです。その川を埋めて，船を渡す渡し場の役割を我々がやったのです。

　　尾高：現場の人は，生産は自分たちがよくわかっているから，大卒の技術者なんか何の意味もない，そういうことがあったのではないでしょうか。

　　池渕：ありました。それを大野さんがむしろ逆に変えていった。もちろん技術屋にとってもメリットのあることはいっぱいあるわけです。それを味方につけてやらないとパフォーマンスも上がりませんし，わからないこともある。だから，お互いにニーズはあった。しかし，それはそれで生産技術屋に聞けばいいじゃないかというところがあったけれども，それ以上踏み込んでやらないとこれからの車づくりはだめだと。昔はそうだった。喜一郎氏は本当に現場で職工さんと一緒にやって，つくったのです。そういうのを忘れてきているわけですから，それを

そういう組織で埋めようとしていたのです。
　　近いから行ってこいと，行くのは行くけれども，本当にそれが黙っていてもそうせざるを得ないように，いまの2階と3階じゃないですけれども，1つのフロアにおろせば顔も見えるし，相手の気持ちもわかるし，忙しさもわかるから，お互いにオープン・コミュニケーションができるということです。それを組織上でつくったわけです。
松島：その組織ができたのは，池渕さんが入った年より前ですか。
池渕：前です。
松島：早い段階でそういう発想はあったのですね。
池渕：大野さんがつくったのは，最初は機械工場だけだったと思います。
　（松島・尾高［2008a］44-45頁）

　本社工場車体部技術員室に所属した池渕氏は，常に工場の中にいただけではなかった。大野耐一氏の指示によって，豊田鉄工，武部鉄工などのサプライヤーにも派遣されて，それぞれの会社の改善の応援に当たっている。これによって，トヨタの中で育まれた製造技術は，周辺のサプライヤーにも伝播した。また，派遣されたエンジニアにとってはトヨタの中の分業においては経験できない幅広い技術に接触するまたとない機会となっている。
　このようなことが可能になったのも，技術員室にある程度まとまった規模のエンジニアが配置されたことによるところが大きい。技術員室は，トヨタ社内における製品技術と生産技術の相互作用を促進したばかりではなく，トヨタとサプライヤーの間の技術の相互作用も促進しているのである。

1.3　生産技術とトヨタ生産方式の対立と融合
　　　――楠兼敬氏と池渕浩介氏の証言

　製造技術と生産技術の相互作用は，必ずしもスムースに行われたものではなかった。生産ラインは複数の異なる機械によって構成されている。たとえば，生産ラインが10台の機械で構成されている場合，トヨタ生産方式の考え方では10台の機械の処理能力が均一であればラインはスムースに流れるので好ましいということになる。しかし，この中の1つの機械（たとえばブローチ盤）を担当している生産技術者は，ブローチ盤をハイ・スピードにしようと努力す

る。「生産技術者というのは，特定の技術の飛躍的向上を目指し，システム的にもジャンプを心掛ける」(楠氏)傾向があるからである。その結果，ブローチ盤の加工能力だけが突出し，ライン全体のバランスをとるのが難しくなる。これが，しばしば生産技術とトヨタ生産方式による製造技術の対立が生じる原因であった。

　製造技術と生産技術の相互作用がスムースに行われるようになったのは，1975年に，入社以来，生産技術を担当していた楠兼敬氏が生産管理を担当するようになってからである[8]。楠氏と池渕氏の次の対話が，その事情を明らかにしている。

　　楠：生産技術者が，新しい技術を開発し，大きなジャンプするプランを立てても，現場で机上プラン通りにいくことはまず無い。バイト一つとっても，現場の改善がないと実際にはなかなかうまくいかない。自働化をしても，トイで詰まって，うまく流れないというような問題も必ず出てくる。新しい機械を入れても，そういう問題にぶち当たり，うまくいかなかったりすると，「何でこんな機械を作ったのか」ということになる。生産技術者は，高性能の新しい機械を入れて新しいラインを作ったのに，「なんで邪魔物扱いするんだ。もっと協力すべきだ」と対立する。かつては，トヨタ生産方式だけでやろうとしたり，生産技術屋がトヨタ生産方式を無視してやったりして，対立して喧嘩になったことがあった。常に新しい生産技術の成果を採り入れたライン作りを行い，改革をしていかなくてはいけない。竹槍ではジェット機は落とせない。同時に生産方式や現場の改善がないと，技術革新や折角の新しい設備も有効に機能しない。これらの両方が一体になって，はじめて大きな成果がでる。

　　　　　(略)

　　池渕：生産技術屋がしょっちゅう大野さんに叱られていたのは，生産技術屋を引っ張り込むという葛藤だったと思います。大野さんに，生産管

---

8) 生産管理部は本社組織の一部門である。工場の設備計画，工程計画，生産計画など製造技術に密接にかかわっている。このときの生産管理部の担当重役は，大野耐一専務取締役(当時)であった。

理の若僧が現場で叱られるけど，それ以上に生産技術者がぼろくそに叱られて逃げたくなるような雰囲気で鍛えられた。その頃は，生産技術屋の親方もしっかり頑張っていて，お互い対立しながら独自にレベルアップをしていた時代。そして，オイルショックのちょっと前に，生産技術屋だった楠さんが生産管理を担当されるようになった。楠さんが生産管理部へ来られた頃は，まだ生産技術との連携はとられていない時代で，時々接点はあったが，それぞれが独立独歩でやっていました。

楠：生産技術の開発をずーっとやってきて，昭和40年代の後半に排気対策部品の開発をしていた時に，「部品だけでは，全体の切り替えはできない。50年排出ガス対策車の切り替え全体を見ろ」と命ぜられて，初めて生産管理の仕事を担当取締役としてすることになった。トヨタ生産方式を開発し当時専務だった大野さんは，「怒鳴って叱る」ということで有名な人だった。私も，人に譲らんところがあったから，「楠は，半年ももたないんじゃないか。今のうちに香典をやるよ」と友人たちが言う。

　大野さんは，個室を持たない人で大部屋の真ん中に座り，隣に生産管理部長の席があった。部長の席を移動させ，「楠君は，今まで全く関係がなかった生産管理に来たから私のすぐ隣に座れ。特訓してやる」と3年間マンツーマンで直接，丁寧に指導を受けた。大野さんのところへ来る大体の人は叱られる。「がみがみ言われている本人は，多分，半分くらいしかわかっていないんだな」と話を横で聞いていて，これが結構勉強になった。また，何にも言わないで突然新しいアイデアを実行するけど，後から「あのときはこうでな」と教えてくれた。

池渕：楠さんが生産管理に来られてから，生産技術者がトヨタ生産方式を前向きに仕事のなかへ取り入れるようになりました。トヨタ生産方式で，楠さんが一番貢献されたことは，生産技術とトヨタ生産方式を融合し一体化されたことだと思う。その融合があったから，今日のトヨタ生産方式があるといえます。（齋藤［2001］379-381頁）

生産技術のイノヴェーションが進む中で，「トヨタ生産方式の基本理念を変

えずに，生産技術と一体とならなければいけない」と考えた楠氏は，生産管理と生産技術の担当者が一緒になって計画段階からラインをどのようにするかという検討をさせて，積極的に新しい生産技術を採り入れていった。これによって，トヨタ生産方式が進化していったものと考えられる。

2 製品技術と製造技術の相互作用

2.1 車両の切り替えとレジデンス・エンジニア制度
——熊本祐三氏の証言

　熊本祐三氏は，1956年に慶応大学経済学部を卒業され，直ちにトヨタ自動車工業に入社された。その後1991年にトヨタ自動車理事を退任されるまでの35年間のほとんどを生産管理の分野で活躍された。トヨタが「本格的乗用車として世に問う最初の車」であるトヨペット・クラウンの誕生が1955年1月，はじめての乗用車専用工場として元町工場が完成したのが59年9月であるが，熊本氏は61年から69年まで元町工場工務部日程課係長として乗用車生産の現場で「車両の切り替え」に従事されている。「車両の切り替え」は，製造技術と製品技術，さらに生産技術が絡み合って進められる仕事であった。

　熊本氏は，その内容について，次のように語っている。

　熊本：最初にやった仕事は，生産管理部の出先を工場組織に取り込むことです。工場の組織はできたけれども，まだ生産管理部が一部進行を見ていたのです。

　　　　それはどういう仕事かといいますと，車両の切り替え関係です。切り替えと言いますのは，部分的には設計変更があります。大きくは，モデルチェンジとかマイナーチェンジとか工場としての車両の切り替えがあります。工場の車の切り替え業務は，当時生産管理の出先が担当していたので，その業務を全部工場側に移管することが私の仕事です。

　松島：いまのお話の中で，「切り替え」という概念はいま初めて伺ったのですが，マイナーチェンジとか設計変更は技術部の話ではなくて，生産しているプロセスでの話なのですか。

熊本：「モノ」をこういうふうに変えてくださいという技術情報は，技術部から出します。それを「イツ」から変えましょうというのは生産管理部と工場です。工場で何時，どういうふうに量産試作をやっていくかとか，設備設置の時期，トライなど更にラインを何時切り替えるかとか，そういうのは生産管理部と調整した上で進行管理は工場側でやっています。

松島：ここをこう変えろということを決めただけでは無駄のない変え方はできないから，具体的にあまりショックが起きないような変え方をするタイミングとか，そういうことですか。

熊本：無駄のない変え方をしなければいけない。また，部分的な変更をするのにもいろいろあります。たとえば，市場からの品質不具合といいますか，いわゆるクレームの話などで，製品に不具合があるから一刻も早く切り替えなければいけないというのもありますし，次のモデルのことを考えて，アドバンス的に，この部分はいまのモデルでトライしていこうという前進的なものもありますし，原価改善など，いろいろな意味の技術変更の提案があります。それに応じて工場で，ある車から新しいものに切り替えねばならないわけです。それが切り替えです。だから，新しい部品にするために設備も変えなければいけない部分もありますから，いつから設備を変えて，何号車のどこからそれを適用するかという切り替え計画があるのです。それは工場の中での各部署がみんな関連します。こういうことをみんな生産準備部署と調整して，具体的な進行業務は工場側でやらなければいけないのです。私は，元町のときは，そういう切り替え屋の仕事をやっていました。

松島：機能を頭と手足というふうに考えると，頭の部分もずいぶん工場の中にあるわけですね。ブレインワークというか。

熊本：そういうことです。実行計画の頭の部分は工場が持っているというふうにお考えいただけばいいです。簡単な話，モデルチェンジをして，いつからいつまでラインを止めていつから新車を立ち上がらせて，立ち上がりの台数をどうしようかというのは，工場が立案して生産管理が認めるというようなやり方です。工場側が結構権限を持っていたの

です。
松島：そういう意味では，本社の製品決定機能と工場で生産する機能は分散的ですね。
熊本：そうです。Plan → Do → Check で行きますと，Plan の部分は本社機能が決めていくけれども，Do のレベルは工場がほとんど持っているというのがトヨタです。モノに一番近いところで具体的に決めていく。
松島：たとえば設計変更で，次のモデルのために先行してトライアルしていこうという判断は，工場側の判断も入り得る。
熊本：技術的な内容の範囲は技術部のニーズです。しかし，切り替えるには，その変更がどの範囲まで影響するかを考えないといけないですね。たとえば外注部品だったら，部品メーカーさんがどこまで手配しているか，材料から変えなければいけないのか，あるいはちょっと加工工程だけ1つ加えればやれるのかとか，変更内容との絡みもあります。

　自動車は部品の集まりですから，一概に言えません。幾つかの部品が関連して変えなければいけない切り替えもありますし，単に，準備出来次第，いつからでもいいというのもあります。設計の変更というのは多種多様なのです。

　気をつけなければいけないのは補給部品。アフターマーケットで共用性のない切り替えというのもあります。いままではこの部品が取り付いていたがちょっと変更した，これで旧型が取り付かなくなったような場合など，補給部品との関連がありますから，こういう切り替えはフレームナンバーのどこから変わったかというのを登録しなければいけません。そうしないと，マーケットへ出てから，Aの部品を供給していいのか，Bの部品に変えなければいけないかというのを押さえておかないと，補給体制がとれなくなりますから。

　いろいろな切り替えがありますけれども，そういうのを一々現場との対応でやっていくのは工場でなければできないわけです。（松島・尾高［2007］40-42頁）

熊本祐三氏が元町工場工務部日程課に在籍した1960年代前半は，量産体制

が確立してモデルの切り替えが増大した時期であった。この時期にモデルの切り替えをスムースに行うための組織的取組みとして、当該車種の設計に当たった設計部門のエンジニアを工場に一定期間常駐させるレジデンス・エンジニア制度（Residence Engineer System、以下「RE制度」という）を導入している。工場に常駐するREが、モデル切り替え時の量産試作の段階で必要な設計変更（以下「設変」という）を行うことによって、製造技術面からの意見も設計図面に反映されやすくなった。熊本氏はRE制度について、次のように語っている。

　　熊本：トヨタが切り替え体制を組織的に始めたのは、RE制度ができた頃です。技術情報は、自動車を構成する部品の変更については、トヨタは技術部が全責任を持っています。一番上流機構に入れないと変更・修正できない仕組みになっています。ところが工場と技術部とは時間・距離的にも遠いです。それこそ技術部に「見に来てくれ」と言うと、半日かかってしまう話になりますから、RE制度と言って工場に設計者を駐在させるようにしました。そして、切り替えの前段階として、量産試作をやるようなとき（トヨタでは、号口試作と言いますが）にはたとえば、要求品質と製造品質の規格のすり合わせや、小規模の部品修正、部品種類の統合などは、RE設変（REが現場で行う設計変更——引用者注）という格好で、工場でREが図面を発行する。情報は、そのRE設変が技術部に戻っていって、正規の図面に置きかえる。実際のモノの動きはRE図面で現場は動いていく。それでスピード・アップしました。

　　尾高：熊本さんのスタッフと、現場のトライをやるところと、REとかいろいろなところのそれぞれのグループができたとき、全体のコーディネーションというか連絡というかは、どこがなさるのですか。

　　熊本：そこは、工場内のチームで一体になってやっていたというふうに見ていただいたらいいです。毎朝、今日は何をチェックするかを生産準備部門と製造部門と検査部門とわれわれ工務が朝会と称して立ち会い、昨日の結果と今日の進行の確認をする。夕方、その反省会をやって、予定どおりいったとか、いかないとか、明日もう一遍トライをやろうとか、そういう非常にきめ細かいやり方でやるのです。

尾高：でも，最初にモデルチェンジすると決めたときに……

熊本：そんなカッコイイ話ではないです。自動車というものは5,000点とか8,000点という部品の組合せですから，全部がある精度の中におさまらなければ量産できません。関連部署がみんな集まって集中的に検討を進める。それを日程的に工務部が調整している。これが，日毎に新たに発生してくることは幾らでもあります。後工程は，部品が出てくると思ったら，前工程がもう一遍部品は作り直すという話だと動けなくなります。そこで後工程に対して，今日は部品がこないけれど，部品がなくてどういうことがチェックできるのかとか，大変細かい調整を要します。(略)

松島：レジデンス・エンジニアは本来なら技術本館（技術部門が入っている建物）にいる人が部分的に現場におりてきているということですね。それは非常に興味深いと思うのです。つまり，行ったり来たりの距離が短くなるわけですね。

熊本：時間，距離が短くなる。それから，トヨタの現地現物主義。そこですぐに物が見えるわけですから，何としても結論を出さなければいけない。

松島：これは工場サイドからのイニシアティブで，エンジニアをこちらによこせと言ったのでしょうか。

熊本：技術部と工場側の相互のニーズでしょう。

松島：レジデンス・エンジニアというのは，熊本さんが工務部におられた昭和39～44年の間に生まれたことですか。

熊本：最初にRE制度ができたのは確か元町工場のクラウンのモデルチェンジかな。私が係長で行ったときには，もうありました。

松島：では，昭和39年より前にあったということですね。

尾高：現場にエンジニアが張りついたのはそれが初めてなのですか。

松島：非常に興味深いですね。普通なら，ネクタイを締めて，背広を着て設計図を引いている人が，菜っ葉服を着て現場に出てきて，現場の人と話をして，現場のほうの要請から設計図を変えようとか。

熊本：その辺はトヨタらしいところではないですか。

尾高：もともと喜一郎さんは現場にいたわけでしょう。発祥はね。
松島：まあ，そうですね。しかし，普通の会社で，アメリカの会社だったら，技術者が現場に行くということはない。
熊本：そうです。きっと技術部にいて，情報が行かないと動かないでしょうけれども，トヨタの場合は，現地現物に近いほうにエンジニアが近寄ってきている。(松島・尾高 [2007] 64-67 頁)

　RE 制度ができる以前は，技術部の正式図面が来なければ設変ができなかった。設計技術者が RE として工場に入ってきて，現場と一緒に検討して，修正するべき部分を発見したら，その場で自分たちの責任で図面を切れることになった。製造現場では，この修正された図面を前提として，作業が進められることになる。これによって，生産立上げのスピード・アップが図られたばかりでなく，現場での検討を通じて製造技術と製品技術の相互作用が生じやすくなったことの意義は大きい。[9]

2.2　材料技術部門と製造現場との人事交流——大橋正昭氏の証言

　大橋正昭氏は，1957 年に東北大学大学院工学研究科修士課程を卒業して，直ちにトヨタ自動車工業に入社された。入社後は技術部物理試験に配属されて，1970 年までは引き続き技術部において金属材料，とくに鋳物に関する材料技術を担当された。1970 年には上郷工場の鋳造部に転任して 78 年まで製造技術を担当された。1978 年には第 5 技術部長として技術部に戻り，84 年には取締役に昇任されて，上郷工場長，下山工場長，明知工場長，常務取締役，専務取締役等を歴任されている。

　自動車の設計においては，自動車のそれぞれの部位にどのような性能を持った材料を使うかも大事な要素である。材料を評価し，素材メーカーとともに材料を開発する材料技術は，設計と密接に関連する製品技術の重要な一部である。このため，材料技術に関する組織は，設計に関する組織と並んで技術部門に置

---

9) 製品技術の側から見た RE 制度の意義について，和田明広氏は「現場に行って判断して，向こう（製造技術側）のいろいろな要望について設計変更するのかしないのか，設計変更するとしたらどういう設計変更をするのがいいのかというのを現場で判断するのは大変いいことである」(松島・尾高 [2008b] 191 頁) と語っている。

かれている。

　大橋氏のキャリアは材料技術を担当する部門と製造技術を担当する部門の往復であるが，鋳物に関する両部門の人事交流について，次のように語っている。

　　松島：金属課（物理試験から分課された――引用者注）では，鋳物の製造技術とか生産技術に関わられることもあったのでしょうか。

　　大橋：特に鋳物は生産の工程で随分特性が変わりますから，そういう意味では鋳物の生産現場にはよく行きました。それから，そんなことで半年間，鋳物工場へ実習に行きました。

　　松島：それは何年ごろですか。

　　大橋：昭和38年から半年ぐらい鋳物工場へ実習に行きました。それは本社工場です。そのころ鋳物工場は本社にしかなかったのです。それは金属課の副課長が鋳物工場から来た人でしたので，行くことになったのです。

　　松島：製造現場から技術部のほうに来られたのですか。

　　大橋：そのころからちょっと交流ができました。昭和36年か，そのちょっと前ぐらいもあったかな。技術部にいて，一回鋳造工場の熱処理へ出て，また戻ってきた課長がいたり，僕が仕えた課長は2人とも鋳造工場から来ました。それは学卒です。

　　松島：生産をしていた人が技術部の金属課長に異動してこられたのですね。

　　大橋：そうそう。あれは堤頴雄さんか森田正俊さんの，鋳物なんていうのはそうでなきゃだめだというような考えがあったと思われます。交流がありました。

　　　　　　（略）

　　松島：生産の現場におられた方が技術部に来られると，技術部として何か刺激を受けることはあるのでしょうか。

　　大橋：上司の話でよくわかりませんが，全体としては，あまり影響はなかったように思います。ただ，トラブルの原因が現場と思われるときには，すぐ連絡を取っておられました。本人のキャリアとしては貴重だったと思います。鋳物の特性は，同じ原料というか，分析しても同じだけれども，冷やし方によっても違うとか，そういうことが起こるも

のですから，そこまで含めて考えないと，たとえばエンジン性能のいいものということは言えないところがあります。僕は実習にも行きましたけれども，僕が技術部の長になったときも，随分現場との交流を意識してやりました。(松島 [2009] 44-45 頁)

　大橋氏の以上の証言から，鋳物の特性は成分組成だけで決まるわけではなく，製造技術（どのように冷却するか）によっても影響されるということがわかる。このため，部門間の人事交流によって材料技術と製造技術の両方を理解するエンジニアをつくることで，技術の相互作用を生むための条件づくりを意識的に行っているのである。また，大橋氏は，1970年から78年まで上郷工場の鋳造課長と技術員室を兼任しておられる。

　大橋氏は，その経験を踏まえて，生産技術部門で鋳造に関する生産技術を担当している第4生産技術部（トヨタでは「生産技術」を「生技」と略称している。後に職制表においても「生技」が使われるようになった）と上郷工場の製造技術部門との関係について，次のように語っている。

　　大橋：第4生技部の技術員に対しても，その当時，これは設備的な問題だからここを何とかしてくれとか，ですね。鋳造部の技術力が高ければ，ここをこうしろという言い方でそこへ持っていくのですけれども，もしそういうのがわからなければ，逆に，どうしてもおかしいよ，ここを何とかしろという依頼になります。ですから，ここをこうしてくれと言ったほうが解決は圧倒的に早いですね。ということで，現場のほうの技術力も非常に必要なのです。そういう意味で，私はというのか，技術員室も含めて，うるさい注文の仕方を第4生技のほうに持っていくものですから，随分嫌われていました。
　　松島：工場の中の技術員室は製造部門なのでしょうか。
　　大橋：製造部門の所属です。
　　松島：これとは別に第4生技があるわけですね。
　　大橋：そうです。
　　松島：そうすると，技術員室があり，また大橋さんみたいに物理実験の経験のある方がいると，製造技術と生産技術との間の話は共通言語があって通じるわけですね。

大橋：いやいや，通ずるときと，うるさがられるときとあるわけです。あんまり細かなことまで注文をつけるものですからね。(略) ギシギシと音の出るような。

松島：しかし，どうでしょう，これはいまから振り返ってのことになるのですが，音が出ても共通言語で話して，場合によってはうるさがられたほうがよかったのではないでしょうか。

大橋：そのほうが解決としては絶対早いと思いますよ。

松島：第4生技だけで考えて出した答えを製造現場に押しつけられたら，また現場でギクシャクするかもしれませんし，うまくいかないかもしれませんね。

大橋：そういうことはいろいろありました。能力という言葉も当たらないですね。どっちが力があるかということで，どっちがリードするかになるわけです。現場サイドに技術的にも力があれば，第4生技に，こうしてくれという言い方で頼みに行きますし，それがなかったら，何とかしてくれという言葉で行くわけです。(松島［2009］61-62頁)

以上の大橋氏の証言は，材料技術に通暁した技術者が工場における製造技術を担当することによって，製造技術と生産技術の相互作用を生み出し，生産技術のイノヴェーションの創出に寄与する可能性もあることを示唆している。

3 製品技術と生産技術の相互作用

3.1 設計と生産技術の切磋琢磨——和田明広氏の証言

製造技術と生産技術が設計図を製品として実現するための技術であるのに対して，製品技術は製品企画を立ててから設計図を完成させるまでの技術である。製品企画をもとにデザインが検討され，ボデー，シャシー，エンジンなど各部位の設計が行われる。このときに，どのような材料を用いるかも検討されるので，設計には材料技術が大いにかかわってくる。さらに，試作が行われ，実験・評価が行われて，その結果は再び設計に反映される。このような過程を経て設計図[10]ができあがるわけであるが，これら全体にかかわる技術が製品技術(engineering design)であり，その中心が設計である。材料技術を含む製品技

術全体を担当しているのが技術部門（デザイン部門，設計部門，試験部門等が含まれる）である。

　和田明広氏は，1956年に名古屋大学工学部機械工学科を卒業して，直ちにトヨタ自動車工業に入社された。その後，1957年に技術部ボデー設計に配属されて以来，99年に副社長を退任されるまで一貫して設計部門を中心に経歴を重ねられ，主査として数多くの車種の製品企画・開発を手がけられた。また，1986年に取締役に昇任されてからも設計部門を担当，総括しておられる。

　主査[11]（現在では，チーフ・エンジニア）は，技術部門に置かれた職制で，1つの車種ごとにその車両企画，開発マネジメント，事業成立まで部門を横断して責任を持つ役割を担っている。すなわち，技術部門に置かれた職制であるにもかかわらず，その車種についてのデザイン，設計などの技術部門に関することのみにとどまらず，生産技術部門，製造部門に対しても，意見を言うことができるとしている。主査は，すべての設計図面について最終的にサインをする権限を背景に意見を言うことができるが，生産技術部門，製造部門に関しては命令する権限が与えられているわけではない。説得によって，自らの考えを実現しなければならない。このような職制を置くこと自体が異なる技術の相互作用を企図したものと考えられる。

　和田氏は主査となる前のボデー設計を担当しているときから，製造方法も含めて，全体を考えながら図面を書いていったという。「作るところを見に行って，あとは考えるしかないですね。（略）昔は生産現場もヨチヨチ歩きですから，お互いに切磋琢磨というしかないんですね」と語っている（松島・尾高［2008b］21-23頁）。設計と生産技術の切磋琢磨とは，どのようなものであった

---

10) 設計図には，部品の形状や部品間の関係を示す寸法，公差などの諸元，部品の材質，部品の制作方法などが盛り込まれる。

11) トヨタに主査制度が設けられたのは，1953年である。『トヨタ自動車30年史』には，「技術部内に主査室を新設して，全社的プロジェクトのまとめ役としての主査（部長クラス）を任命し，昭和25年ころから設けられていた車両担当主査の役割を拡大強化させて，エンジン，車両の設計から生産準備までを総合して推進させることとした」と記述されている（トヨタ自動車工業株式会社社史編集委員会［1967］355頁）。また，豊田英二は，主査制度を設けた理由について「目的のためには，技術部でも車体工場でも仕事ができ，足らないところを補ってやるという役割をもった職制，すなわち主査というものをこしらえたほうがうまく進むだろう」と述べている（和田［1999］260頁）。Clark and Fujimoto［1991］（藤本＝クラーク［1993］）では，主査を一般化して「重量級プロダクト・マネジャー」と呼んでいる。

のだろうか。

和田氏は，次のように語っている。

和田：トヨタの場合は生産準備とか現場の人が非常に強いのです。強いというのは，パワーもあるし，知恵もあるし，常に生産技術の人に後ろ指を指されないようにするにはどうしたらよいか。生産技術の人に，こんなバカな設計をやって困るじゃないかと言われないように，それは若いときから必死にやっていました。

　だから，ファルコン（フォードの乗用車――引用者注）を見てクラウンをやれと言ったときにも，ファルコンよりもはるかに生産技術的にまさっている，作りやすい，原価が下がると言われるものをつくらなければいけないと思って，一生懸命やっていました。それがずっと続いている。

　ですから，見方を変えれば，生産技術が非常に強くパワーもあり知恵もあったから，おかげさまでそういう感覚が私に身についたということは言えると思います。

松島：そのようにご説明いただくと納得がいきます。というのは，先ほどの主査と取締役とのやりとりとか，取締役になられたときの和田さんのお仕事を可能にした背景が，個人の資質はもちろんあるでしょうけれども，それだけでなくて，経験の蓄積という面があったというふうに理解したのですが，その経験というのはどういう経験なのかなというのがちょっと気になって，掘り下げて質問をさせていただいたのです。そういう社内での，設計部門だけが圧倒的に強くて，そこが唯我独尊でやるのではなくて，生産技術と常に丁々発止やり合う。

和田：僕に言わせれば，やり合うようでは設計はまずいのです。生産準備は，あいつの設計だからスムースにやれる，問題ないと，全く丁々発止がないような設計ができるようにならなければ，本当はまともな設計だとは言えないと思います。

松島：裏を返して言えば，生産技術のほうからはこういうコンサーンがあるはずだ，それを十分盛り込んだ上でやっているということですね。

和田：そうです。少なくとも自分ではそのつもりでやっていたと思います。

(松島・尾高［2008b］95頁)

　和田氏は，トヨタにおいては生産技術が強かったからこそ，それに対して「後ろ指を指されないように」と，生産技術との切磋琢磨によって，製品技術を向上させてきたと語っている。

　また，1990年代の半ばごろから生産技術がパワーを持つようになってきて，それによって製品技術もさらに向上を目指すというスパイラル・アップのプロセスが生じたとして，次のように語る。

　　和田：製造業は設計がないとモノができないわけですから，最初に設計があるわけです。その設計を何とかして現実のものにしてやろうということで生産技術があり，現場がやっているわけです。その段階ではやっぱり設計が一番強いと思うのです。もし同じものをつくっているとしたら，だんだんつくり方を覚えてきて生産技術が強くなってくると思うのです。

　　　だから，あるとき生産技術が追いついてきて，私の感じでは，トヨタはあるところで生産技術が設計を追い越したと思うのです。追い越されると，こっちもまた必死になってやるわけです。しかも生産技術から設計へ攻め込んでくるわけです。攻め込んでこられても十分なように設計屋が良い設計をし，また生産技術を説得できるような知恵というか，エクスキューズかもしれませんが，そういうものをどんどん増やしていくというか，ポテンシャルを上げるというか，そうしていくことで徐々に上へ上がっていくのです。設計を生産技術が超えるという会社になるケースは少ないと思います。

　　尾高：究極的には，おっしゃるように設計が本当の意味で強くなければいけないけれども，それが強くあり続けるためには，生産がまた強くなければいけないから，それをどういうふうにして実現するか。

　　和田：強いというのは，世の中で強い，競合に比べて強い。社内で強いのは生産技術より設計でなければならないと思いますが，でも，その両方が相対的に世間に比べて強くなければならないのです。

　　松島：ある時期で生産技術が設計を追い越したというふうにおっしゃいましたが，具体的に何かイメージできることを教えていただけますでし

ょうか。

和田：それは技術論で言って正しいかどうかはちょっとわかりませんけれども，マンパワーの面では生産技術のほうが，はるかに余裕ができた時期があったと思うのです。

松島：具体的にはいつごろでしょうか。

和田：いまから10年以上前ですね。15年ぐらい前からかな。

松島：1995年ぐらいですか。

和田：95年以前ですね。もうちょっと前ぐらいです。そのころは，マンパワーとして生産技術のほうが，余裕ができたころではないですか。

尾高：マンパワーとおっしゃるのは人員ですか。

和田：人員的に。たとえば車両生技という部ができたのは，そのころではないかと思います[12]。

　マンパワーが増えれば，やっぱりいろいろ考えるじゃないですか。しかも設計の初期段階に入り込んでくるのです。否応なしに。今度はどんなものをやるのだ，変なものをやるんじゃないだろうなとか，そんなものやってもらっちゃ困るじゃないかとか，そういう話がどんどん入ってくるわけです。そういう段階になってきたのです。

松島：保守的に働くのではなくて，革新的にというか，いままでよりも良いものをつくる方向で働く。

和田：そうです。ある面では，「いいぞ，お前。もっと頑張れ！」とか「こんなのはだめだ」とか，生技から設計に早い段階から入り込んできて，設計を鼓舞するような状況になってきたということだと思います。（松島・尾高［2008b］96-97頁）

車両生技部の生産技術者が，技術部門の開発センターの中に座席を持って，新しい設計に伴う生産設備・システムの開発の変更の必要性について検討し，設計部門との間で調整をするためのリエゾンの役割を果たすようになった。こ

---

[12]　1994年1月1日付の組織改正によって，生産技術部門と技術部門との連繋を深めながら，高品質・低コストの製品を効率的に開発・生産しうる体制を強化することをねらいとして，第3生技部と第2，第6，第7，第8生技部の一部を統合して，車両生技部が設置された。この時点では，「生産技術」の略称である「生技」が職制の名称として用いられている。

の車両生技部がパワーを持つに至った理由について，和田氏は「生技の中で，お前はプレス屋だ，お前は鋳物屋だ，お前は鍛造屋だ，それの加工屋だというふうにきちっと職種を分けていたのを，もっと車という目でモノを見なければいけないのではないかという考え方で，そういうグループをつくったわけです。それが一番大きな原因ではないか」と語っている（松島・尾高［2008b］）。

プレス，鋳物，鍛造，機械加工という要素ごとの生産技術ではなく，「車という目でモノを見なければいけない」という考え方で，車両生技部という組織ができたことが生産技術部門のパワーアップにつながり，これが設計技術の向上を促すことになった。和田氏の証言から，技術部門と生産技術部門が，「車という目でモノを見る」という共通の視点を持ったときに，製品技術と生産技術の相互作用が強化されたものと理解することができる。

3.2 設計部門と生産技術部門の人事交流——和田明広氏の証言

主査制度（チーフ・エンジニア制度）に加えて，製品技術と生産技術の相互作用を促進する要因となったのは，設計部門と生産技術部門の部門間の人事交流であった。とくに，車両生技部には設計部門の経験者が多くいた。和田氏は，このような人事交流について，次のように語っている。

> 和田：私は生技を直接面倒見ていたわけではないからわかりませんけれども，外から見ている感じでは，いわゆる車両生技的な人間がいて，その人間が全部自分で判断するのではなくて，それぞれ，鋳物屋さん，鍛造屋さん，車体屋さん，組立の設備屋さん，そういうところの窓口になったというか，そういう機能を十分果たしてきたのではないかと思います。その車両生技には設計経験者もたくさんいましたからね。
> 松島：設計から行った方もいたということですが，ローテーションではなくて行ったのでしょうか。
> 和田：いろいろな理由はあったと思います。いま豊田合成の社長をやっている松浦剛はそれの1回生ぐらいで車両生技の課長をやったんじゃないかな。前はボデー設計でした。
> 松島：ある種の組織の中での人の攪拌というのでしょうか，流れが，いまのような話にもつながってくるのでしょうかね。要するに，設計に来

やすくなりますよね。あるいは設計のことを知っている人がいらっしゃる。
和田：そうですね。設計と生技とで何名ずつという交換をやったこともあります。
松島：何年ごろの話ですか。
和田：ずっと昔です。20年か，それ以上前からか。
松島：それは続いたのでしょうか，それとも途中で終わったのでしょうか。
和田：細々とは続いていたと思いますけれども，大々的には続いていません。
　　　（略）
松島：生技の経験がある人が設計に入っていくことのメリットをどういうふうに見ていらっしゃいますか。
和田：その本人の話よりも，グループとしてメリットがあります。たとえば，その生技の人が機械加工の専門家だったとするでしょう。設計で機械加工のことを確認しようと思ったら，その人のところへ，「ちょっと教えてくれよ」って行けるじゃないですか。わざわざ生技に行かなくても，ほどほどのところはそこで答えが出ますから，そういうメリットはあります。生技の中で誰に聞けばいいかということも，その人が一番よくわかりますから，誰々のところへ行って聞いてこいという話になりますから，メリットはあります。(松島・尾高 [2008b] 99-101頁)

　設計部門と生産技術部門との部門間の人事交流は，細々ではあるにせよ継続していた。その交流は両部門を往復するものではなかった。すなわち，生産技術者にある期間だけ設計部門を経験させて再び生産技術部門に戻し，両方の技術を持ったエンジニアを育てるというよりも，両部門間のコミュニケーションを円滑にするということに主眼が置かれていたのである。

おわりに

　トヨタにおいては製品技術，生産技術，製造技術の相互作用がさまざまな局

面で働いて，それぞれの分野でのイノヴェーションを継起させる基盤となっていることが観察できる。

　なぜトヨタにおいてこれらの相互作用が生まれたかについて，まとめておこう。それには，次のような3つの理由があったからであると考えられる。すなわち，それぞれの技術を担った技術者が「場の共有」をしたこと，コミュニケーションが可能となるような「共通の言語」を持ったこと，部分最適よりも「全体最適の優先」という価値観が組織全体に浸透していたことである。

　第1は，「場の共有」である。トヨタでは，解決するべき問題が生ずると，それに関係する技術を担当する技術者，技能者が，問題が生じた場所に集まり，実物を見ながら解決策を検討している。いわゆる「現地現物主義」である。これは，創業者の豊田喜一郎からの伝統であり，組織に埋め込まれた考え方になっている。楠氏の紹介する次のエピソードは，それを示している。

　　松島：喜一郎さんはずっと現場にも来ていらっしゃったのでしょうか。
　　楠：現場にはしょっちゅう来ておられた。僕はやられなかったですけど，実習生に「手を出せ」とおっしゃる。
　　松島：学卒の人ですね。
　　楠：学卒。軍手もろくにない時代ですから，現場で作業をやっていますと手に油がつきますね。石鹸で洗っても皺のところは取れないのです。白い手だとパーンとやるんですよ。「お前，現場をやっとらんな」，黒い筋が残っていると「よし！」と。僕はやられなかったな。しかし，何人かやられました。喜一郎さんは徹底して，モノでやれと。いまで言う現地現物主義です。
　　松島：楠さんは黒かったのですか。
　　楠：僕は手が黒かったのです。鍛造でしょう。火の粉は飛んでくるし，油がつくのです。洗っても取れなかったので，幸いやられなかった。
　　松島：でも，現場にそうやって社長が出てくるというと，技能員の方も非常に社長が身近に感じられますね。
　　楠：そうそうそう。それはうちの気風ですよ。豊田英二さんでも章一郎さんでもそうです。特に豊田英二さんなんかしょっちゅう現場へ行くわけです。現場といっても製造現場だけではなくて技術部へ行って，新

製品の実験状況も自分で見ています。(松島[近刊])

　このような現地現物主義の徹底が，楠氏が語る「現場と生産技術の一体としての取組み」，熊本氏が語る「レジデンス・エンジニア制度」につながっている。

　第2は，「共通の言語」である。異なる技術の相互作用が発生するためには，相互のコミュニケーションが成り立つことが必要であり，それぞれの技術を担う技術者が「共通の言語」を持たなくてはならない。そのための工夫として興味深いのは，「技術員室」に配属される大卒エンジニアの機能である。この点について，池渕氏は「我々はどちらかというと生産技術部の連中とか技術部の連中，設計の連中なんかとやり合うのが仕事でした。こんな図面じゃだめだ，いいものはできないとか，手間がかかり過ぎるとか，ここをこう直せとか」と語っている（松島・尾高［2008a］18頁）。技術員室の大卒エンジニアが，製品技術，生産技術を担うエンジニアに理解しやすい言語で製造技術の観点からの意見を発信しているのである。

　異なる技術分野にまたがる部門間の人事交流も「共通の言語」を形成することに役立っているものと考えられる。たとえば大橋正昭氏は，技術部の中の材料技術を担当する部署と鋳造の製造の現場を，役員になる前と役員になってからの2回往復されている。とくに，1970年に技術部から上郷工場鋳造部に異動したときは，エンジン・ブロックの製造のために新しい生産技術の導入を試みた時期で，生産技術部門とのやりとりが重要であった。そのような時期に，製品技術部門，生産技術部門ともコミュニケーションの取れる大橋氏のようなエンジニアを配置したことは，製造技術，生産技術の相互作用を生み出す上で大きな意味があったと考えられる。また，和田氏が語るように，設計部門と生産技術部門の人事交流が行われたことも，両部門に共通の言語を持つエンジニアを通じて製品技術と生産技術の相互作用を促進する効果を生み出したものと考えられる。

　第3は，「全体最適の優先」という共通の価値観である。冒頭に述べたように，自動車のものづくりは製品技術，生産技術，製造技術を動員して，2万点を超える部品を組み合わせる複雑な作業である。自動車に求められる機能の高度化とともに，これらの技術はさらに細分化，専門化されて，それぞれが細分

化された組織によって担われる傾向がある。もし，それぞれの組織が壁を高くして，壁の中での部分最適を追求したとすれば，仮にそれぞれの技術がばらばらに高度化したとしても，それらを統合したものづくりを進化させることはできなかったに違いない。しかし，筆者らが行ってきたトヨタの技術者のオーラル・ヒストリーからは，「全体最適の優先」という価値観が組織全体に共有されていたことが窺われる。

　筆者らが行ったトヨタの技術者のオーラル・ヒストリーの中から，2つの例をあげよう。

　池渕氏は「やっぱりこうあるべきだという品質とか，要するにトヨタ生産方式をきちっとやろうと思えば，そういう壁（工場内の部門間の壁——引用者注）は絶対邪魔になるわけだから，壁をとるのは技術員（すなわちエンジニア——引用者注）が一番率先してやらなければいかんことだしね。大義名分ですよ，品質をきちんとしなければいかんといったら。かっこよく言えば全体最適ですよ。個別最適と全体最適のぶつかりですから。（略）トヨタ生産方式というのは壁を崩すことが最大のポイントでしたからね。壁を作られたらどうしようもないので，そういう意味では最初から全体最適志向でした。（略）技術員室をつくったことによって，部分最適ではなく全体最適を考えるスタッフ部門を組織の中できちっと整理して，位置づけて，ともすれば縦割りのそれぞれの部単位で動きがちなところに対して，少しカウンターパワーをつくる。（略）そういう気持ち（全体最適の優先——引用者注）を持った人たち。そういう気持ちを両方が持てば成り立つのです。だから，いろいろあるかも知れないけれども，とにかくそういう格好で職場運営ができるようにと，ずっといままで続いているのです」と語っている（松島・尾高［2008a］65-67頁）。

　また，和田氏は「サイマルテニアスというのは，本当に全体最適な文句を言わなきゃいかんですよ。あるいは，自分が少々泥をかぶっても，物がよくなり，全体がよくなり，会社がよくなるようなことを言わなきゃいけない。トヨタの場合は，わりあいそれができていたんです。それは，私が辞めるころもそうですけど，生産技術が強かったから，できていたのです」と語っている（松島・尾高［2008b］32頁）。

　以上，トヨタの技術者のオーラル・ヒストリーをもとに製品技術・生産技

術・製造技術の相互作用によって連鎖的にイノヴェーションが創出されるための条件として「場の共有」「共通の言語」「全体最適の優先」をあげた。これらの要素は，単に自動車産業のみではなく，異なる技術の組合せという性質を持つ他のものづくり産業のイノヴェーションの創出に対しても，示唆を与えるものと言えるであろう。

参 考 文 献

千々岩健児編［1982］『機械製作法通論』全2巻，東京大学出版会．
Clark, Kim B., and Takahiro Fujimoto［1991］*Product Development Performance: Strategy, Organization, and Management in the World Auto Industry*, Boston: Harvard Business School Press.（藤本隆宏＝キム・B．クラーク〔田村明比古訳〕［1993］『実証研究 製品開発力——日米欧自動車メーカー20社の詳細調査』ダイヤモンド社）
藤本隆宏［1997］『生産システムの進化論——トヨタ自動車にみる組織能力と創発プロセス』有斐閣．
藤本隆宏［2001］『生産マネジメント入門』全2巻，日本経済新聞社．
藤本隆宏［2003］『能力構築競争——日本の自動車産業はなぜ強いのか』中央公論新社．
畑村洋太郎編著［1988］『実際の設計——機械設計の考え方と方法』日刊工業新聞社．
楠兼敬［2006］『努力と成長——北米事業立ち上げまで』トヨタ自動車株式会社社会貢献部博物館室．
松島茂［2007］「技術の相互作用と技術深化 『世界一』を支えるモノ作り中小企業——浅沼技研のケース」『精密工学会誌』第73巻第1号，44-47頁．
松島茂編［2009］『大橋正昭オーラル・ヒストリー』東京理科大学専門職大学院MOT研究叢書．
松島茂［近刊］『楠兼敬オーラル・ヒストリー』東京理科大学専門職大学院MOT研究叢書．
松島茂・尾高煌之助編［2007］『熊本祐三オーラル・ヒストリー』法政大学イノベーション・マネジメント研究センター．
松島茂・尾高煌之助編［2008a］『池渕浩介オーラル・ヒストリー』法政大学イノベーション・マネジメント研究センター．
松島茂・尾高煌之助編［2008b］『和田明広オーラル・ヒストリー』東京理科大学専門職大学院MOT研究叢書．
日本能率協会編［1986］『トヨタの現場管理——「かんばん方式」の正しい進め方 新版』日本能率協会．
日刊工業新聞社編［2005］『大野耐一の改善魂——トヨタ強さの原点 保存版』日刊工業新聞社．
延岡健太郎［1996］『マルチプロジェクト戦略——ポストリーンの製品開発マネジメント』有斐閣．

尾高煌之助［1993］『職人の世界・工場の世界』リブロポート。
小川英次編［1994］『トヨタ生産方式の研究』日本経済新聞社。
大野耐一［1978］『トヨタ生産方式――脱規模の経営をめざして』ダイヤモンド社。
Rosenberg, Nathan［1982］*Inside the Black Box: Technology and Economics*, Cambridge, UK: Cambridge University Press.
齋藤明彦編［2001］『トヨタをつくった技術者たち』トヨタ自動車株式会社技術管理部。
坂本碩也［2004］『生産管理入門 第3版』理工学社。
佐武弘章［1998］『トヨタ生産方式の生成・発展・変容』東洋経済新報社。
芹野洋一編集幹事［2008］『自動車の生産技術 普及版』朝倉書店。
新郷重夫［1980］『トヨタ生産方式のIE的考察――ノン・ストック生産への展開』日刊工業新聞社。
トヨタ自動車工業株式会社社史編集委員会編［1967］『トヨタ自動車30年史』トヨタ自動車工業。
トヨタ自動車株式会社編［1987］『創造限りなく――トヨタ自動車50年史』全2巻，トヨタ自動車。
和田明広編［1999］『主査中村健也』トヨタ自動車株式会社技術管理部。
Womack, James P., Daniel T. Jones, and Daniel Roos［1990］*The Machine that Changed the World: Based on the Massachusetts Institute of Technology 5-million-dollar 5-year Study on the Future of the Automobile*, New York: Rawson Associates.（ウォマック，ジェームズ・P. ＝ダニエル・ルース＝ダニエル・T. ジョーンズ〔沢田博訳〕［1990］『リーン生産方式が，世界の自動車産業をこう変える。――最強の日本車メーカーを欧米が追い越す日』経済界）

第2章

自動車部品二次サプライヤーにおける技術革新

昭芝製作所の競争力の源泉

山藤 竜太郎・松 島　茂

パワーステアリング用のオイルのリザーブ・タンク
（高さ約160mm・直径約50mm，写真提供：昭芝製作所）

はじめに

　本章の目的は，株式会社昭芝製作所（以下，昭芝製作所）の技術者へのインタヴューを通じて，自動車部品二次サプライヤー（以下，二次サプライヤー）における技術革新について検討することである。

　技術革新やグローバル化に関する研究の中でも，自動車産業は電機産業とともに中心的な対象の1つとして研究されてきた。Clark and Fujimoto［1991］は，日米欧20社の自動車メーカーを調査し，数百人を対象としたインタヴューを行った。彼らは各社の製品開発に注目し，そのパフォーマンスを①リードタイム，②生産性，③製品全体の品質（総合商品力）の3つの要素で測定しようと試みた。さらに，彼らによれば，「本研究で取り上げたメーカーのうち，製品開発のパフォーマンスが優れているものが製造能力も卓越していたのは偶然の一致ではない」とされ，製品技術と製造技術の相関関係についても指摘されている（Clark and Fujimoto［1991］日本語版436頁）。

　Clark and Fujimoto［1991］は，日本の自動車メーカーの製品開発のパフォーマンスが高い理由の1つとして，部品メーカーの開発への関与をあげている。この点に関してCusumano and Takeishi［1991］は，日本の自動車メーカー，アメリカの自動車メーカー，日本の自動車メーカーのアメリカにあるトランスプラントの3つのグループを対象に比較研究を行った。さらに，日本の自動車メーカー4社と日本の自動車部品メーカー23社のトランスプラントを訪問し，49名の管理者と技術者にインタヴューをした。

　その結果，品質水準，不良品改善率などの重要な指標において，日本の自動車メーカーと部品メーカーは，アメリカの自動車メーカーと部品メーカーより優位にあった。日本の自動車メーカーと日本の自動車部品メーカーのアメリカにおけるトランスプラント同士の組合せについては，同様の指標において，アメリカの自動車メーカーと部品メーカーより優位にあるものの，日本の自動車メーカーと部品メーカーに比べると劣っていた。この理由として，①トランスプラントはサプライヤーのコスト情報が不足していること，②アメリカのサプライヤーは製品，生産プロセスの開発を担う能力が欠けていること，③現地調

達を拡大しようとしても2つの壁（日本の品質・コストの水準を満たす二次部品メーカーを見つけるのが難しいこと，アメリカの製造業のインフラストラクチャーが未整備なこと）があること，が指摘されている。

　上述のように，Cusumano and Takeishi [1991] は自動車部品メーカーについて，一次サプライヤーだけでなく二次サプライヤーの重要性も指摘している。藤本・武石 [1994] は二次サプライヤー，三次サプライヤーも含めて，神奈川県で自動車部品メーカーについての実態調査を行った。その調査の結果，自動車部品メーカーの階層別特徴について，一次サプライヤーを大規模（従業員平均総数，1198名），二次サプライヤーを中規模（同，69名），三次サプライヤーを小・零細規模（同，10名）と指摘した。これに基づき，藤本 [1998] は「一次部品メーカーは（日本電装という例外的巨大企業を除けば）自動車メーカーより概して小さいが，それでも大部分は堂々たる大企業であり，大企業対中小企業の区分が一般的に見られるのは，一次メーカーと二次メーカーの間である」と述べた上で，サプライヤー・システムについて自動車メーカーと一次サプライヤーとの取引に限定して分析を進めている（藤本 [1998] 43頁）。

　一次サプライヤーは大企業であるため，とくに上場企業であれば公表資料も多いが，二次サプライヤー以下は中小企業であるため，公表資料を得るのは困難である。そのため，二次サプライヤーの調査には大きく分けて2つのアプローチが存在する。1つは一次サプライヤーから取引先にアプローチする方法であり，多数のサンプルが得られる一方で，個別企業の分析は困難である。もう1つは特定の二次サプライヤーに直接アプローチする方法であり，詳細な事例分析は可能であるが，多数のサンプルを得ることは困難である。

　前者の代表は李 [2000] であり，一次サプライヤーであるアイシン精機株式会社（以下，アイシン精機）の協力を得て，同社の部品仕入れ先389社を分析している。この結果，アイシン精機と部品仕入れ先との関係について，出資比率や人的関係などと取引関係との間に相関があることを指摘している。

　後者の代表が松島 [2006] であり，サンキ工業株式会社（以下，サンキ工業）の事例に基づいて分析を行っている。松島 [2006] はサンキ工業が開発能力を持つ二次サプライヤーになった契機について，①1973年のオイル・ショックによって輸出が激減したため，アメリカ市場向けの自転車用ブレーキの量産か

ら，自動車用部品の開発・試作に比重を移したこと，②1980年代中頃のマシニング・センターやCAD/CAMなど最新機械設備への集中投資の2点を指摘している。さらに，後者の機械設備への集中投資が，蓄積された暗黙的な技能を形式的な技術に転換することにつながり，技術の継承と事業の継承を円滑にする意味を持っていたとされている。

本章では昭芝製作所の事例に基づき，自動車部品二次サプライヤーの競争力の源泉を検討する。なお，本章の構成は以下の通りである。第 **1** 節では事例の概要として，金属プレス加工の技術と業界の概要および対象企業について確認する。第 **2** 節では昭芝製作所の組織と技術者のキャリアを，①生産本部，②技術部，③開発部について検討する。第 **3** 節では昭芝製作所が対応した技術革新として，第 **2** 節の①生産本部と関係する⒤プレス加工，同じく②技術部と関係する⒢金型，③開発部と関係する⒤⒤⒤生産システムについて検討する。さらに，⒤ⅴとして取引関係に関係する革新について検討する。最後に調査のまとめを行う。

1　金属プレス加工業と昭芝製作所

1.1　技術と業界の概要

事例の詳細に入る前に，本項では金属プレス加工の技術と業界の概要について説明する。後述するように，金属プレス加工には金型（かながた）が不可欠であり，「自動車1台（1トン）の鉄のコストは5万円程度に対して，自動車1台に使用される金型は2000～3000組であり，自動車1台あたり10万円程度の金型費用がかかっている」と指摘されている（素形材産業ビジョン策定委員会［2006］6頁）。実際には生産量によって1台当たりの金型費用は大きく異なるが，いずれにせよ，金属プレス加工および金型は，自動車産業全体の中でも重要な分野であると考えられる。

金属プレス加工の技術

金属プレス加工とは「一組の対をなす金型を取り付けた機械を用いて，金型どうしを押し付けることにより金型の間に置いた金属板を塑性変形させて製品を得る方法」である（平井・和田・塚本［2000］40頁）。金属プレス加工の利点

としては「切削加工と比べて大量生産に適することがあげられる。すなわちプレス用の金型を作製することにより同一の形状の製品を得ることができ，かつこの加工は比較的容易に自動化ができる」とされる（平井・和田・塚本［2000］40頁）。

金属プレス加工業に注目した理由は，大量生産と熟練労働という要素を持つため，本書のテーマに合致しているからである。金属板を塑性変形させる方法としては，金型を用いずにレーザー加工機による切断やベンダーによる折曲げなどを行う鈑金加工も存在する。金属プレス加工と鈑金加工のいずれが選択されるかは金型製作費に依存するが，一般的には月産数百個以下であれば鈑金加工，それ以上であれば金属プレス加工が選択される。金属プレス加工は大量生産に適した技術である一方で，「金型の製作に多くのコストがかかるために，多品種少量生産には向いていない」とされる（平井・和田・塚本［2000］41頁）。

人件費や地価などのコストの上昇，プラザ合意以後の円高の進行，少子高齢化による国内市場の縮小などの要因により，日本国内では大量生産型の産業の維持が困難になりつつあることが指摘されている。そのため，大量生産型の産業の海外展開が1985年のプラザ合意後に進み，97年のアジア通貨危機により一時的に停滞したものの，2000年代に入り再び活発化している。

金属プレス加工に不可欠な存在である金型は，その製作に高度な熟練を要することでも知られている。大手企業の中には金型製作費が低廉な地域ですべての金型を調達するという，「グローバル調達」を推進しようとしたこともあった。しかし，高度な熟練を要する金型の製作は，現状では日本をはじめとする一部の国に限られている。アジア地域では高度な金型は日本，中程度の金型は東南アジア，簡易な金型は中国と，技術力とコストの兼合いにより，金型の製作については国際分業が成立している。

業界の概要

金属プレス加工業を含む素形材産業の定義については，「素形材産業とは『金属などの素材を熱や力で成形加工することで形状を付与し，組立産業などに供給する産業』のことをいいます。別ないい方をすれば，素形材産業は，素材に各種加工技術を利用して形状を付与し，機械産業に必要な多種多様な部品を供給するという，いわば素材産業と機械産業を結びつける役割を担っている

図 2-1 素形材産業の構造

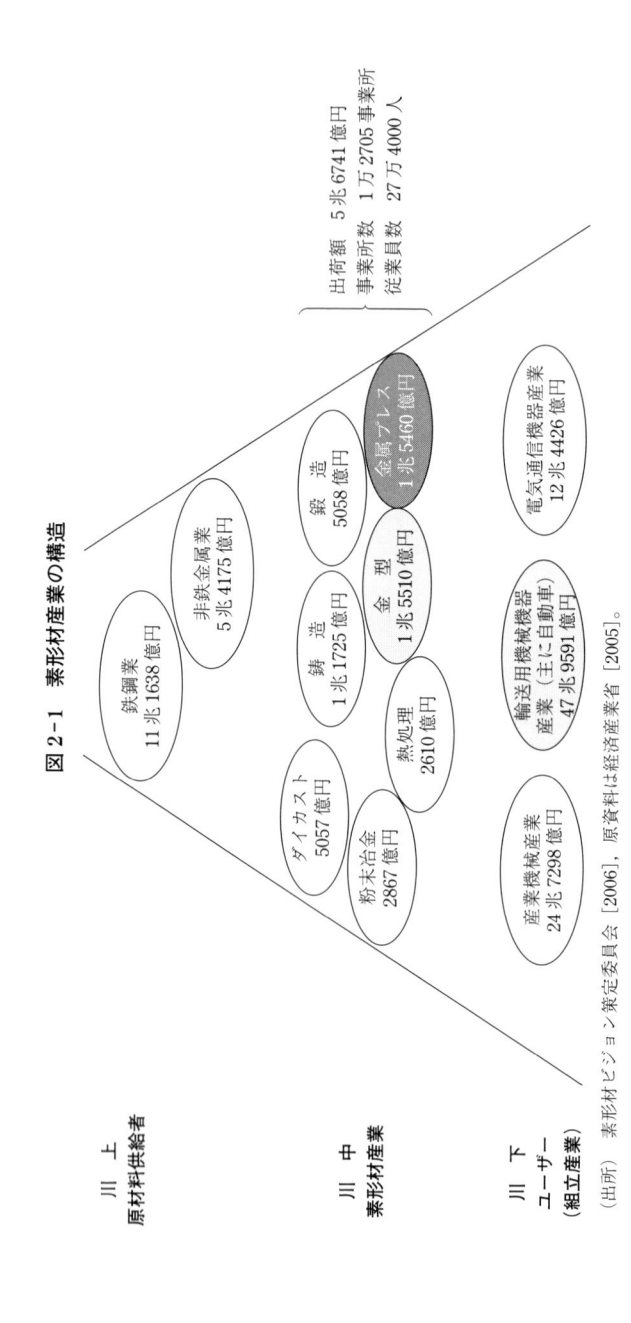

川　上
原材料供給者

- 鉄鋼業　11兆1638億円
- 非鉄金属業　5兆4175億円

川　中
素形材産業

- ダイカスト　5057億円
- 粉末冶金　2867億円
- 鋳造　1兆1725億円
- 熱処理　2610億円
- 鍛造　5058億円
- 金型　1兆5510億円
- 金属プレス　1兆5460億円

出荷額　5兆6741億円
事業所数　1万2705事業所
従業員数　27万4000人

川　下
ユーザー
(組立産業)

- 産業機械産業　24兆7298億円
- 輸送用機械機器産業（主に自動車）　47兆9591億円
- 電気通信機器　12兆4426億円

(出所) 素形材ビジョン策定委員会 [2006]、原資料は経済産業省 [2005]。

といえます」とされている（社団法人日本金属プレス工業協会公式ホームページ）。

　素形材産業全体の構造を捉えると図2-1のようになる。川上である原材料供給者から鉄または非鉄金属を調達し，川中である素形材産業の各企業が加工を行い，川下であるユーザー（組立産業）に供給する。素形材産業全体の出荷額は5兆6741億円，事業所数1万2705事業所，従業員数27万4000人となっている。その中でも金属プレスは1兆5460億円，金属プレスと密接に関係する金型は1兆5510億円であり，両者の合計は3兆970億円と素形材産業全体の54.6％を占める。

　素形材産業の中でも金属プレス加工業に注目したのが表2-1である。1980年から2008年までの販売額を見ると，9000億円から1兆2000億円の間で前後している。その中でも最大の販売先は自動車産業である。1980年時点でも自動車産業だけで65.3％と，約3分の2を占めていたが，2000年代後半に入ると70％を超え，80％に迫る勢いである。金属プレス加工業全体の販売額は2000年代後半に増加していることから，自動車産業向けの販売額が増加する一方で他産業向けの販売額は停滞ないし減少している。

　かつては10％を超えていた電気・通信産業向けの販売額は，直近のピークである2000年の1333億円から08年には660億円と半分以下になっている。一方で同時期に自動車産業向けは，2000年の6892億円から08年には8978億円と30.2％も増加している。日本の金属プレス加工業は，自動車産業向けを中心に成立していると主張しても過言ではない。

　しかし，2008年9月15日にアメリカのリーマン・ブラザーズが連邦倒産法第11章の適用を申請した結果，世界金融危機が表面化した。自動車産業も例外ではなく，2009年6月1日にはアメリカのゼネラル・モーターズが，同年6月10日にはアメリカのクライスラーが，連邦倒産法第11章の適用を申請した。影響はアメリカの自動車メーカーにとどまらず，トヨタ自動車の2008年3月期の営業利益（連結）は2兆2703億円であったのに対し，09年3月期の営業利益（連結）はマイナス4610億円と71期ぶりの赤字となった。

　世界金融危機の影響を把握するため，金属プレス加工業の2008年8月以降の販売額と従業者数の状況を月ごとに示したものが図2-2である。一見して，販売額の落込みが大きい一方，従業者数は一定の水準を維持していることがわ

表2-1 金属プレス加工業の販売先と販売額

(単位:％,億円)

年	産業機械	農業	事務	電気・通信	自動車	精密	厨暖房	家具・建築	その他	合計
1980	2.9	4.1	2.8	11.6	65.3	2.0	4.5	1.7	5.2	9182
81	2.4	3.9	2.8	11.8	66.6	1.9	4.0	2.1	4.4	9561
82	2.6	3.8	3.1	13.0	62.7	1.8	5.7	2.3	4.9	9145
83	3.2	3.6	4.3	12.8	61.7	2.8	3.2	2.1	6.2	8730
84	3.1	3.7	4.1	12.2	63.4	3.0	2.9	1.1	6.5	9964
85	2.4	3.4	4.7	11.0	66.4	1.8	2.8	0.9	6.7	10435
86	2.4	3.2	4.4	9.5	68.1	1.9	2.9	0.8	6.8	9033
87	2.5	3.1	4.4	11.0	66.1	2.0	3.8	0.8	6.3	8959
88	2.6	2.8	4.5	10.9	67.0	1.9	3.8	0.9	5.7	10118
89	3.1	2.5	4.9	11.9	66.7	1.9	3.1	1.0	4.8	11703
90	3.4	2.3	5.7	10.2	66.5	2.4	3.0	1.3	5.1	12865
91	4.3	2.1	6.8	10.0	63.8	3.3	3.2	1.3	5.3	12540
92	4.0	2.0	6.1	8.4	64.4	3.5	3.5	1.9	6.2	11596
93	4.2	1.4	6.0	9.0	65.5	3.0	3.7	1.8	5.6	10864
94	3.3	1.1	4.0	11.2	69.3	1.3	2.8	1.6	5.3	11233
95	3.5	1.0	4.0	11.5	69.3	1.0	2.5	1.8	5.3	11160
96	4.7	1.1	3.9	10.0	68.4	1.8	2.8	2.1	5.4	11955
97	5.0	0.7	4.2	8.9	68.3	1.7	2.6	2.1	6.6	12043
98	4.7	0.8	3.7	11.3	66.6	1.9	2.4	3.4	5.2	10690
99	4.4	0.7	3.7	12.1	66.7	1.8	2.6	2.8	5.3	9906
2000	4.0	0.4	4.4	12.7	65.6	1.3	2.8	2.7	6.0	10499
01	4.2	0.4	3.3	11.8	62.2	1.1	4.2	2.6	10.2	10090
02	3.1	0.9	4.4	11.9	67.9	1.1	2.4	2.0	6.3	9446
03	3.2	1.2	5.3	10.1	67.8	1.2	3.0	1.7	6.5	9395
04	3.1	1.1	5.8	8.9	70.0	1.5	2.4	1.2	5.8	9864
05	3.3	0.9	4.3	8.1	74.2	1.0	2.3	1.1	4.7	10374
06	3.9	0.7	3.1	9.6	72.5	1.3	1.9	1.1	5.8	10716
07	4.3	0.9	1.7	6.9	76.8	1.1	2.9	0.9	4.6	11425
08	4.7	1.1	1.1	5.8	78.6	0.8	3.2	1.0	3.7	11418

(出所) 社団法人日本金属プレス工業協会ホームページ。

かる。販売額のピークは,自動車産業向けもプレス加工業全体でも2008年10月であり,自動車産業向け753億円,プレス加工業全体では987億円となっている。一方で2008年8月から09年7月までの販売額のボトムは,自動車産業向けもプレス加工業全体でも09年2月であり,自動車産業向け328億円,プレス加工業全体では456億円となっている(2月は28日間と日数が少ない影響もある)。これはピークと比べると,わずか4カ月間で販売額が自動車産業向けで56.4％減少し,プレス加工業全体でも53.8％減少していることになる。販

図 2-2 金属プレス加工業の販売額と従業者数

(出所) 社団法人日本金属プレス工業協会ホームページ。

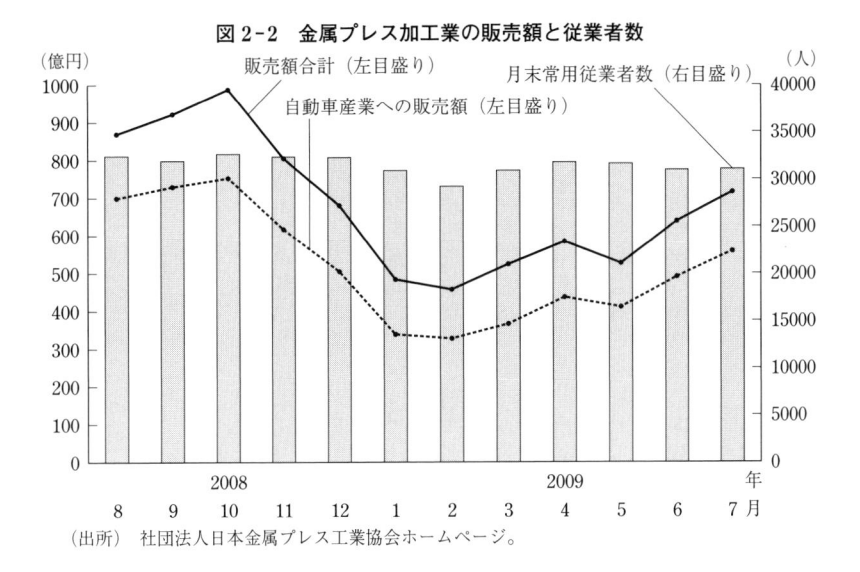

売額が大幅に減少する一方で,雇用はある程度維持されている。ピークの 2008 年 10 月の 3 万 2527 人から,ボトムの 09 年 2 月が 2 万 9190 人と 10.3 % の減少であり,同年 4 月には 3 万 1698 人と,少なくともこの時点で,世界金融危機以前の状況にほぼ回復している。

1.2　対象企業と調査方法

昭芝製作所の概要

昭芝製作所の資本金は 8000 万円,本社所在地は東京都練馬区である(昭芝製作所「企業紹介」による)。従業員数は 141 名 (2007 年 4 月現在),この数字には株式会社プラクトロニカ昭芝(以下,プラクトロニカ),株式会社ロボッテリア(以下,ロボッテリア)の従業員も含まれている。141 名のうち嘱託とパートを除く正社員が 97 名,うち管理者が 13 名 (13.4 %),技術者が 32 名 (33.0 %)であり,技術者の割合を正社員の 40 % に向上させることが目標とされていた。

グループ企業としては,上記以外に株式会社九州昭芝(福岡県野方市。以下,九州昭芝),Shoshiba Filipina Industria, Inc.(フィリピン国カヴィテ州。以下,SFINC),中山三大精密金属製品有限公司(中国広東省中山市。以下,三大精密)がある。2008 年 3 月期の年商は昭芝製作所で 48 億円,グループ全体で 76 億

表 2-2　昭芝製作所の技術者（入社年順）

技術者	生年	学歴	入社年	2007年8月現在の役職
A	1947	工業高校	1969	プラクトロニカ取締役
B	1943	中学校	1970	相談役
C	1957	工業高校	1976	開発部主管
D	1960	工業高校	1978	三大精密技術部部長
E	1960	工業高校	1979	技術部部長
F	1956	普通高校	1979	製造部第二製造課第二製造係専任
G	1954	理工系大学	1982	品質保証部品質管理課課長
H	1965	普通高校	1983	技術部工機課課長
I	1959	文系大学	1985	業務本部本部長
J	1966	理工系大学	1988	技術部設計課課長
K	1972	普通高校	1991	製造部第一製造課製造係係長
L	1973	工業高校	1992	技術部工機課工機係係長
M	1970	文系大学	1993	三大精密業務部部長
N	1971	理工系大学	1994	開発部生産技術課システム係係長
O	1975	工業高校	1994	品質保証部品質管理課品質管理係主任
P	1972	理工系大学	1995	技術部設計課設計係主任
Q	1976	工業高校	1995	開発部生産技術課システム係
R	1978	工業高校	1996	開発部生産技術課システム係
S	1974	理工系大学	1998	プラクトロニカ生産部製造課技術・検査係主任
T	1978	理工系大学	2001	営業部グローバル営業課営業係
U	1983	普通高校	2001	開発部開発課試作係
V	1981	理工系大学	2004	開発部生産技術課システム係係長

（出所）昭芝製作所提供資料およびインタヴューにより作成。

円となっている。売上高の構成は，エアバッグ関係が3分の1，シート関係が3分の1，その他が3分の1とされている。

調査方法

本章は，昭芝製作所に密着した事例研究である。2007年8月22日から23日にかけて昭芝製作所（プラクトロニカ，ロボッテリアを含む）を訪問し，三原佑介氏（代表取締役社長。以下，三原氏）および技術者20名（すべて日本人）にインタヴューを行った。次いで同年8月28日から9月2日にかけて三大精密および取引先9社を訪問し，三大精密の技術者5名（日本人2名，中国人3名）にインタヴューを行った。さらに，同年11月19日から20日にかけて九州昭芝を訪問し，2008年8月18日に昭芝製作所を再訪した。インタヴューは，昭芝製作所から提供された技術者各人についての資料に基づき，半構造化された形式で行われた。

インタヴュー対象のうち，本章の分析の中心となった日本人技術者22名の経歴をまとめたものを表2-2に示している。なお，この22名は昭芝製作所の技術者32名の68.8％に相当する。

2 組織とキャリア

昭芝製作所の組織図は図2-3に示した通り，生産本部，業務本部，管理本部の3本部体制である。[1] 本節では製造技術の主な担い手である生産本部と生産技術の主な担い手である業務本部に注目する。とくに技術者が多く配属されている部門として，①生産本部（製造部と品質保証部），業務本部の中でも②技術部（工機課と設計課），③開発部（生産技術課と開発課）について検討する。

2.1 生産本部

生産本部には製造部（48名），品質保証部（13名），生産管理部（18名）の3つの部が存在する。以下では，製造部と品質保証部の技術者について検討する。生産の中心となる製造部はさらに，茨城工場の第一製造課（19名）と下館工場の第二製造課（28名）に分かれる。

製造部

茨城工場の第一製造課には係長，下館工場の第二製造課には専任という役職で，合計2名の技術者が現場に置かれている。製造部と技術部，開発部との間で，技術者のローテーションも行われている。

2004年に入社したV氏の場合，最初の配属は開発部生産技術課であったが，2年後に「管理の面で学ぶのに行ってきたらどうか」と上司から言われ，製造部第二製造課に異動した。V氏は2年間でシステムの配線を組むことはできるようになっていたが，プログラムやシーケンサーを組むことはできなかったため，「いま移ってしまったら中途半端になってしまうのでは」と迷ったが，最終的に異動を承諾した。製造部には1年間所属し，1年後に開発部生産技術課に戻った。製造部を経験したことについて，V氏は以下のように語っている。

---

1) 本章における組織と人員は，2007年8月1日時点での組織図に基づく。

図 2-3　昭芝製作所の組織図

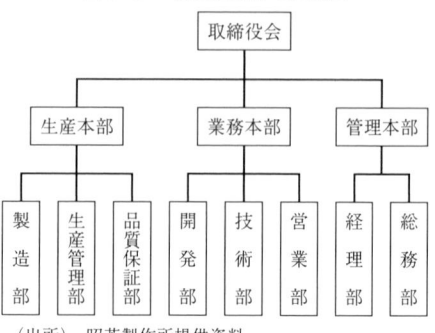

```
                        取締役会
                           │
        ┌──────────────────┼──────────────────┐
      生産本部            業務本部            管理本部
        │                   │                   │
   ┌────┼────┐         ┌────┼────┐         ┌────┴────┐
  製造  生産  品質      開発  技術  営業      経理      総務
   部   管理  保証      部    部    部        部        部
        部    部
```

(出所)　昭芝製作所提供資料。

V氏（開発部生産技術課）：製造部では，製造する視点から見ることを学んだ。自分は他の人とコミュニケーションをとることは好きなので，製造部の中でもみんなの中に溶け込むことができた。そういう経験があって，生産システムを製作するときに，使う人のことをさらに考えるようになった。製造部第二製造課課長から作業予定者が誰であるかを聞いて，相談しながら設備を設計するようになった。

品質保証部

品質保証部には課長と主任の2名の技術者が置かれている。O氏は1994年に入社し，技術部工機課に配属されて金型の修理に従事した。その後，96年に品質管理部（当時の名称）検査課検査係に異動になり，2005年から品質管理部品質管理課品質管理係主任に就いている。検査係と品質管理係の仕事について，O氏は以下のように語っている。

O氏（品質管理係主任）：検査では，「モノのつくり」より，「それがどう使われるのか」，すなわち「製品の機能」がわからないと，それがよいか悪いかの判断ができない。図面に書かれていないスペック，たとえば「ここに，この程度のキズがあってもよいのか」というようなグレー・ゾーンがある。あるいは，「当たり前の部分」と言ってもよい。そのようなところが品質保証では大事である。品質管理の仕事は，「クレーム処理＋予防」である。泥臭い現場で行う管理ではなく，「品質管理」である。たとえば，「プレスのワレ」を例にとって説明する

と，ここが悪いからワレが起きるという知識がないとできない。モノづくりにおける潤滑剤，すなわちベアリングのようなものである。

品質管理のためには，製造技術に関する深い知識とともに生産技術についての理解も必要とされる。プレス成型の際に亀裂が発生した場合，なぜ亀裂が発生するのかを理解し，どうしたら亀裂の発生を回避することができるのか解決策を講じるためには，製造技術だけでなく金型など生産技術についても理解している必要がある。

検査係で必要とされるのは，製造技術そのものよりも，製品技術に関する知識である。製品の機能を理解し，設計図に記述されない要素についても理解している必要がある。

2.2 技　術　部

業務本部には技術部（16名），開発部（11名），営業部（12名）の3つの部が存在する。技術部には部長であるE氏のもと，工機課（10名）と設計課（5名）が置かれている。以下では，金属プレス加工に不可欠な金型を製作する部門である工機課と，金型などを設計する部門である設計課の技術者のキャリアについて検討する。

工　機　課

工機課課長であるH氏は1983年に入社し，製造部で溶接工程に従事した後，85年に技術部工機課に異動した。H氏は技術部工機課に3年間在籍した後，設計課に2年半在籍し，再び工機課に戻っている。

金型の製作部門である工機課から，金型の設計部門である設計課に異動した経験をもとに，H氏は工機課と設計課の部門間の情報交流について以下のように語っている。

　　H氏（工機課課長）：現場（工機部門――筆者注）でやっているときに，「ここは，こうやったほうがよい」と思うことがあった。工機部門では，できれば手間をかけずに楽をして作りたいという気持が出てくるものである。自分が設計部門にいたときには，他の設計部門の人とは違う設計をした。外注した金型が入ってくると内製型とどこが違うのかをよく調べてみた。外注型のほうが，コストが安いということもあ

った。

　また，ミスミ（金型部品商社——筆者注）から購入する金型部品にあわせて設計していくほうがよいのではないかと思った。現場（工機部門——筆者注）と設計が意見交換をすることが大事である。自分も工機と設計の両部門を経験していくほうがよい。昔は遠慮しがちであったが，今では自由に言い合えるようになった。昔は現場で金型を作っている人は，熟練を持っている人でこだわりがあり，むずかしい人ばかりだった。今では，工機部門にも若い人が多く，仕事以外の面でも話す機会が増えた。コミュニケーションは今のほうがとりやすくなっている。

生産技術の中で同じ金型にかかわる部門であっても，製作に従事する工機課と設計に従事する設計課では考え方に相違がある。組織的対応としてローテーションによって人事交流し，部門間の情報共有に努めることが1つの解決策になっている。また，工作機械のNC化と設計の3次元CAD/CAM化（後述）により，情報技術によって情報共有が促進されている可能性も指摘することができる。

設 計 課

設計課設計係主任であるP氏は，1995年の入社とともに設計課に配属された。社内で金型の構造について学ぶとともに，東京都金属プレス工業会が主催するプレススクールを1年間受講した。翌1996年にはβ社にゲスト・エンジニアとして出向してエアバッグの開発に2年半従事し，総務部総務課を経て2001年から設計課で金型の設計に携わっている。

設計課課長であるJ氏もP氏と同様に，入社後1年半，設計課で金型の構造を学んだ後，α社にゲスト・エンジニアとして出向し，その後は一貫して金型設計を担当している。J氏は金型設計について以下のように語っている。

　　J氏（設計課課長）：客先から簡単な図面またはデータだけで投げられてくるので，顧客が商品化するカタチを頭に入れておかなければならない。金型だけではなく，製品の設計を考えなければならない。客先からくるデータに基づいて金型の設計を行っていくが，途中で何度も客先と打ち合わせをしながら金型の設計を行っていく。製品の図面を示

されて，それに沿った金型の設計だけをするという仕事ではない。たとえば，エンジン部分のデータだけを受け取って，エキゾースト冷却用配管パイプのダクトを設計したことがある。

　二次サプライヤーである昭芝製作所と一次サプライヤーとの取引は，基本的には貸与図方式である。貸与図（drawings supplied）とは，「中核企業が供給する図面にしたがって外部のサプライヤーが製造する部品」の図面のことである（Asanuma［1989］日本語版 15 頁）。しかし，一次サプライヤーから提供される図面は製品図面であり，製品図面をもとにいかに効率的に部品を製造するかを考慮して工程設計を行い，工程設計に基づいて設計課の担当者が金型設計を行う。貸与図方式であっても工程設計や金型設計は昭芝製作所が行う必要があり，さらに場合によっては製品図面そのものを製作する必要も生じるのである。

　なお，工程設計については，M 氏が以下のように語っている。M 氏は 1993 年に入社して工機課に 1 年間在籍し，その後 2 年間の生産技術課（試作係）を経て，96 年に設計課に異動している。その後，2000 年から 1 年間 β 社にゲスト・エンジニアとして出向し，昭芝製作所に帰属すると間もなく営業課に配属された。

> M 氏（三大精密業務部部長）：工程設定（工程設計——筆者注）を覚えることが，CAD をマスターするより時間が長くかかる。だいたい 2 年間程度かかる。形状が複雑な金型だと，マスターするのにはもっと長くかかる。設計する人によって，工程設定が異なる。自分が工程設定を身につける上で，入社当初に工機課に在籍していたことが大きい。

2.3　開　発　部

　業務本部には技術部（16 名），開発部（11 名），営業部（12 名）の 3 つの部が存在する。開発部には主管である C 氏のもと，生産技術課（6 名）と開発課（4 名）が置かれている。以下では，生産システムなどを担当する生産技術課と，試作を担当する開発課の技術者のキャリアについて検討する。

生産技術課
　生産技術課はシステム係（4 名）と治具係（2 名）の 2 つに分かれ，基本的に治具係には技能者が所属しているため，技術者が所属しているのはシステム係

である。システム係は生産システムの省力化，ロボットと自動機の製作およびメンテナンスを担当している。

　システム係係長のN氏は1994年に入社し，6カ月の研修後にシステム係に配属された。配属後は溶接を覚えるために台車を製作し，設備を製作する際の機械加工の補助などを経験した。配属から1年経つと，ロボットに触れることができるようになった。3年目か4年目のときに，ロボットでナットを取り付けるラインをはじめて1人で製作した。N氏は現在の業務について以下のように語っている。[2]

　　N氏（生産技術課システム係係長）：最初，レイアウト図をI氏（業務本部本部長）が作る。それを見て，必要な部品について遊休設備をあたり，必要なものだけを購入する。これが「部品揃え」である。その後で，仕事を割り振って，それぞれが機械を作る。それが出来上がってくると，並べて配線して，プログラムを作成し，ティーチングする。レイアウト図を自分がやれと言われればやれる。開発部があることによって，業者を呼ばなくても生産システムを製作することができる。配線も自分たちでやっている。古い設備をばらすと，構造について深い知識を得ることができるので，おもしろい。急ぐときには，何人かで手伝う。1人でできるときは，1人でやる。先輩たちがばらしているのを見て，「こういう構造になっているのか」と知ることができる。

　昭芝製作所の特徴は既存の設備を活用していることである。N氏がはじめて1人で製作したラインも既存のロボットを使用していた。既存の設備を再利用することは，設備投資の資金を節約する効果だけでなく，分解整備をともなうために，設備の構造についての深い理解を得られる効果もある。

　N氏のもとで働くQ氏もN氏と同様のキャリアを歩んでいる。Q氏は1995年に入社し，6カ月の研修後にシステム係に配属された。配属当初はボール盤による機械加工などにも従事していたが，1年後にはロボットによる生産システムの配線を担当するようになった。3年目か4年目には，自らプログラムを組んでロボットによる生産システムのラインを製作している。Q氏は技術の

　2）N氏は2007年から昭芝製作所の労働組合執行委員長（非専従）を務めている。

相互作用について以下のように語っている。

　Q氏（生産技術課システム係）：今は，治具を手伝っている。応援しているうちにおもしろくなった，治具にいるうちに，NCフライス盤を覚えてしまおうと思っている。今までも，使い方を聞いて使わせてもらっていた。治具に異動して，そこを究めるのも1つの方向性だと思っている。

　システム係の「両隣」ができるようになりたい。「両隣」とは，治具と試作である。ロボットに溶接をさせるのに，自分でできなければ話にならない。試作ができるようになるためには，溶接を学ばなければならない。また，治具の設計を覚えたい。CADの使い方を覚えれば，工機（金型――筆者注）の設計もできるようになる。自分は，「T字型人間」になることが必要だと思っている。他の人たちもこれを目標にするべきだと思っている。

　Q氏の語る「T字型人間」とは，専門技術の深さ（Tの縦線）と隣接技術の幅（Tの横線）の両者を兼ね備えた人材である。さらに，技術の相互作用が存在する。試作係の技術の中には溶接の要素も含まれ，溶接技術を習得したことで得られた知識が，システム係でのロボットによる溶接システムの製作に活かされるのである。

開発課

　開発課のもとには試作係が置かれており，金型を用いるプレス加工ではなく鈑金加工により試作を行っている。鈑金加工に必要な3次元レーザー加工機を導入したのは1997年であり，昭芝製作所の中では比較的最近の取組みである。

　これは，1986～91年の第二次中期計画の目標である「プレス依存からの脱却」に始まる一連の活動のうち，とくに量産ではなく試作に焦点を当てたものである。溶接に始まるプレス加工に付随する加工技術の幅を広げる動きも，樹脂成形加工に始まる多角化も，基本的には大量生産を目的とした技術であった。

　しかし，レーザー加工機に代表される鈑金加工は，少量生産に適した技術である。自動車部品産業で少量生産が行われるのは主に試作段階であり，昭芝製作所では3次元CAD/CAMの導入から蓄積されてきた設計の技術が活用されることになった。その結果が，2007～09年の第七次中期計画の「量産ビジネ

スから開発ビジネスへの挑戦」という目標につながっている。これは，金属プレス加工に従事する企業に共通する課題であり，大量生産に依存する体制から脱却する試みの1つとして理解することができる。

レーザー加工機は，その導入当初はC氏（開発部主管）が担当していたが，U氏が2001年に入社し，6カ月の研修後に試作係に配属されてレーザー加工機の担当になった。U氏はレーザー加工機に入力するプログラムに関して，設計係との情報交流について以下のように語っている。

> U氏（開発課試作係）：営業が図面を設計に出して，設計がプログラムを組んで，自分がレーザー加工します。最初は設計からプログラムを送ってもらっていたけれど，簡単なものは自分でも自動変換プログラムを使ってプログラムを組めるようになりました。プログラムを組むのが早くなったことで，自分が成長したと感じます。

量産品の金型設計の場合と同様に，試作の場合も営業を通じて一次サプライヤーから製品図面が貸与される。その製品図面に基づき，試作品を製作するためのプログラムを組む。U氏が試作係に配属された当初は，設計係がすべてのプログラムを組んでいたが，2007年現在ではU氏が一部のプログラムを組むようになっている。U氏は試作係と設計係の情報交流の中で，設計係が担っていた技術の一部を習得したのである。なお，2008年にU氏は設計係に異動し，シミュレーションを担当している。

3 技術革新

昭芝製作所では数々の技術革新に対応してきたが，第2節での①生産本部，②技術部，③開発部との対応関係を念頭に，ⅰ生産本部と関係するプレス加工，ⅱ技術部と関係する金型，ⅲ開発部と関係する生産システムについて検討する。さらに，ⅳとして取引関係に関係する革新について検討する。

3.1 プレス加工

昭芝製作所は金属プレス加工を基盤とする企業である。金属プレス部品の製造についても，技術革新に対応している。もともとプレス加工だけを行ってい

た昭芝製作所は，1973年に溶接技術を導入することで技術の幅を拡張した。プレス加工についても100トンまでの小型のプレス機械しか所有していなかったが，1985年には300トンのトランスファー・プレスを導入し，2009年には400トンのULプレスを導入している。ULプレスとは，アイダエンジニアリング株式会社が開発した最先端のプレス機械であり，ultimateの略，つまり「究極の」プレス機械という意味である。

スポット溶接，ローづけ

1973年にα社からψ社とχ社向けのオイル・クーラーの生産工程の移管を受けたことが，溶接技術の習得の契機となった。昭芝製作所はそれまで主に金型の設計・製造，プレス加工しか行っていなかったけれども，オイル・クーラーの生産工程の移管に伴い，定電流によるスポット溶接と銀ローづけ・真鍮ローづけを本格的に導入したのである。技術の幅が拡大したことに伴い受注量が増大し，この生産規模の拡大に対応するため，1973年に茨城工場が竣工し，79年に下館工場が竣工している。

300トン トランスファー・プレス

1985年に300トンのトランスファー・プレスを導入している。それまでは100トンまでの小型のプレス機械しか所有していなかったが，300トンのトランスファー・プレスを導入したことで，中型で複雑な部品の受注が可能になった。このことについて三原氏は以下のように語っている。

> 三原氏（代表取締役社長）：うちにとって300トンというのは非常に大きな設備で，100トンの小さなプレスしかなかったのですが，そうすると，商品の受注領域が狭いのです。300トンを入れたことによって非常に大きなものができて，完成度の高い商品の受注につながったわけで，これがうちが変わるきっかけになったと思っております。（松島[2007] 98頁）

ただし，300トンのトランスファー・プレスの導入は，部品受注の見込みがあって行われたのではなく，受注に先行した見込み投資であった。昭芝製作所の特徴として，受注に先行した見込み投資がたびたび行われ，それが結果的に技術革新につながっていることが指摘できる。以下で語られているように，300トンのトランスファー・プレスの存在が新たな製品の受注につながり，そ

の受注が新たな技術の必要性を発生させるというプロセスが生じたのである。

　三原氏（代表取締役社長）：300トンがあったから箱物（パワー・ステアリング用のリザーブ・タンク――引用者注）が来ました。ロボットで部品を注入し、加締め、溶接し、箱詰めまでしました。ローづけもロボットでやろうとしましたが、買ってきたロー材だと固いので上手くいかず、指定で作ってしまうということもありました。

多様な溶接技術

スポット溶接（定電流），ローづけをロボットで行うことで生産性が向上するとともに、溶接技術の幅を広げる動きが見られた。TIG溶接、スポット溶接（マイコン・インバーター）、マルチウェルダー、MIG溶接、CO_2溶接と溶接技術の幅を拡大している。プレス加工だけでなく溶接まで行うことで、単品部品からアセンブリー部品へと製造する部品の付加価値が向上した。

400トンULプレス

　2009年2月に400トンのULプレスを導入した。通常のプレス機械の場合、400トンのプレス機械でも実際に400トンの荷重をかけると機械や金型に過度の負担がかかってしまうため、実用的には3分の2程度（400トンのプレス機械では267トン）の荷重しかかけることができない。しかし、ULプレスであれば400トンのプレス機械で400トンの荷重をかけることができる。400トンのULプレス単体で1億5000万円程度であり、付帯設備等も含めると2億円程度の投資となる。

　ULプレスは荷重を制御することでプレスの能力を100％発揮できるだけでなく、高品位の剪断面を実現できる。冒頭でも説明した通り、プレス加工は大量生産に適した技術である。プレス加工で発生する剪断面のバリを除去する際には、一般的には後工程で切削加工（機械加工）を行い、平滑（高品位）な剪断面を実現する。しかし、ULプレスであればプレス加工の際にバリが発生せず、機械加工のコストを削減できるためコストが大幅に低下する。

　ただし、ULプレスで使用する金型は一般的なプレス加工の金型と異なり、冷間鍛造の金型に近いものとなる。そのため、ULプレスの導入当初は金型を外注し、今後5年から10年の時間をかけて金型を内製化する予定である。ULプレスの導入当初は付加価値が高いため金型を外注してもコスト的に成立する

が，他社の追随があるため将来的には付加価値が減少し，金型を内製化する必要がある。

3.2 金　　型

昭芝製作所の生産技術の中核となるのが，金属プレス加工に不可欠な金型製作の技術である。1980年代後半以降，金型の製作を行う工作機械が手動の汎用工作機械からNC工作機械[3]に代替され，金型の設計がドラフター（製図台）を用いた手書きから3次元CAD/CAM[4]に代替された。このことは，金型の設計と製作に必要な要素が，熟練労働者の技能から技術者の技術へと移行したことを意味している。また，NC工作機械や3次元CAD/CAMの導入によって，受注から納品までの期間短縮ができただけでなく，とくに3次元CAD/CAM技術の習得によって，受注先の設計技術との相互作用が生じるようになった。

工作機械のNC化

現在はマシニング・センター4台，平面研削盤3台といったNC工作機械があるが，前述のH氏が工機課に配属された1985年当時，NC工作機械は穴あけ機1台しかなかった。工機課に最も大きな影響を与えた技術革新は，このNC工作機械の導入である。NC工作機械とは「刃物と工作物との相対運動を位置，速度などの数値情報によって制御し，加工にかかわる一連の動作をプログラムの指令によって実行する工作機械」のことである（平井・和田・塚本 [2000] 113-114頁）。

先行研究では金型製作について，「設計および金型用ブロックの鋳造に続く切断，仕上げ，組み立て等の作業（金型製作の作業——引用者注）に焦点を当ててみよう。一般にこの工程は，熟練工が汎用機械を使って相当融通性のある製造システムの中で進められる」と指摘されていた（Clark and Fujimoto [1991] 日本語版239頁）。しかし，NC工作機械の導入によって，熟練労働者でなくとも金型を製作することが可能になったのである。

---

3) NC（numerical contorol）工作機械とは，数値情報によって動作の制御を行う工作機械のことである。
4) CAD（computer aided design）とは，コンピュータを使用して設計を行うことである。CAM（computer aided manufacturing）とは，CADで作成されたデータをもとに，NCプログラムの作成などをコンピュータ上で行うシステムのことである。

昭芝製作所は創業者が金型技術者であったため，創業当初から金型製作も行っていたが，NC工作機械の導入前はタンデム型（タンデム・プレス用の金型）が大半であった。しかし，NC工作機械を導入後にプログレ型（プログレッシブ・プレス用の金型）も製作するようになり，近年はトランスファー型（トランスファー・プレス用の金型）も製作し始めている。現在の金型の内製率は，30～35％程度であり，NC工作機械の導入前に比べて向上している。協力メーカーへの外注率も依然として高いものの，200トンまでのプログレ型は内製しており，絞り加工のある部品や3次元CADで設計する金型も内製している。

3次元CAD/CAM

　昭芝製作所は1986年から87年にかけて，アメリカのニセックの3次元CAD/CAMシステム（APPLICON BRAVO3）を導入した。当時は親会社であったα社でも2.5次元CAD/CAMシステムしか導入していなかったが，5000万円を投資して3次元CAD/CAMシステムを導入した。

　3次元CAD/CAMシステムを導入した直後の様子を，E氏から聴くことができた。E氏は1979年に入社し，工機課に11年間所属した後，90年に設計課設計係係長に就任した。1990年時点の設計課の状況について，以下のように語っている。

> E氏（技術部部長）：金型の図面を書く仕事では，現場で培ったノウハウが役に立った。1987年にCAD/CAMが当社に導入された。その当時は，使えるものかと思った。3次元のブラボー3というアメリカ製のソフトで，コマンドが英語であった。やっているうちに英語が読めなくても，できるようになった。マニュアルを読みながら，使い方を覚えた。
> 　CADは道具である。金型の基本がわかっていないと（CADで図面を——筆者注）書けない。プレス加工のノウハウも必要である。図面を書くための通信教育の学校があった。毎月テキストを見ながら，原寸で図面を書いて送ると添削されて返ってきた。工業高等学校でもドラフターを（使用した製図を授業で——筆者注）教えていたし，旋盤，フライス盤，やすり盤などの加工機械にも直接触れられたことは，会社に入ってからも役立っている。

　導入から3年後の1990年時点でも，3次元CAD/CAMシステムの効果につ

いては懐疑的な従業員が存在した。しかし，金型の構造に対する知識，金属プレス加工に対する知識，製図の能力などが基盤となり，3次元 CAD/CAM システムを活用することが可能になっていった。

シミュレーション

2005 年には株式会社先端力学シミュレーション研究所（ASTOM）のプレス成形シミュレーション・システムを導入した。ASTOM は，独立行政法人理化学研究所の素形材工学研究室の主任研究員であった牧野内昭武氏が，1999 年に創業したソフトウェア企業である。昭芝製作所は，プレス成形のシミュレーション・ソフトウェアである ASU/P-form と，データベース・ソフトウェアである ASU/TK-base を導入している。

以前は，3次元 CAD/CAM を導入していたことが，昭芝製作所の一次サプライヤーに対する提案力につながっており，受注の獲得にもつながっていた。しかし，現在では3次元 CAD/CAM は一般的に普及しているため，昭芝製作所にとって，他の二次サプライヤーとの差別化要因にはならなくなってしまっている。そこで，昭芝製作所はさらなる提案力の向上のために，シミュレーション・システムを先進的に導入したのである。シミュレーション・システムを導入したことで，取引先の設計図の通りに製作した場合には亀裂が生じるなどの問題点を，具体的なシミュレーション結果で示すことができるようになった。それまでは，経験に基づき感覚的に亀裂が生じる恐れを昭芝製作所の技術者が指摘していたけれども，シミュレーション・システム上で亀裂の発生の可能性を図示できることで，昭芝製作所の技術者は亀裂の発生の可能性を根拠をもって示すことができるようになった。

3.3 生産システム

昭芝製作所では ϕ 社から購入したロボットを自社の技術者が分解整備することを通じて，ロボットの仕組みについて深い知識を社内に蓄積している。そのため，新たな生産システムを構築する場合，新規にロボットを購入するだけでなく，既存のロボットを活用して最適な生産システムを内製することができる高度な生産技術を保有している。この生産技術には，配線やプログラムなどロボットそのものを活用する技術は当然のことながら，ロボットを生産システム

の中に効率的に組み込むために，動作研究などの改善活動に由来する技術が活用されている。

改善活動

ロボットを活用した生産システムの基盤にあるのが改善活動である。業務本部本部長を務めるI氏は，1985年に改善活動の担当者として途中入社し，95年に生産技術課に異動するまで，一貫して改善活動の担当であった。

> I氏（業務本部本部長）：入社した当初は，能率管理を担当していた。当時，Ω社やその一次サプライヤーでは「2日間改善」が盛んに行われていた。これは，小改善の積み上げを目標としている。1985年から86年ごろ，昭芝製作所の取引先であったβ社でも並行して同時に行われており，昭芝製作所でもこれを行うことになり自分が担当した。その間，2日間改善のためにα社，β社に月1回は出て行って，いろいろと勉強させてもらった。「2日間改善」はΩ社で始めて，それが一次サプライヤー，さらに二次サプライヤーへと広がっていったものである。しかし，「2日間改善」をいくらやっても，ハード面での改善は進まない。

I氏は改善活動を担当する中で，能率管理の方法を一次サプライヤーから学んだが，改善活動だけで生産効率を向上させるのには限界があった。そこで，改善活動で学んだ技術をロボットによる生産システムに応用したことで，昭芝製作所の生産効率をさらに向上させることができたのである。

ロボット

昭芝製作所は，1984年にはロボットの1号機を導入している。この試験的な導入を踏まえ，1986年から87年にかけて，多軸ロボット50台を導入している。さらに，1995年から96年にかけて，ロボットを活用した生産システムを構築するために30台近くのロボットを導入した。

多数のロボットを連携させた生産システムを構築するため，電気，治具・金型，設備の専門家としてC氏，W氏（現在はSFINC所属），X氏，I氏を社内から選抜し，チームを組んでロボットの活用という課題に取り組んでいる。このときの状況についてI氏とC氏は以下のように語っている。

> I氏（業務本部本部長）：1990年ごろにϕ社の新型ロボットが発表された。

これによってロボットが高速，高精度，小型化するようになった。当時のY常務（現在は相談役）がその新型ロボットを見てきて，それにショックを受けて，昭芝製作所でもその新型ロボットを導入することになった。それまでにもロボットを小規模に入れてはいたが，本格的な導入とは言いがたい状況であった。当時はどこの会社もロボットを入れ始めていたが，どこの会社でも手探りの状態で本格的に入れようとはしていなかった。ところが昭芝製作所は，1995年から96年ごろに三原社長の決断で，ロボットを使った生産システムを構築するべく，一気に30台近くのロボットを導入した。当時は，楽しくてしょうがなかった。当時のパートナーであったCさんと一緒に手探りで進めていった。φ社のマニュアルを1点1点読んで勉強した。

C氏（開発部主管）：ロボットのプログラムの研修は，ロボットの製造元であるφ社で行われた。昭芝製作所からは，はじめは自分だけ，後にはW氏が参加した。当時のロボットのチームは，自分，I氏，W氏，X氏で，外部からのメンバーはいなかった。ロボットが故障をしたときに，自分でばらしたいと思った。そうすることによって，ロボットの仕組みをより深く理解できるようになる。そうして直すともっと長持ちするようになる。

大量のロボットを導入しても効率的に活用できるかどうか従業員にも不安があったが，三原氏は1日1時間稼働すれば構わないという判断で導入した。ロボットの担当者はロボットによる完全自動化を目指したが，三原氏はこの段階ではロボットによる完全自動化は困難だと考え，ロボットによる自動化と人間による手作業を組み合わせた生産体制を目指した。

C氏（開発部主管）：ロボット化については，「人のできることは，何でもできるのではないか」と思って取り組んだ。「本当にできるのか？ でも，やらなきゃうそだ」と考えた。現場の仕事の観察から入った。カイゼンの担当のときと同じであった。「本当にその動作が必要なのか？ なんで必要なのか？」を考えて，自分でもやってみて，確かめた。それをロボットがやろうとするとこうなってしまう。「それで，できるのかな？」とまた考えた。やっていたことは，頭の中でのシミ

ュレーションであった。作業を分解すると，点になる。

　現場の作業を観察して動作研究を行うという姿勢は，C氏自身も指摘している通り，改善活動と強い類似性を持つ。ロボット導入の中心となったC氏もI氏も改善活動に従事していた経験があり，効率的な生産システムを構築するという点では人間もロボットも共通している。

3.4　一次サプライヤーとの双方向の情報交流

　前述した通り，貸与図形式の取引では，基本的に製品技術の情報は一次サプライヤーから二次サプライヤーに一方的に流れる。しかし，昭芝製作所ではゲスト・エンジニアの派遣や開発への関与を行うことで，二次サプライヤーから一次サプライヤーへの製品技術の情報流を発生させており，一次サプライヤーと双方向の情報交流を行っている。

ゲスト・エンジニア

　1989年にはゲスト・エンジニアの派遣を開始している。最初に親会社として関係の深かったα社に1989年から92年にかけてはJ氏，92年から93年にかけてはD氏を派遣した。さらにβ社に1996年から98年にかけてはP氏，2000年から01年にかけてはM氏を派遣した。δ社には1999年から2000年にかけてG氏を派遣した。

　　J氏（設計課課長）：α社では，まずはじめの3カ月間で製品の図面の見方など設計の基礎となることを勉強した。それから，自動車以外の建設機械，重機，電気機械などの部品の部門で昭芝製作所への発注に関係する部分の仕事を担当した。このような仕事が1年間続いた後，昭芝製作所に発注される仕事ばかりではなく，ほかの二次サプライヤーに発注される仕事についても担当するようになった。その結果，この商品はどのような機能を持つかを把握することができるようになった。

　　　ゲスト・エンジニアとして出すことは，教育目的が中心であると思う。α社の中で同社が製造する製品およびその評価方法を見ることができた。それによって，製品強度面，製品能力面からモノを見ることができるようになった。また，発注側の意図がわかるようになった。

　　D氏（三大精密技術部部長）：ゲスト・エンジニアの経験でよかったことは，

第1に昭芝製作所では単品の図面だが，α社では開発部隊であったので製品アセンブリー，製品ユニット全体を見る視点ができたことである。第2は，雰囲気を知り，人脈ができたことである。ゲスト・エンジニアは，半分は営業のような機能を果たしていた。また，慣れてくると，難しい仕事を任されたこともあった。

　　社長（三原佑介氏――筆者注）は「提案型企業を目指す」と言っているが，VA提案（価値を高めるような提案）をするためには，製品全体の構造・機能がわかって，その中で昭芝製作所が担当する部品が何のために使われているのかがわかっていなければならない。現在ではゲスト・エンジニアを出していないが，ゲスト・エンジニアに代わるものとして，先方の設計，購買と当社の営業，技術がペアで動いている。彼らがゲスト・エンジニアと同様の機能を果たすためには，営業担当者に設計に関する相当に詳しい知識が必要とされるであろう。

　P氏（設計課設計係主任）：β社にゲスト・エンジニアとして出向して，安全装置，エアバッグの開発に携わった。β社の中での質問に答えるためには，金型だけではなくプレスの知識も必要であった。そのときに，エアバッグの機能部品の使われ方について，かなり勉強になった。β社には2年半いたので，同社の中の人たちと「〇〇ちゃん」という友達感覚になった。また，2年半の間にエアバッグのモデルが変わったので，新しいモデルの図面を書いた。CADもβ社で習った。学生のときに少し触れていたので，どういうものかということはわかっていた。ζ社のエアバッグを担当するときにも，β社でのゲスト・エンジニアの経験は役に立っている。得意先の部品を知っている人がいることは，たいへん重要である。得意先に打合せに行って疑問に思うことが社内で相談できることは，大いに意味がある。

　ゲスト・エンジニアの派遣は，①技術を習得すること，②一次サプライヤーの視点を学ぶことと，③人脈を形成して営業につなげる目的があった。とくに，β社以降のゲスト・エンジニアの派遣は，新規の取引先を開拓した際に，取引関係を深めるとともに取引先の考え方を学ぶために行われている。

開発への関与

　昭芝製作所の社内に蓄積された製造技術，生産技術と，ゲスト・エンジニアの派遣により一次サプライヤーの視点から学んだ製品技術を結合させることで，昭芝製作所は一次サプライヤーの開発にも関与しつつある。

　昭芝製作所は1990年代後半からエアバッグの製造に従事しており，エアバッグに関する製造技術，生産技術は十分に蓄積されている。エアバッグを構成する要素は，大きく分類するとインフレーター（ガス発生装置），バッグ（袋），ケース（金具）の3つであり，運転席の場合はステアリング（ハンドル）が加わる。インフレーター（ガス発生装置），バッグ（袋），ステアリング（ハンドル）を得意とする一次サプライヤーは，必ずしもケース（金具）に関する金属プレス加工の知識を保有していない。

　たとえば，β社はエアバッグをインパネモジュールとしてε社に移管したが，ε社は樹脂成形加工企業であるため，同社には金属プレス加工の知識がほとんど蓄積されていない。そこで，ε社がエアバッグの開発を行う場合，金属プレス加工を行う部品は実質的に昭芝製作所が開発することがある。

おわりに

　本章では，昭芝製作所の事例に基づき，自動車部品二次サプライヤーの競争力の源泉を検討した。第1節では事例の背景を理解するため，金属プレス加工の技術と業界の概要および対象企業について確認した。金属プレス加工にはプレス加工を中心とする製造技術とともに，金型の設計と製作を中心とする生産技術が不可欠であることが理解できた。日本の金属プレス加工業の販売額の約70％が自動車産業向けであり，2000年代後半には販売額が増大したものの，世界金融危機の影響を受けた結果，販売額は一時的に急減している。

　第2節では企業の組織構成と人的資源とを観察するため，昭芝製作所の組織と技術者のキャリアについて検討した。①生産本部では，主に製造技術の担い手となる技術者のキャリアを紹介した。②技術部では，生産技術の中でもとくに金型の設計と製作に関係する技術者のキャリアを紹介した。③開発部では，生産技術の中でも生産システムや試作にかかわる技術者のキャリアを

紹介した。

　技術者のキャリアから，生産技術と製造技術をまたがる人事異動，金型の設計と製作をまたがる人事異動があり，また同じ課の中であっても担当する仕事の範囲が経験とともに広がっていることがわかった。これによって，技術者が技術の幅を広げるとともに，部門間のコミュニケーションが円滑になっていると理解することができる。

　第 3 節では昭芝製作所が対応した技術革新を主題として，第 2 節と対応するように⒤生産本部と関係するプレス加工，ⅱ技術部と関係する金型，ⅲ開発部と関係する生産システムについて検討した上で，ⅳとして取引関係に関係する革新について検討した。

　プレス加工については，溶接工程を導入したことで製造現場の複雑性が高まり，それを解決するために生産システムが発展した可能性がある。金型については，金型の製造を行うための工作機械の NC 化と，金型の設計を行うための 3 次元 CAD/CAM の導入が，情報技術の活用を促進した。生産システムについては，改善活動が基盤になり，ロボットを活用した独自の生産システム構築によって，生産性の向上を実現させている。

　このように昭芝製作所は，積極的な設備投資と職務を狭く限定しない人事異動によって，プレス加工技術のみのプレス専門企業から，設計能力と多様な技術を駆使して多様な自動車部品を製造する二次サプライヤーに成長していった。本章の事例は，そのために①迅速・柔軟に生産システムを内製し，②製造技術や生産技術を進化させ，さらに③（一次サプライヤーとの双方向の情報交流を通じて）製品技術を一次サプライヤーと共有することが必要条件であったことを示している。

　昭芝製作所の事例を踏まえて，冒頭で解説した Clark and Fujimoto［1991］と類似の問題意識を二次サプライヤーにも適用したい。すなわち，なぜ日本の自動車メーカーの製品開発のパフォーマンスが高いのかという問いに対し，一次サプライヤーはもちろん，二次サプライヤー以下の自動車部品メーカーも一定程度，開発に関与していることがその理由であるという仮説を提示したい。

　自動車のように多種多様な技術と部品を組み合わせる複雑性が高い製品については，一次サプライヤーが開発に関与することで，従来から自動車メーカー

の開発能力を補完していた。近年,自動車部品のモジュール化が進展したことで,一次サプライヤーが担当する部品の複雑性が高まっている。そこで,二次サプライヤーを開発段階から巻き込むことによって,二次サプライヤーが一次サプライヤーの開発能力を補完し,サプライヤー・システム全体として多様な製品を迅速に市場に投入できるようになり,それが日本の自動車メーカーの競争力につながっていると考えられる。

* 本章の作成においては多くの方々からご支援をいただいた。その中でも,長時間にわたるインタヴューに応じてくださった,昭芝製作所の三原佑介氏および従業員のみなさまにはこの場をお借りして感謝申し上げたい。

参考文献

Abernathy, William J. [1978] *The Productivity Dilemma: Roadblock to Innovation in the Automobile Industry*, Baltimore: Johns Hopkins University Press.

天野倫文 [2005] 『東アジアの国際分業と日本企業――新たな企業成長への展望』有斐閣。

浅沼萬里 [1984] 「自動車産業における部品取引の構造――調整と革新的適応のメカニズム」『季刊現代経済』第58号,38-48頁。

Asanuma, Banri [1989] "Manufacturer-supplier relationships in Japan and the concept of relation-specific skill," *Journal of the Japanese and International Economies*, vol. 3, no. 1, pp. 1-30. (浅沼萬里 [1990]「日本におけるメーカーとサプライヤーとの関係――『関係特殊的技能』の概念の抽出と定式化」『経済論叢』第145巻第1・2号,1-45頁)

Barnard, Chester I. [1938] *The Functions of the Executive*, Cambridge, Mass.: Harvard University Press. (C. I. バーナード〔山本安次郎・田杉競・飯野春樹訳〕[1968]『新訳 経営者の役割』ダイヤモンド社)

Chandler, Jr., Alfred D. [1990] *Scale and Scope: The Dynamics of Industrial Capitalism*, Cambridge, Mass.: Harvard University Press. (アルフレッド・D. チャンドラー,Jr.〔安部悦生・川辺信雄・工藤章・西牟田祐二・日高千景・山口一臣訳〕[2005]『スケール・アンド・スコープ――経営力発展の国際比較』オンデマンド版,有斐閣)

Clark, Kim B., and Takahiro Fujimoto [1991] *Product Development Performance: Strategy, Organization, and Management in the World Auto Industry*, Boston: Harvard Business School Press. (藤本隆宏=キム・B. クラーク〔田村明比古訳〕[1993]『実証研究 製品開発力――日米欧自動車メーカー20社の詳細調査』ダイヤモンド社)

Cusumano, Michael A., and Akira Takeishi [1991] "Supplier relations and management: A survey of Japanese, Japanese-transplant, and U. S. auto plants," *Strategic Manage-*

ment Journal, vol. 12, no. 8, pp. 563-588.（マイケル・A. クスマノ＝武石彰［1998］「自動車産業における部品取引関係の日米比較」藤本隆宏・西口敏宏・伊藤秀史編『リーディングス サプライヤー・システム――新しい企業間関係を創る』有斐閣，所収〔第6章，147-180頁〕）

藤本隆宏［1993］「経営組織と新製品開発――自動車製品開発のプロセス・組織・成果」伊丹敬之・加護野忠男・伊藤元重編『リーディングス日本の企業システム 第2巻 組織と戦略』有斐閣，所収（第7章，218-263頁）．

藤本隆宏［1995］「部品取引と企業間関係――自動車産業の事例を中心に」植草益編『日本の産業組織――理論と実証のフロンティア』有斐閣，所収（第3章，45-72頁）．

藤本隆宏［1997］『生産システムの進化論――トヨタ自動車にみる組織能力と創発プロセス』有斐閣．

藤本隆宏［1998］「サプライヤー・システムの構造・機能・発生」藤本隆宏・西口敏宏・伊藤秀史編『リーディングス サプライヤー・システム――新しい企業間関係を創る』有斐閣，所収（第2章，41-70頁）．

藤本隆宏編著［2003］『生産・技術システム』八千代出版．

藤本隆宏・新宅純二郎編著［2005］『中国製造業のアーキテクチャ分析』東洋経済新報社．

藤本隆宏・武石彰［1994］『自動車産業21世紀へのシナリオ――成長型システムからバランス型システムへの転換』生産性出版．

藤本隆宏・武石彰・青島矢一編［2001］『ビジネス・アーキテクチャ――製品・組織・プロセスの戦略的設計』有斐閣．

平井三友・和田任弘・塚本晃久［2000］『機械工作法』コロナ社．

伊丹敬之［2003］『経営戦略の論理 第3版』日本経済新聞社．

経済産業省経済産業政策局調査統計部［2006］『工業統計表 平成16年』経済産業省経済産業政策局調査統計部．

金属プレスビジョン委員会［2006］『金属プレス産業ビジョン』日本金属プレス工業協会．

小池和男［2008］『海外日本企業の人材形成』東洋経済新報社．

近能善範［2002］「自動車部品取引のネットワーク構造とサプライヤーのパフォーマンス」『組織科学』第35巻第3号，83-100頁．

河野英子［2003］「承認図転換部品メーカーの能力獲得プロセス――部品のアーキテクチャ特性が与える影響」『組織科学』第36巻第4号，56-68頁．

河野英子［2005］「競争力に貢献する人材形成システム ゲストエンジニア制度――企業の境界を超えて連続する技術者のキャリア」『組織科学』第39巻第1号，69-80頁．

河野英子［2008］「外部人材と競争優位――設計開発職場における技術系外部人材の役割」『組織科学』第41巻第4号，56-68頁．

李在鎬［2000］「2次サプライヤーにおけるProcess重視論の再検討――アイシン精機の部品仕入先の事例」『日本経営学会誌』第5号，14-24頁．

松島茂［2005］「企業間関係：多層的サプライヤー・システムの構造――自動車産業における金属プレス部品の2次サプライヤーを中心に」工藤章＝橘川武郎＝グレン・D. フック編『現代日本企業1 企業体制（上）』有斐閣，所収（第10章，265-296頁）．

松島茂［2006］「町工場から開発能力をもつ二次サプライヤーへの発展過程——サンキ工業株式会社のケース」『経済志林』第 73 巻第 4 号，425-457 頁．

松島茂［2007］「企業家のビジョン——昭芝製作所三原佑介社長の事例」『経営志林』第 43 巻 4 号，91-116 頁．

Nelson, Richard R., and Sidney G. Winter［1982］*An Evolutionary Theory of Economic Change*, Cambridge, Mass.: Belknap Press of Harvard University Press. （リチャード・R. ネルソン＝シドニー・G. ウィンター〔田中辰雄・後藤晃・角南篤訳〕［2007］『経済変動の進化理論』慶應義塾大学出版会）

Nishiguchi, Toshihiro［1994］*Strategic Industrial Sourcing: The Japanese Advantage*, New York: Oxford University Press. （西口敏宏［2000］『戦略的アウトソーシングの進化』東京大学出版会）

Penrose, Edith T.［1959］*The Theory of the Growth of the Firm*, Oxford: Basil Blackwell. （E. T. ペンローズ〔末松玄六監訳〕［1962］『会社成長の理論』ダイヤモンド社）

三枝匡［2001］『V 字回復の経営 2 年で会社を変えられますか——実話をもとにした企業変革ドラマ』日本経済新聞社．

佐藤郁哉［2002］『フィールドワークの技法——問いを育てる，仮説をきたえる』新曜社．

Schumpeter, Joseph A.［1912］*Theorie der wirtschaftlichen Entwicklung*, Leipzig: Duncker & Humblot. （シュムペーター〔塩野谷祐一・中山伊知郎・東畑精一訳〕［1977］『経済発展の理論——企業者利潤・資本・信用・利子および景気の回転に関する一研究』上・下，岩波書店，原著第 2 版〔1926 年刊〕の訳）

Simon, Herbert A.［1969］*The Sciences of the Artificial*, Cambridge, Mass.: MIT Press. （H. A. サイモン〔高宮晋監修，稲葉元吉・吉原英樹訳〕［1977］『新訳 システムの科学』ダイヤモンド社）

素形材産業ビジョン策定委員会［2006］『素形材産業ビジョン——我が国の素形材産業が目指すべき方向性』経済産業省．

Taylor, Frederick W.［1911］*The Principles of Scientific Management*, New York: Harper.

植田浩史［1995］「自動車部品メーカーと開発システム」明石芳彦・植田浩史編『日本企業の研究開発システム——戦略と競争』東京大学出版会，所収（第 4 章）．

Wada, Kazuo［1991］"The development of tiered inter-firm relationships in the automobile industry: A case study of Toyota Motor Corporation," *Japanese Yearbook on Business History*, vol. 8, pp. 23-48.

Wernerfelt, Birger［1984］"A resource-based view of the firm," *Strategic Management Journal*, vol. 5, no. 2, pp. 171-180.

Williamson, Oliver E.［1979］"Transaction-cost economics: The governance of contractual relations," *Journal of Law and Economics*, vol. 22, no. 2, pp. 233-261.

山本潔［1981］『自動車産業の労資関係』東京大学出版会．

第3章

産業機械産業における「探求」を促す人材組織戦略
粉体機器業界の製品開発

梅崎 修

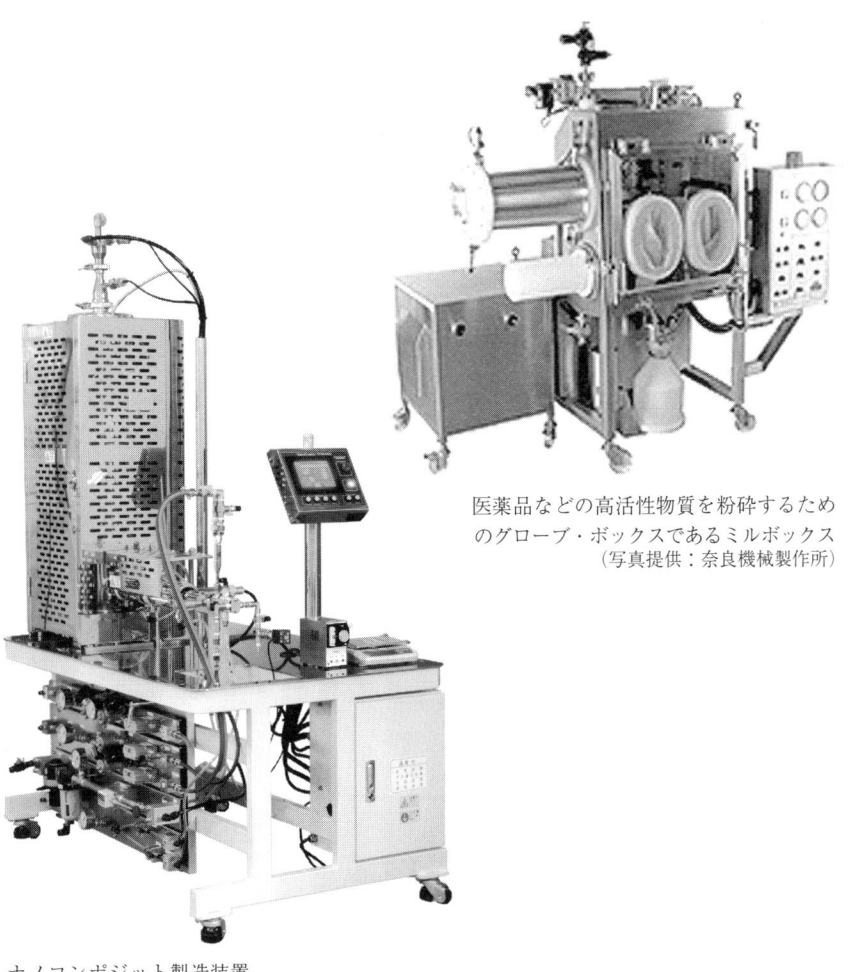

医薬品などの高活性物質を粉砕するためのグローブ・ボックスであるミルボックス
（写真提供：奈良機械製作所）

ナノコンポジット製造装置
（写真提供：ホソカワミクロン）

はじめに

　製造業の競争力に影響を及ぼす要因として，製品開発力，広義の生産技術，および人材組織が考えられる。それぞれの要因は相互に影響を与えながら，企業の競争力を決定する。さらに，これら3つの要素は，産業によって影響を及ぼす度合いが異なると言えよう。本章では，産業（製品）の特殊性と企業の競争力を考慮しつつ，製品開発と人材組織の間にどのような関連性があるのかを検討したい。

　日本のものづくり産業においては，1980年代から製品の精度の高さや生産効率性が注目され，代表的な事例として自動車産業（主にトヨタ自動車）が調査されている（Clark and Fujimoto [1991]，藤本 [1997, 2001]，小池・中馬・太田 [2001] など参照）。自動車産業において優れた製品開発や生産システムが存在することは，日本の経済構造を支える「強さ」であった。しかし，自動車と異なる産業における調査蓄積はまだまだ少ないと言える。たとえば自動車の製造現場では，見込み生産を前提に速くかつ精度の高い流れ作業方式を構築することが最も効率的と考えられるが，その他の製造業においても同じようなやり方が適しているとは考えられない。それゆえ本章では，産業間の比較という視点も踏まえて競争力の分析を行う。製品特性が製品開発戦略に大きな影響を与え，製品開発戦略が人材組織戦略に大きな影響を与える関係を検討したい[1]。なお，本章で取り上げる調査対象は粉体機器企業である。粉体機器の特性として以下の4点があげられる。

(1) 量産化ではなく，多品種少量生産，もしくは一品生産である。
(2) 消費財ではなく生産財なので，顧客が専門知識を持った生産者である。
(3) 生産設備（生産財）としての粉体機器は，顧客との協力によってオーダーメイド（注文生産）されることが多い。
(4) 少量生産や一品生産が経営として成り立つのは，顧客の要望に応える高付加価値生産だからであり，要望に応える新機軸の製品開発や良質で迅速

---

[1] 同様の試みとして，自動車産業の開発部門における仕事・管理・労使関係を分析した富田 [2009] がある。

な改良が競争力である。

本章では，以上の特性を踏まえて粉体機器企業2社を調査し，産業機械産業における競争力とは何かを把握する。また，その競争力を生み出すメカニズムを検討する。とくに製品改良と開発における複数の方針に合わせて人材組織が設計されている点を指摘したい。

本章の構成は以下の通りである。続く第1節では，粉体機器業界の市場状況と製品開発の特徴を整理する。第2節では，第1節で述べた製品開発の特徴を踏まえて，製品開発戦略と人材組織戦略に関する分析フレームワークを探った。第3節と第4節は，粉体機器企業2社の調査報告である。はじめに調査企業の概要を説明し，その後製品開発と人材組織戦略，および技術者のキャリアを説明した。第5節では，調査企業の共通点と相違点を探り，事業戦略によって製品開発戦略と人材組織戦略が変化することを検証する。最後に「おわりに」で，分析結果をまとめ，理論的含意を探る。

1 粉体機器業界の市場と製品開発

本節では，まず粉体機器の製品と業界全体の市場状況を把握し，その上で粉体機器における製品開発戦略の特徴を整理する。[2]

1.1 粉体機器の特質

はじめに，粉体機器の製造や取引を官庁統計で把握することが難しいことを確認しておく。1つの製品をめぐって複数の企業が競争を続ける市場を分析するならば，粉体機器という製品分類が適当であるが，官庁統計では数量的把握が難しいのである。総務省による「日本標準産業分類」は製品ごとの詳細な小分類が存在するが，粉体機器という項目は存在しない。

そもそも厳密に言えば，粉体機器という言葉は「業界」として存在しているが，「製品」としての分類は存在しない。作られた製品よりも技術（粉体技術）による分類に基づくと言えよう。[3] つまり，粉体機器とは粉体技術から発生した

[2) 製品開発戦略の整理に関しては，今野［1993］や延岡［2002］などが役立つ。
[3) たとえば，社団法人日本粉体工業技術協会という団体があり，業界内の技術交流や産学交流

表 3-1　粉体機器メーカー別

用途と

	粉砕・解砕	分級・分離・篩・磁選・分取	集塵・清掃	貯槽・供給	輸送	乾燥・冷却	造粒・コーティング・表面改質	混合・攪拌・分散
アーステクニカ	27.00							
赤武エンジニアリング				11.00	3.00			
アシザワ・ファインテック	16.50							5.85
アマノ			195.75		26.00			
大川原製作所						62.58	5.19	2.47
栗本鐵工所	5.96							15.37
寿工業	9.00							4.00
三興空気装置	0.05	0.70		4.50	8.23			
島津製作所								
新東工業		2.60	69.40		8.00		4.70	
ダルトン	4.38	5.86	0.16		0.56	0.94	6.47	7.69
ツカサ工業	0.70	5.50	3.00	7.00	10.00	0.70		1.20
月島機械						25.40		12.80
椿本バルクシステム					32.41			
デンカエンジニアリング					19.05			9.50
徳寿工作所	0.89	6.18			0.72	0.11		2.70
奈良機械製作所	4.50					20.00	4.00	
日機装								
日清エンジニアリング	3.00	9.00		7.20	10.80			10.60
パウレック	×	×	×	×		14.74	29.49	×
フロイント産業							37.90	
ベックマン・コールター								
ホソカワミクロン	38.90	21.02	35.62	6.70		13.38	4.66	14.87
堀場製作所								
マツボー	12.00	7.50	0.50	0.40	0.30	2.00	5.00	5.00
三井鉱山	12.00							8.30

(注)　×は分類不能および不明。売上高は矢野経済研究所推定含む。
(出所)　矢野経済研究所 [2006]。

の支援，さらに製品紹介を行っている。

製品別売上高（2005年度）

（単位：億円）

機能									
晶析・乳化・溶解	濾過・圧搾・脱水・濃縮・膜分離・遠心分離・温式サイクロン	混練・捏和	形成・打錠・ブリケッティング	焼成・焼却	反応	包装・充填・計量・開袋	測定	その他	合計
									27.00
						2.00		15.00	31.00
	0.16								22.51
								4.00	225.75
	10.00								80.24
				9.67					31.00
								1.00	14.00
								0.10	13.58
							16.00		16.00
		1.00							85.70
0.36								19.46	45.88
						2.10		3.30	33.50
2.30	2.30							64.20	107.00
								21.62	54.03
						3.10		31.85	63.50
								0.72	11.32
								5.00	33.50
							18.00		18.00
								130.45	171.05
×		×	×	×	×				44.23
								14.60	52.50
							12.50		12.50
0.30							6.44		141.89
							16.20		16.20
0.40	1.00	0.50	1.00		0.60		0.30	11.40	47.90
		4.20						17.00	41.50

すべての製品に当てはまる。物質を砕いて粉にするという基本技術（粉体技術）は，粉を素材に製造を行う多くの企業によって利用されており，広い汎用性も持っている。それゆえ，同じ粉体技術を基盤としてもその製品種類は多様である。たとえば，粉砕の方法も，衝撃，切断，摩砕，圧縮等があり，機械の機能から見ればそれぞれ別の製品と言えよう。さらに，粉体技術だけでなく，コーティングなどの加工や測定などの関連技術も複合的に組み合わされている製品も多数存在する。

製品の用途と機能が異なれば，当然，取引される市場も異なる。しかし，製品市場の分類だけで企業間競争を分析することは危険であろう。製品が異なっても基礎となる粉体技術で繋がっていれば，潜在的には競争関係にある企業も多く，粉体技術でどの製品まで生産を行うかが経営戦略上の大きな選択になっている。すなわち，製品の用途や機能によって市場は細かく分断されており，粉体機器メーカーはすべての種類を製造しているわけではないが，基礎技術に関しては潜在的な競争関係にある。

粉体機器の分類とその市場規模に関しては，『粉体市場白書』(2006年版，矢野経済研究所［2006］）を利用する。この白書は，粉体機器を生産する企業を訪問し，量的かつ質的な情報を収集している。網羅性と精度に関して難点は残るが，粉体機器に関する詳細な情報を提供していると言えよう。

粉体機器は，その製品の用途・機能によって17種類に分けられる。まず，表3-1に示したのは，大手26社の製品別の売上高である。製品の多様性は複雑なので，分類できないもの（その他の項目）も生まれるのが，この粉体機器の特徴である。たとえば，業界最大手のホソカワミクロン株式会社（以下，ホソカワミクロン）は9種類の製品を生産しているが，すべての種類の製品をいつも生産しているわけではない。[4]

なお，粉体機器を分析する上で確認すべきは，多くの製品が注文生産であるということである。もちろん，製品のカタログは存在するが，実際は顧客の要望に合わせて加工されることが多い。たとえば，粉体機器は工場に設置されるので，そのスペースに合わせて機器の大きさや形状を変える必要がある。また，

---

[4] 『粉体市場白書』では9種類の製品があがっているが，ヒアリング調査によれば，ホソカワミクロンは「輸送」「ブリケッティング」「反応」「充塡・計量」などの製品・技術も有している。

各工場では扱われる原料が異なり,仮に同じ食品関係の粉砕機器であっても原料の種類は多様であるので,機器のほうを原料に合わせて改良する必要がある。その原料が粉のもの,中間製品が粉のもの,最終製品が粉のものなど,さまざまな製品が存在する。大きな工場ではなく,小さな個人事業主が使う粉体機器に関しては量産型の粉体機器もあるが,現在はそのような粉体機器は少なく,注文生産が多くなってきた。さらに,注文生産で付加価値を生み出すのは,大量生産方式とは異なり,顧客の要望にきめ細かく対処できる製品改良である。粉体機器の市場においては,製品改良,さらには製品開発が企業の競争力の源泉となる。

1.2 粉体機器の市場

粉体機器はどの産業で需要されているのであろうか。粉体技術を必要とする製造業は多様であり,多くの業界がその製品を必要としている。主要メーカー26社の集計を行った『粉体市場白書』によると,化学(25.9%)の需要が最も大きく,続いて医薬・製薬・薬品(14.7%),食品(13.8%),電機・精密(13.7%)があがる。10%の以下の需要産業としては,鉄鋼・非鉄金属(6.9%),窯業(6.8%),輸送用機器(2.8%)があげられる(表3-2参照)。

表3-3には,主要メーカー26社別の需要分野別構成比があげられている。最大手のホソカワミクロンはほぼすべての産業から注文を受けているが[5],他の多くの企業は注文を受ける産業が偏っている。需要産業の偏りは,まず製造している製品が異なることによると考えられる。しかし,それだけではすべての偏りを説明することはできない。仮に需要される製品が他産業で販売しているものと同じ種類であっても,需要産業が異なれば取り扱う粉体が異なるので,結果として製品の仕様も異なるからであるとも考えられる。つまり,原料が異なれば同一技術同一機能であっても別製品となるのが,粉体機器業界の特徴と言える。

---

[5] ヒアリング調査によれば,ホソカワミクロンは,「環境リサイクル」「メンテナンス」「公害公共施設」にも関係している。

表3-2 粉体装置需要分野別市場規模
(単位：%，億円)

需要分野	構成比	分野別市場規模
化　学	25.9	318.36
医薬・製薬・薬品	14.7	180.69
食　品	13.8	169.63
電機・精密	13.7	168.40
鉄鋼・非鉄金属	6.9	84.81
窯　業	6.8	83.59
輸送用機器	2.8	34.42
その他	15.4	189.30
繊維・製紙	2.3	28.27
石油・ゴム	1.6	19.67
水産・鉱業	1.2	14.75
電力・ガス	0.7	8.60
建　設	0.1	1.23
その他	9.5	116.77
合　計	100.0	1229.20

(出所) 矢野経済研究所 [2006]。

表3-3 メーカー需要分

	水産・鉱業	建設	食品	繊維・製紙	化学
アーステクニカ			10.0		10.0
赤武エンジニアリング			10.0		60.0
アシザワ・ファインテック			5.0	10.0	20.0
アマノ		1.0	10.0		10.0
大川原製作所			15.0		20.0
栗本鐵工所	10.0		5.0		55.0
寿工業					50.0
三興空気装置			1.0	8.0	62.0
島津製作所	2.0	2.0	10.0	2.0	20.0
新東工業	2.0		1.0	2.0	2.0
ダルトン	2.3		11.7	2.0	19.5
ツカサ工業			65.0		20.0
月島機械			5.0	6.0	32.0
椿本バルクシステム			28.0	2.0	10.0
デンカエンジニアリング			5.0		40.0
徳寿工作所	5.0		25.0		10.0
奈良機械製作所	2.0		10.0		45.0
日機装			10.0		30.0
日清エンジニアリング			40.0		20.0
パウレック			15.0		5.0
フロイント産業			30.0		5.0
ベックマン・コールター	5.0		10.0	10.0	35.0
ホソカワミクロン	2.6		7.8	1.5	32.0
堀場製作所			10.0	5.0	15.0
マツボー			20.0		10.0
三井鉱山				10.0	35.0

(出所) 矢野経済研究所 [2006]。

1.3 粉体機器の製品開発戦略

1.1, 1.2で述べたように，粉体機器の製品はその機能と需要産業によって細かく分断されている。短期的には，この分断された市場において企業間競争が行われていると言えよう。ただし，長期的には企業は，他企業と競争しながらその壁を乗り越えるという戦略をとる。表3-4に示したのは，分断された市

野別構成比（2005年度）

(単位：％)

医薬・製薬・薬品	石油・ゴム	窯業	鉄鋼・非鉄金属	電機・精密	輸送用機器	電力・ガス	その他	環境リサイクル	メンテナンス	公害公共施設	商社エンジニアリング	合計
5.0		10.0	15.0	50.0								100.0
10.0			10.0				10.0	10.0				100.0
5.0	5.0	15.0	20.0	20.0								100.0
2.0	5.0	5.0	2.0	25.0	30.0		10.0	10.0				100.0
10.0				5.0			50.0					100.0
		20.0					10.0				10.0	100.0
		20.0		20.0			10.0					100.0
	5.0	5.0	2.0	2.0	5.0		10.0	10.0				100.0
15.0		5.0	10.0	10.0	2.0	2.0	20.0	10.0				100.0
	1.0	10.0	20.0	20.0	15.0	2.0	25.0	25.0				100.0
33.7	0.5	4.3	3.0	2.1		2.1	18.8			5.3	7.2	100.0
5.0		5.0		5.0								100.0
14.0	3.0		22.0	2.0			16.0					100.0
		22.0	7.0			3.0	28.0					100.0
			40.0		10.0	5.0						100.0
40.0		5.0	5.0	10.0								100.0
20.0		2.0	2.0	15.0			4.0					100.0
15.0		5.0		40.0								100.0
10.0		5.0		25.0								100.0
75.0				5.0								100.0
60.0							5.0					100.0
10.0	5.0	10.0	5.0	5.0		5.0						100.0
7.7	0.5	8.7	4.9	11.3	1.8	0.3	20.9					100.0
20.0	5.0	5.0	5.0	25.0	10.0							100.0
25.0	5.0	5.0	5.0	25.0			5.0					100.0
	5.0	10.0		35.0			5.0					100.0

場と多様な戦略のあり方を整理したものである。この表は，粉体機器の用途・機能による分類（表3-1）の表頭と需要分野別の分類（表3-3）の表頭を重ね合わせたものである。この表によって一企業の主要製品を整理することが可能であり，長期的な企業間競争の関係を把握できる。以下では，この表3-4を参考にしながら具体的に製品開発戦略を検討しよう。

　第1の製品開発戦略は，同じ技術を他原料にも応用するという戦略である

表3-4 製品開発戦略の概念図

	需要産業1	需要産業2	需要産業3	需要産業4	需要産業5	……
用途・機能1		○		△		
用途・機能2						
用途・機能3						
用途・機能4		□				
用途・機能5						
⋮					☆	

改　良（○→○）：既存製品の改良。
戦略①（○→△）：既存の用途・機能を他原料にも応用する。
戦略②（○→□）：新しい用途・機能へ進出し、製品開発を行う。
戦略③（○→☆）：利用可能性は未知だが、新しい技術の開発。

（戦略①：○→△）。基礎的な技術に関しては変更がないと言えるが、粉体機器の場合、原料が変わると技術的にも大きな改良が必要となる。たとえば、乾燥機だけでも数種類があり、他社とは住み分けられている。同じように粉体にする機械であっても、ある会社は食品や肥料の粉体から、別の会社は茶葉という粉体から出発している。

第2の製品開発戦略は、新しい用途・機能自体に進出するという戦略である（戦略②：○→□）。これは、新しい技術の開発であると言える。たとえば、粉砕・解砕という技術だけでなく、混合・攪拌・分散という技術も手がける場合、まったく新しい製品の開発と呼べる。ただし、別種類の製品であるが、同じ産業で取引があれば、その新技術の開発は既存の製品の連続で開発される可能性が高い。つまり、粉砕・解砕の製品の隣に混合・攪拌・分散の製品が設置されるので、原料に関する知識などは共有されているのである。なお、第2の戦略と次の第3の戦略は同時に行われることもあり得る。ただし、その場合はゼロからの製品開発になると言えよう。

第3の製品開発戦略は、まったく新しい技術の開発である（戦略③：○→☆）。ナノ技術などの新分野は、大学との共同開発や業界全体における共同開発が行われている。このような新技術は、現時点ではその用途が明確ではなく直接的

には製品と結びついていないこともある。それゆえ利益と結びつかないリスクがあるが，新しい大きな市場を開拓する可能性もある。

なお，競争力を考える上で忘れてはいけないのが，既存製品の改良である（改良：○→○）。これは，すでに販売している製品の質を高めるという連続的な製品の改良活動と言える。既知の技術を活用してより使いやすい製品を生み，なおかつ同じ産業内で（つまり同じ原料を加工する）製品の性能を高め，販売を強化するのである。粉体機器は大量生産ではないので，個々の利用者に対する使いやすさの追求（カスタマイズ）が求められており，連続的な改良は企業の競争力になると言える。

1.4　高付加価値の源泉

粉体機器業界では，活発な製品改良や製品開発が行われている。少量生産や注文生産に対して改良・開発のコストが支払われるのは，少量の製品が価格競争力を持っているからである。つまり，注文生産が顧客の要望に沿ったものであれば，価格を下げずに販売することが可能である。言い換えれば，既成の標準化された製品はあまり需要されないのである。粉体機器の需用者は生産者である。生産効率を高め，新製品の開発を行うために標準化された粉体機器では困難であるならば，注文を聞いてくれる製品が求められると言えよう。需要者も常に製品開発を行っているのだから，粉体にする原料も常に新しくなる。新原料に合わせて粉体機器を改良・開発しなければならず，需要者である企業と粉体機器企業の協力も必要である。

2　分析のフレームワーク

前節では，3つの製品開発戦略と1つの改良を説明した。続いて本節で考察するのは，それぞれの製品開発や改良を成功させる仕組みは何かという分析視角である。製品開発戦略と人材組織戦略の関連性に関しては，大湾［2006］の整理が参考になる。したがって本節では，大湾［2006］の研究を紹介しながら分析フレームワークを検討しよう。

イノヴェーションを支える人材組織に関しては，大湾［2006］が組織におけ

る学習の重要性を指摘している（March［1991］と Roberts［2004］の研究に基づく）。組織内学習の1つは「探求」（exploration）であり、もう1つは「活用」（exploitation）である。「探求」は、新しい知識やアプローチの獲得を目指した知識創造であり、未知の分野を開拓するためにはリスクを恐れない態度を必要とする。一方、「活用」は、既知の技術や知識やノウハウを共有し、それらを連結することで、既存のパラダイムの中で改善を生み出す学習である。「探求」が革新的な新技術やまったく新しい製品の開拓を生み出すのに対して、「活用」は既存のノウハウを使って既成製品の改良を生み出すと言える。

　このような組織内学習の分類を前提とするとき、「探求」と「活用」の間には代替性があり、しかも「探求」を刺激する仕組みと「活用」を刺激する仕組みも異なることが指摘できる。「探求」と「活用」の間に代替性が生じる理由として、第1に、知識の共有（同じ職場・同じ時間）は「活用」を刺激するが、その一方で知識の画一化が進むので、「探求」は刺激されなくなると考えられる。第2の理由として、マルチ・タスキング・エージェンシー問題が考えられる。この問題は、一般的には、以下のように定式化されている（詳しくは、Holmstrom and Milgrom［1991］参照）。

　　　エージェント（ここでは社員）が、①時間や勢力をめぐって競争関係にある複数の作業を行う必要があり、②その複数の作業の間でその成果評価の容易さや正確さにばらつきがあるとき、効率的な形で仕事意欲（インセンティブ）を高めることが困難になる。

「探求」と「活用」の違いを理解すれば、製品開発や改良の分析にはマルチ・タスキング・エージェンシー問題が当てはまると言える。「探求の仕事」は失敗のリスクが高いので、不確実性が低い「活用の仕事」と比べて成果評価が難しいのである。結果的に、多くの社員は成果が見えやすい「活用の仕事」に時間と労働を注ぐ。

　では、従業員を「探求の仕事」へと促すにはどうすればよいのか。「活用の仕事」とのバランスを考慮しつつ、「探求の仕事」へのインセンティブ設計が必要となると考えられる。

　ここで、前節で整理した製品開発戦略と改良に関して、「探求」と「活用」という軸から考えると、図3-1のように整理できる。すなわち、同じ製品の改

図 3-1 製品開発戦略の整理

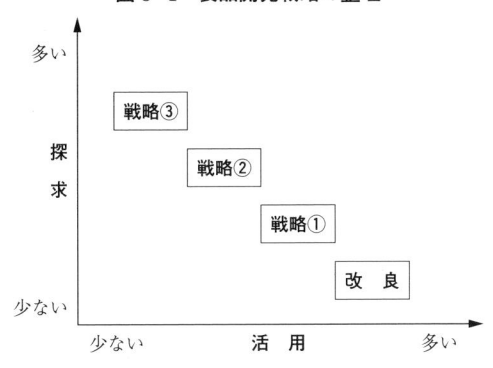

（縦軸：探求　多い／少ない　　横軸：活用　少ない／多い）

戦略③／戦略②／戦略①／改良

良は最も「活用の仕事」が多く，「探求の仕事」が最も少ない。逆にまったく新しい技術を開発する戦略③は，「探求の仕事」が最も多く，「活用の仕事」が最も少ないのである。戦略①と戦略②の位置づけは，それら2つの中間である。既存の用途・機能を他原料にも応用する戦略①のほうが「活用の仕事」＞「探求の仕事」であり，すでに取引のある産業で新しい用途・機能自体に進出する戦略②のほうが「探求の仕事」＞「活用の仕事」と考えられる。

　理論的には3つの製品開発戦略と1つの改良にはそれぞれ最適な従業員の労力が割かれるべきなのだが，それぞれの仕事へのインセンティブ設計は難しい人材組織戦略である。したがって本章では，まず企業の製品開発戦略を把握し，次にその戦略に従って企業はどのような人材組織戦略を構築しているか，つまり戦略が戦略に従うメカニズムを検討しよう。

3　奈良機械製作所

　本節と次節では，2社の調査事例を紹介する。この2社では，人事担当者，技術者，労働組合役員などにヒアリング調査を行っている[6]。はじめに，奈良機

---

[6] 奈良機械製作所には，合計4回のヒアリング調査を行った（2007年8月21日，副社長；2008年2月5日，技術者2名；2008年3月19日，副社長；2009年7月8日，副社長）。ホソカワミクロンには，合計2回のヒアリング調査を行った（2008年6月9日，組合委員長；2009年1月20日，執行役員，人事部職員，組合委員長）。

表 3-5 奈良機械製作

		人員					
		正社員		契約社員		パート社員	
		人数	割合	人数	割合	人数	割合
エンジニアリング部	本社	15	14.0	3	16.7		0.0
	北海道サテライト	1	0.9		0.0	1	16.7
計画設計部	本社	15	14.0		0.0	1	16.7
	北海道サテライト	1	0.9	2	11.1	1	16.7
技術開発部	本社	5	4.7	1	5.6		0.0
技術管理室	本社	1	0.9		0.0		0.0
総務部	本社	3	2.8	2	11.1	2	33.3
経理部	本社	3	2.8	1	5.6		0.0
営業本部	本社	15	14.0	1	5.6		0.0
	奈良販	4	3.7	1	5.6		0.0
製造部	本社	20	18.7	4	22.2		0.0
資材部	本社	5	4.7				
システム管理部	本社		0.0		0.0	1	16.7
品質管理部	本社	2	1.9		0.0		0.0
秘書室	本社		0.0	2	11.1		0.0
医療技術チーム	本社	4	3.7	1	5.6		0.0
	北海道サテライト	5	4.7		0.0		0.0
法務室	本社	1	0.9		0.0		0.0
ヨーロッパ支店	本社	7	6.5		0.0		0.0
合計		107	100.0	18	100.0	6	100.0

械製作所を取り上げよう。

3.1 会社概要

調査企業の奈良機械製作所は 1924 年に創業（設立は 1933 年）された。従業員 145 名，資本金 4000 万円，売上高 39.6 億円の企業である（2007 年）。創業者は，1925 年に日本ではじめて高速度衝撃式粉砕機を開発し，その後も各種粉粒体処理用機械装置の開発・設計・製作・販売の分野で事業を行ってきた。東京に本社，工場があり，北海道にサテライト工場がある。

所の人員構成（2007年）

(単位：人，%)　　　　　　　　　　　　(単位：歳)

構成						平均年齢				
派遣社員		機構内企業		合計	正社員	契約社員	パート社員	派遣社員	機構内企業
人数	割合	人数	割合	人数					
4	40.0		0.0	26	39	54	54	54	
2	20.0		0.0						
	0.0		0.0	20	37	52	52		
	0.0		0.0						
	0.0		0.0	6	36	26			
	0.0		0.0	1	56				
2	20.0		0.0	9	44	57	57	57	
	0.0		0.0	4	47	56			
1	10.0		0.0	22	41	33		33	
	0.0		0.0		41	48			
	0.0	7	100.0	31	37	62			不詳
1	10.0		0.0	6	47			28	
	0.0		0.0	1		53			
	0.0		0.0	2	48				
	0.0		0.0	2		63			
	0.0		0.0	10	37	51			
	0.0		0.0						
	0.0		0.0	1	51				
	0.0		0.0	7	35				
10	100.0	7	100.0	148					

　第1節で示した，2005年度のメーカー需要分野別構成比（表3-3）によると，奈良機械製作所には，水産・鉱業，食品，化学，医薬・製薬・薬品，窯業，鉄鋼・非鉄金属，電機・精密，その他で需要がある。近年は，特殊プロジェクト・チームを作り，医薬・製薬・薬品産業において製品開発を進めている。主要な製品分野は，粉砕・解砕，乾燥・冷却，造粒・コーティング・表面改質などである。また，奈良機械製作所は，粉体技術に関して高い技術力を持っており，160件（国内140件，海外20件）の特許を取得している。物質を分子レベルまで細分化する超微粒子技術やメカノケミカル反応を利用した新機能粉体

などの新分野の技術開発にも取り組んでいる。

　続いて，各部門と部門ごとの人員構成と平均年齢を説明しよう（2007年時点）。表 3-5 によれば，技術者は，エンジニアリング部 16 名，計画設計部 16 名，技術開発部 5 名，技術管理室 1 名，および医療技術チーム 9 名の中に含まれる。奈良機械製作所は，全社員の中でも技術者の割合が大きいことがわかる。

　一方，製造部は正社員 20 名と意外と少ない。奈良機械製作所では，製造の多くを協力工場にも委託している。多くの協力工場との信頼関係は重要である。一度開発した製品を効率的に大量生産することが付加価値を生む産業ではなく，注文生産の柔軟性が求められる産業と言えよう。現在，顧客から依頼を受けてから納品するまで最短でも 2 カ月はかかり，長くなると 8 カ月～1 年を必要とする。さらに，関連会社の部品製造も納品まで時間がかかるものがある。

　もちろん，生産現場の効率化も取り組まれている。ただし，以前に作業標準化の試みがあったが，このプロジェクトには限界があった。図面を完成させなければ，部品の製造もできないのである。もともと創業者の時代は，製品自体が標準化されていたが，製品の精度が高まるにつれて徐々に注文生産へ移行してきたのである。注文生産で儲けを生み出す仕組みなので，大量生産には手を出さない経営方針を持っている。

3.2　技術者のキャリア

　次に，奈良機械製作所における技術者のキャリア形成を説明しよう。まず，新入技術者は工学，化学，機械工学などの理系の大学卒であり，大学院卒も数名採用している。なお，奈良機械製作所では技術職だけでなく，営業担当者にも理系卒の人が約 50 ％ いる。営業担当者は単に販売をするだけでなく，商品の使い方を説明し，顧客の技術的な要望を理解する必要がある。営業担当者にも一定の専門性が求められている。さらに，製品開発のプロジェクトに参加している営業担当者もいる。ゆえに，もともと営業職として採用された社員以外にも，元技術職が異動して営業担当者になるケースも多い。

　ただし，理系の大学，または理系の大学院を卒業したとしても，大学時代に粉体技術そのものを学んできたという社員は少ない。入社 3～4 年は，粉体技術の基礎的知識の形成を行う。具体的には，新原料の粉砕実験作業のサポート

をすることで粉体の特質を学んでいく。その3～4年の後，機械別に編成された専門が決定される。

　実験作業によって粉体技術について理解した後，新製品の開発や改良を行うプロジェクト・チームに参加する技術者が生まれる。プロジェクト・チームに参加していても，配属先はそのままであり，大きなプロジェクトの場合のみでプロジェクト・チームの業務に専念できる。さらに，チーム・リーダーに昇進する。昇進は，最速で勤続10～11年目であり，標準的には勤続13～14年目である。チーム・リーダー昇進の後は，次長昇進と部長昇進が続く。技術者の人材育成は，職場でのOJTを中心に行われているが，それ以外に研修・業界の発表会などに参加していたり，学会活動を行っていたりする技術者もいる。

　続いて，技術者のキャリアを理解するため，具体的なキャリア事例を紹介しよう。奈良機械製作所のプロジェクトへの参加経験もある2名の技術者である。A氏は，プロジェクト・リーダーの経験もある技術者であり，B氏は，複数のプロジェクト参加経験がある若手技術者である。プロジェクト・リーダーと若手技術者という2つの立場から技術者の仕事を理解できる。

A氏のキャリア

　A氏は，中途入社の勤続13年目である。大学の機械工学部を卒業した後，ある電機メーカーに6年間勤務していたが，その後，奈良機械製作所に転職した。

　はじめに，エンジニアリング部に配属され，そこで6年間勤務する。前職でも大学でも粉体機器を取り扱った経験はない。それゆえ，最初は，現場で粉体機器をさわるところから始まった。エンジニアリング部での主な仕事は，顧客の要望に応えた実験を繰り返すことである。販売される製品はオーダーメイドなので，粉砕したい原料に合わせて機械を製造し，納品後にはアフター・サービスを行っている。

　北海道出身のA氏は北海道サテライトに異動する。その時点で，医薬情報チームというプロジェクト・チームのチーム・リーダーを任され，そのチームで7年間を過ごす。この医薬情報チームの仕事は，奈良機械製作所にとっては新需要産業への進出という大きな戦略選択であった。また，合計15名が参加した大規模プロジェクトでもあった。A氏は，その後2008年1月には本社に異

動した。その時点で医薬情報というプロジェクト・チームはなくなったのであるが，このチームを引き継ぐ形で，組織的な常設部署である医薬セクション（後の医薬品事業部）が成立し，A氏はそのセクションの次長に昇進した。

B氏のキャリア

B氏は，2003年に大学の工学部機械科を卒業して奈良機械製作所に入社した。初任配属先は計画設計部である。B氏は，大学時代に粉体の研究を経験していた。大学の工学部機械科であっても粉体を研究している学生は少ないので，研究上の連続性があったB氏は稀なケースと言える。しかし，大学で粉体を研究していたとしても，そのままその知識が製品開発に役に立つわけではない。入社直後は，A氏と同様に実験補助から始まった。その後2003年7月には技術開発部のプロジェクト・チームへの参加を命じられた。入社年度のプロジェクト参加は異例の早さである。この参加は，大学時代の粉体研究が評価された結果と考えられる。

さらにB氏は，2003年12月に技術開発部の別プロジェクトに参加した。実験補助が主な仕事なので，若手として人手が足りないプロジェクトに引き抜かれたとも言える。その後，計画設計部に戻るが，2004年7月から技術開発部のプロジェクト・チームに参加した。2004年11月には再度計画設計部に戻り，その後06年1月にはエンジニアリング部に配属され，既存製品ではあるが設計を担当するようになった。

さらにB氏は，さまざまなプロジェクトに参加する。B氏が参加した技術開発部のプロジェクト・チームは，熱交換機の改良を目的としており，2006年3月にメンバー5名で結成された。B氏は，2007年6月に開始されたハイブリダイザーの処理能力向上のプロジェクトにも参加した。このプロジェクトは，3名（技術開発部1名，計画設計部1名，エンジニアリング部1名）の小プロジェクトで，B氏は配属先の仕事とは別に実験を繰り返した。このプロジェクトは2007年度中に終了した。

3.3 製品開発とプロジェクト・チーム

次に，奈良機械製作所における製品開発・改良とそれを支える組織について具体的事例をあげながら説明しよう。

開発から改良までの流れ

粉体機器の開発は，技術開発部，計画設計部，エンジニアリング部で行われている。技術開発部は新技術を研究する基礎研究部門である。計画設計部ではプロセス設計が検討され，実際に原料を使った実験が行われる。エンジニアリング部では機械本体の詳細図面を作図する。

そもそも粉体機器は，製品の種類にもよるが，1年間で10～15台が売れればヒット商品である[7]。多くの製品は注文生産なので，注文に合わせて1つひとつ設計図を作成し，実際に機能を確認しながら製作される。一般的な開発・改良の流れは，次のような3ステップである。第1に，工場内で新原料の粉砕テストが行われ，第2に，顧客先の工場で既存製品の貸出しテストが行われる。この時点で粉体機器の設置場所を考慮し，機器の形や仕様を変えることも検討される。第3に，テストの結果を参考にしながら試作機が作られる。この時点で試作品が製品完成になる場合もあるが，その後も機能向上を目指した機械の改良がなされる。問題や要望事項が発見され，新機械という形に繋がるのは，まず半年～8カ月は計画設計が試みられ，その後計画設計部による実験が行われた後の，平均2～3年後である。

日常的な改良

一度完成した製品も，顧客に合わせた機械の改良が日々の業務の中で行われている。具体的な改良例としては，軸シール方法，スケールアップによる構造設計，製作方法の改良，新機能の付加などがあげられる。これらの改良は，既存製品に対する顧客の要望に応えるために行われたものである。基本技術に関する変更ではなく，新しい原料を使う際の不具合に対応するといった部分的な改良である。顧客からの要望なので，短期間で解決することが求められる。このような改良は，既存製品の開発担当者を中心に行われ，新しいプロジェクトとして立ち上がることはない。既存製品の微調整によって改良は成り立つが，もちろんその解決には試行錯誤の取組みが求められる。この改良を早く正確に行うことは，販売成績に直接的な影響を与える。

---

7) 粉体機器は，その機器の販売だけでなく，販売後に部品の取替えで売上げが上がるという特徴がある。

プロジェクト・チームによる改良

　改良は，日常業務の中で行われるだけではなく，所属部門から切り離されたプロジェクト・チームによっても行われる。このプロジェクト・チームの編成は，毎週1回の役員会議（メンバーは社長，副社長，部長〔中心は営業部長，技術開発部長〕）で決定される。プロジェクトには，社員全体の20～30％が参加している。計画設計とエンジニアリング部に限れば，50～60％の技術者が何らかの形でプロジェクトに参加している。

　たとえば，営業担当者から伝えられた機械に対する改良希望が日常業務で解決できそうもないとき，半年から1年の短期プロジェクトが編成される。[8]役員会議で認められる必要はあるが，基本的には現場からのボトムアップ型で編成される。改良要望に応える短期のプロジェクト・チームは，一般的に半年から1年の短期で終了するものが多く，平均4～5名で編成される。チームのメンバーは，同じ部署だけから選ばれるのではなく，技術開発部，計画設計部，エンジニアリング部からそれぞれ目的に合わせて編成される。また，顧客の要望をプロジェクト・チームに正確に反映させるために，営業担当者もプロジェクト・チームに参加することもある。さらに，製造コストの低下を目的としたプロジェクト・チームでは製造部の人間が参加することもある。

　プロジェクトによる改良の事例として，ハイブリダイゼーションシステムの機能向上があげられる。このシステムは，2年間の産学連携によって開発された微粉体表面改質技術を備えたものであり，当初実験機械を販売していた。なお，実験機は試作段階のものなので，機能検証を終えて製品化されているわけではなく，注文主もそれを承知で購入している。この機械の購入を検討していた企業は，自社でこの機械を使用する場合，生産量からこの機械を複数購入する必要があったのだが，設置スペースはなかった。そこで期間を決めて機能向上を依頼してきた。機能が上がれば1台でも生産可能であり，購入という結果になる。これは基本技術に関する改良なので，日常業務では対応できず，プロジェクトが設置された。ただし，当初予定していた1年間では目的は達成でき

---

[8] B氏の参加したプロジェクトには，営業から顧客の不満が報告され，その不満を改良するために急遽結成されたものがあった。B氏によれば，顧客の声からプロジェクト開始に繋がるケースがほとんどである。

表3-6 奈良機械製作所における1980～2002年の新製品開発

1980年	伝導伝熱型溝型攪拌乾燥機（電気加熱型仕様）
	高速攪拌型混合造粒機
82	高速攪拌型混合造粒機（研究開発用）
85	伝導伝熱型溝型攪拌乾燥機（単軸）
	乾式・衝撃式超微粉砕機
86	微粉体表面改質装置
88	スラリー状物質の乾燥装置
90	乾式・超微粉砕機
91	超低温粉砕システム
93	超微粉砕機
95	高速攪拌型混合造粒機
96	研究用粉砕機
97	医薬，食品用GMP対応粉砕機
98	摩砕型整粒機
2000	粒子固相反応装置
01	ナノ粒子の生成
02	ナノ粒子の造粒

なかったので，もう1年延長して成功させた。当初，ハイブリダイゼーションシステムは5種類の製品が存在したが，ここで新製品が完成したと言える。すなわち，カタログの中から製品を選んだのではなく，2年かけて注文生産を行い，その結果としてカタログの商品が1つ増えたのである。

大規模プロジェクト

奈良機械製作所には，役員によってトップダウンで編成される長期の大規模プロジェクトも存在する。プロジェクトの期間は平均5～7年であり，奈良機械製作所では10名以上の社員で編成されている。大規模プロジェクトでは，プロジェクトに専従するメンバーを作ることもある。このような大きなプロジェクト・チームは，既存顧客の要望以上に将来の市場拡大に向けた長期的な戦略判断をもとに編成される。奈良機械製作所の歴史を振り返ると，数々の新製品がプロジェクト・チーム方式で開発されてきた（表3-6参照）。このプロジェクト・チーム方式の選択が，既存の用途・機能を他原料・他産業にも応用する戦略①や，すでに取引のある産業で新しい用途・機能に進出する戦略②，さらにはまったく新しい技術開発に取り組む戦略③に対応する人材組織戦略と言えよう。

近年，奈良機械製作所が取り組んだ最も大きな製品開発戦略は，新しい市場

である医薬・製薬・薬品業界への市場進出である。その市場進出のために新製品の開発が必要とされ，そのために大規模プロジェクト・チームが編成されたのである。このプロジェクト・チームに深くかかわったのが，先ほど紹介したA氏である。A氏のプロジェクト・チーム参加経験を以下に示そう。

A氏が参加したプロジェクトの目的は，医薬・製薬・薬品産業で使われる製品の競争力を高めることであった。医薬品で使われる粉体機器には，その原料とマッチした性能，さらに原料に合わせた使いやすさが求められていた。このプロジェクト・チームはメンバーが15名であり，北海道のサテライトを中心に組織された。そのうち10名は技術者であり，5名は営業担当者であった。医薬・製薬・薬品業界における顧客の情報を手に入れるために営業担当者を参加させていたのである。また，10名の技術者も，開発に専念する5名と営業や顧客とも連携する5名とに役割分担をしていた。

A氏が具体的に取り組んだ開発は，グローブ・ボックスという技術である。この機械は，粉体化の際に粉を吸わないで作業ができるという点に特徴があった。当時，日本ではあまり普及していなかった技術である。医薬・製薬・薬品業界では，扱われる原料が命にかかわるものなので，洗えるとか，菌が繁殖しないというような追加的機能が求められる。チーム結成直後はグローブ・ボックスの技術を持っていたPSL社から製品を輸入し，一部加工して販売していたが，その後，徐々に自社完全製造へ移行していった。奈良機械製作所は，グローブ・ボックスの技術によって医薬・製薬・薬品業界での競争力を獲得していったと言えよう。つまり，第1の製品開発戦略（○→△）を行ったのである。

しかし，A氏の証言によれば，「技術競争から価格競争への移行は早い」のである。グローブ・ボックスの場合，2～3年後に他社が同様の製品を開発している。そうなれば，後は価格競争になる。自社での完全製造にすることでコストを削減し，また加工方法も改善し効率化を図った。さらに，日本人の体格に合わせることや機器操作を容易にすることなどの改良が行われた。つまり，第1の戦略から改良への移行が実施されたのである。このように，他社のキャッチアップが行われて改良へ移行したら，次には新たな製品開発を行う必要がある。その後A氏は，プロジェクト・チームから組織的に独立した本社の医薬セクションにおいて，新たな製品開発を行っている。

3.4 プロジェクト・チーム方式の利点と問題点

　奈良機械製作所において日常業務の中で行われる改良の仕事は「活用」に近く，少しでも「探求」を必要とする製品開発戦略では，プロジェクト・チームという人材組織戦略が採用され，従業員に「探求」を促していると言える。奈良機械製作所の特例として，既存の製品の改良のためにもプロジェクト・チームを採用することがある。

　プロジェクト・チームの利点は，「探求」という活動の目標管理ができることである。週1回の役員会議で戦略の必要性が常に検討され，一度製品開発戦略が決定されれば，普段の業務から離して，個々のメンバーの目標が設定される。

　もちろん，製品開発という「探求の仕事」は，事前にそのすべての内容を計画することは難しい。時間管理が難しいのである。それゆえ，プロジェクト・チーム編成時点で目標達成期間，必要人員，予算などが決められるが，その後進捗状況に合わせて変更される。1年に1回の戦略会議があり，各プロジェクト，各部門のリーダーが参加し，進捗状況と目標の報告を行う。また，不定期に中間報告を行うことも多い。その場でプロジェクト計画が変更される場合もある。

　戦略会議の場では，人員と予算の交渉が行われるが，人員は個人指名ではなく，職能だけを指名し，人数希望を提出することになっている。たとえば，B氏が参加していたハイブリダイザーの処理能力向上のプロジェクトは，2006年度内に終了予定であったが，予定期間内に解決できない問題が残っていたので，延長申請を出して引き続き改良を行うことになった。

　奈良機械製作所は，製品改良と製品開発戦略①についてはプロジェクト・チーム方式を採用し，成果をあげようとしていた。製品開発戦略②や③に関しては，プロジェクトの存在を確認できなかったが，配属先の日常業務を担当しながらプロジェクトにも参加するよりも，技術開発部などに所属し，日常業務として新しい技術の「探求」を行っていると考えられる。逆に言えば，改良や戦略①は，日常業務である「活用」の成果を失うことなく，「探求」への目標管理を行っていると言えよう。しかし，このプロジェクト・チーム方式にはイン

センティブの面で問題もある。

　奈良機械製作所では，人事評価を直属上司が行っている。その際，その直属上司は必ずしもプロジェクト・リーダーではない。すなわち，プロジェクト・チームにおける活躍が十分に評価されない可能性がある。これでは，マルチ・タスキング・エージェンシー問題が解決されないのである。評価が難しい「探求の仕事」を評価する仕組みができれば，プロジェクト・チームの成果も上がると言えよう。

　この問題に対する対策としては，評価の際に，日常業務に加えてプロジェクト業務に参加している者の時間が考慮されている。しかし，「仕事成果＝労働時間」でないならば，ラインのマネジャーがプロジェクト参加者の成果を判断するのは難しいという問題は残る。また，プロジェクトの仕事は開始から成果までの時間が日常業務よりも長く，短期的に利潤という成果に結びつく評価が難しいと言えよう。そのような問題を解決するために奈良機械製作所では，評価調整の会議を設置している。各ラインの部長，総務部の人事担当者，および役員を交えての人事評価調整会議では，成果だけでなくプロセス評価が行われる（ちなみに，プロジェクト・チームに所属していない場合でも，研究開発の仕事の評価は難しい）。なお，評価の中でも昇級昇格のほうが処遇評価よりも相対評価が重視される。

　ところで，奈良機械製作所は2008年4月からプロジェクト・ベースに組織構造を変更した。すなわち，（調査時点ではまだ変更前であったが）かつての部門制を廃止し，事業部（プロジェクト）制を採用した。プロジェクトは以前通り所属部署の仕事と離れて編成されるが，プロジェクト・チームは同じ部門のメンバーであり，プロジェクト・リーダーは直属上司，もしくは同じ職場の同僚である可能性が高まった。残念ながら，この変更の結果は調査時点では把握できなかったが，「探求」に対するインセンティブ制度を導入したものと考えられる。

4　ホソカワミクロン

　続いて，本節ではホソカワミクロンを取り上げよう。ホソカワミクロンの調

査は奈良機械製作所の調査よりも回数は少ないが，両社を比較できるように同じ質問をしている。

4.1 会社概要

ホソカワミクロンの創業は，1916年であり，設立は1949年である。資本金は144億9600万円であり，従業員はホソカワミクロン単体で374名，グループ全体で1394名になる（2009年9月末時点）。業界最大手企業であり，1987年には，ドイツの大手粉体機器メーカーを統合した。

ホソカワミクロンは，ヒアリング調査によれば，ほぼ全産業から注文を受けている。生産している製品も，粉砕・解砕・分級・分離・篩・磁選・粉取り，集塵・捕集，貯槽・供給，乾燥・冷却，造粒・コーティング・複合粒子化，混合・攪拌・分散，晶析・乳化・溶解，測定機器など多岐にわたる。粉体機器業界の中でも最も幅広く製品開発を行っている会社と言えよう。

さらに，ホソカワミクロンは，新しい基礎技術の開発にも力を入れており，粉体工学研究所や粉体技術開発センターという研究所を持っている。技術者を研究所に約27名，事業部と技術部に約79名配置している。

ホソカワミクロンでは，医薬・製薬・薬品の分野において積極的な製品開発を行っており，洗浄できる機械や洗浄しやすい製品などを開発している。たとえば，同じ機能であるならば（部品数が少ないと洗浄にコストがかからないという理由から），部品数を減らす改良などが試みられている。ホソカワミクロンでは，これらの主要製品ごとに事業部制が組織されており，開発も改良も事業部ごとに行われている。[9]

4.2 技術者のキャリア

ホソカワミクロンにおける技術者の割合は大きい。技術者は314名在籍しており，従業員の約20％にもなる。[10]技術者の年齢構成は，30代後半から40代前半が多く，中途採用者もいるが，新卒採用中心で企業内キャリア形成が基本である。景気の悪化から一時期採用を中止していたので，技能継承の問題が起

---

9) 現在は，大阪本社と東京本社の地域制をとっている。
10) 海外を含むホソカワミクロン・グループ全体の人数である。

こっており，継続採用の維持を考えている。

標準的な技術者のキャリアとしては，入社後2年間は，テスト・センターにて粉体実験を繰り返し経験する。その後，技術部門に異動してから3年目から5年目にようやく1人で開発計画を立てられるようになる。さらに，管理職と専門職に分かれるコース別管理が導入されているので，技術者は，専門職か管理職かのキャリア選択をする。

奈良機械製作所と比較したときの違いは，初期人材育成の内容は粉体実験の経験であって同じであるが，その人材育成の場所がテスト・センターという開発部門から離れた部門であることである。ホソカワミクロンは，粉体技術研究所や粉体技術開発センターという研究所を設置しており，実験（テスト）も別組織化されている。ただし，テスト・センターは同じ工場内にあるので，部門的には別であるが，開発や製造と離れて存在しているのではなく，密接な仕事関係を持っている。

4.3　製品開発と事業部制

ホソカワミクロンの特徴は，まったく新しい技術の開発という戦略③や新しい用途・機能自体に進出する戦略②に対して，他社と比べて力を入れている点であろう。奈良機械製作所も新技術に力を入れていたが，ホソカワミクロンは，業界最大手としてとりわけ新技術開発に力を入れている。2008年時点で国内特許も277件を取得している（ほかに出願中のものが129件ある）。ホソカワミクロンは，奈良機械製作所と比べると，取扱い分野が広く，結果的に製品開発戦略②と③の割合が大きいと考えられる。「探求の仕事」が多くなるので，研究所の機能を高めたと解釈できる。

一方，改良や戦略①に関しては，各事業部を基盤に頻繁に行われている。ホソカワミクロンでは事業部制が採用されているので，技能別部門とプロジェクトの分離が起こらない。それゆえ，プロジェクト・チームをわざわざ設置しているわけではなく，事業部ごとに自主的に担当が分けられている。改良の事例としては，粉末の原料を変えたときの不都合を改良するケースが多い。たとえば，粉体の機械への付着という現象がある。原料と粉砕方法との組合せで，それまでは起こらなかった機械内への粉末付着が起こってしまう。実験段階では

付着が進まなくても，ある一定限度を超えた量の粉体が付着することもある。付着の除去に関しては，空気を入れる，叩いて落とす，機械の素材やコーティングを変えるなどの方法があるが，その選択は技術者の試行錯誤に任せられる。早く問題を解決することが販売に繋がる。

時間がかかる戦略②③に関しては，ボトムアップで企画が立てられることが多い。各事業部から稟議書が提出され，役員会にて承認される。そのとき，コスト・期間などの目標が設定される。

5　2社の共通点と相違点

奈良機械製作所とホソカワミクロンに共通する点は，第1に，これら2社が顧客の要望に応える，もしくは顧客に提案する製品開発戦略によって利潤を生み出していることである。その製品開発戦略は粉体機器という製品の特性（注文生産など）によって決定されている。第2に，粉体機器開発を担う技術者の育成に関しては，約2年間の粉体実験への参加を経て，担当機器を任され，その後開発プロジェクトへ参加するという共通のキャリア形成を確認できた。

相違点としては組織の形態があげられる。奈良機械製作所では，開発，生産，営業などの機能別組織を基本として，必要に応じてプロジェクト・チームを作るという組織構造を持っているが，ホソカワミクロンは事業部制を採用しており，開発プロジェクトは主に各事業部の中で運営されている。また，ホソカワミクロンの場合，研究所が設置され事業部を越える新領域の開発はここで行われている。奈良機械製作所では機能別組織＋プロジェクト・チームによって，ホソカワミクロンでは事業部制＋研究所によって改良と開発が管理されている。奈良機械製作所の場合，機能別組織内において技術者の仕事が改良の業務に集中することを防ぐために，プロジェクト・チームによる仕事管理と役員を交えた人事評価調整会議が設けられている。一方ホソカワミクロンでは，事業部制を採用しているので，改良と開発の仕事は同じ部署内で同じ評価者によって管理されている。それゆえ，技術者が改良と開発の間で迷う可能性が少ないが，事業部間の連携や事業部を越えた開発については協力が難しい。

組織形態の違いは次のように解釈できる。奈良機械製作所のような機能別組

織＋プロジェクト・チームの利点は，技術者相互間の協力が生まれやすいという点である。プロジェクトを組み替えることで部署を越えた協力を柔軟に生み出すことが可能である。しかし，インセンティブ設計の面で欠点があると言えよう。つまり，プロジェクトの仕事を評価することが難しい。一方，ホソカワミクロンのような事業部制＋研究所態勢は，仕事の評価についてずれが生じないので，インセンティブ設計には問題はないが，技術者間の協力に対しては柔軟性がないと言えよう。ホソカワミクロンでは，この欠陥を補うために研究所を設置していると解釈することもできる。

ところで，奈良機械製作所とホソカワミクロンは，調査期間中に組織形態を大きく変化させている。奈良機械製作所は事業部制へ，ホソカワミクロンは機能別組織へ組織を変えているのである。この変化は，奈良機械製作所タイプ（機能別組織＋プロジェクト・チーム）とホソカワミクロン・タイプ（事業部制＋研究所）には，それぞれ利点と欠点があり，企業がそれらの間で揺れていることから生じていると言えよう。

これら2つの組織形態の選択を決定する要因は，当面の主要事業の状況であると考えられる。すなわち，事業戦略が製品開発戦略に大きな影響を与えているという解釈である。奈良機械製作所で新しく作られた事業部は医薬品事業部であるが，この事業部は奈良機械製作所における最大のプロジェクト・チームが発展的に生まれ変わったものである。プロジェクト・チーム→事業部という発展は，奈良機械製作所の事業戦略が医薬品という新規分野に集中しているからと解釈することができる。プロジェクト・チームよりも事業部のほうが「探求」へのインセンティブに関しては有利であると判断されたのである。

その一方で，新規事業戦略が分散している場合は機能別組織が選択されると解釈することが可能であろう。すなわち，既存事業の「改良」を重視したいと判断したと解釈できる。しかし，このような組織形態の変化は，調査期間中に観察されたものであるから，数年後の再調査によって検証されるべき問題であろう。また事業戦略の集中と分散とは，現在の事業規模というよりもどれだけ将来の事業拡大を見込んで投資するかにかかわる問題であるので，単純に事業別の売上げや利潤を分析するだけでは不十分である。現時点では，仮の解釈に留めておく。

おわりに

　本章では，製品開発戦略と人材組織戦略の関連性について，粉体機器メーカーを対象にしながら検討した。以下では，ヒアリング調査の結果として明らかになった事実を整理し，その理論的含意を探りたい。

　第1に，粉体機器はその用途と機能において多種多様であり，なおかつ同じ用途と機能の機器であっても，粉体化する原料によって機器も異なることが確認された。すなわち，粉体機器の種類は，用途・機能と需要産業によって細かく分断されており，粉体機器メーカーは分断された市場の中で競争している。しかし，製品は基礎技術において繋がっているので，メーカー同士は異なる産業や異なる製品を作っていても潜在的な競争関係にあると言える。大きな製品戦略としては，これまで扱っていない用途・機能の機器に進出することや，新しい需要産業（つまり新しい原料）に進出することが考えられる。なお，その他にまったく新しい技術を開発する産学連携の製品開発戦略もある。

　粉体機器メーカーの競争力は同じ機器であっても使用者に合わせて常に改良や修理や保全を続けることにある。その意味では，大量の見込み生産を行う自動車メーカーなどとは大きく異なる。粉体機器は注文生産という形で付加価値をつけている。生産者が顧客であり，粉体機器に求められる機能的な要望も高くなるので，単なる価格競争にはならず，少量生産であっても利潤が生まれる構造がある。

　第2に，製品の開発や改良に関しては，プロジェクト・チームや事業部制が採用され，改良・開発が目標管理されていることが確認された。奈良機械製作所のプロジェクト・チームの目標設定は，最終的には役員会議で決定されるが，トップダウン型の大規模プロジェクトだけでなく，ボトムアップ型で開始された小規模プロジェクト・チームもあった。一方，ホソカワミクロンでは，事業部制が採用され，事業部内では製品分野に分けられたプロジェクトが組織化されている。このような開発と改良の仕事のマネジメントは，新しい知識の探求を求めて，失敗のリスクの高い製品開発の仕事へと従業員を向かわせる仕組みと捉えることが可能である。

しかし，その一方，2社の人材組織戦略にはそれぞれ欠点もある。事業部制を採用していない奈良機械製作所では，プロジェクト業務の評価者と日常業務の評価者の間に分離が生まれる。プロジェクト全体の評価は可能であるが，プロジェクト参加者の人事評価はプロジェクト・リーダーではなく直属上司が行っているので難しい点があると言える。それゆえ奈良機械製作所では，戦略会議による目標管理を行い，プロジェクトの仕事も人事評価調整会議で考慮している。また，ホソカワミクロンでは事業部制が採用され，研究所という探求に特化した部署が作られている。開発プロジェクトは事業部内で設計されるので，評価者が複数になることはないが，事業部制は主要製品によって組織が分断されているので，プロジェクト・チームのような従業員間の柔軟な連携が生まれ難い。つまり，奈良機械製作所方式（機能別組織＋プロジェクト・チーム）とホソカワミクロン方式（事業部制＋研究所）には，それぞれ利点と欠点があると言える。

　第3に，奈良機械製作所はホソカワミクロン・タイプへ，ホソカワミクロンは奈良機械製作所タイプへ人材組織を移行中であることが確認された。この移行は，それぞれの人材組織戦略の利点と欠点を考慮しながら実施されていると考えられる。現時点で移行中の人材組織戦略を分析することは難しいが，どちらの人材組織戦略を選択するかは事業戦略と関連すると解釈できる。事業戦略が特定部門に集中している場合は開発プロジェクトが固定的なホソカワミクロン・タイプが，分散している場合は開発プロジェクトが柔軟に組織できる奈良機械製作所タイプが選択される可能性が高い。

　最後に，以上の分析結果を踏まえて，未来のものづくり産業の競争力を生み出す仕組みについてその可能性を検討したい。本章では，製品開発戦略と人材組織戦略の関連性を検討し，とくに「探求」の仕事を管理すること，さらに「探求」へのインセンティブを設計することの重要性を指摘してきた。少量生産・高付加価値産業では，価格競争に陥らず，多様な顧客要望に合わせた製品の質の競争が行われている。個別製品の改良や開発が顧客によって評価され，それゆえ価格競争に陥らないのである。粉体機器業界は，中企業や小企業が国際的にも高い技術的競争力を維持している業界と言えよう。このような企業規模に頼らない高品質の改良や開発には，既存知識の「活用」だけでなく，新し

い知識の「探求」が常に求められている。

　「探求」をマネジメントする仕組みとしては，本章が明らかにした仕事管理とインセンティブ設計が重要であるが，それ以外に「探求」を手がける生産現場の技術者を増やすことが有効だと考えられる。粉体機器業界の事例からは，「活用」と「探求」を分離せずに2つの仕事を担える優秀な技術者を育成することの重要性が学べる。「活用」と「探求」を担える優秀な現場技術者の増加と彼ら彼女らに対する人材組織戦略は，今後ますます少量生産の産業で高付加価値をつくる事業戦略が求められる日本のものづくり産業において役立つものと言えよう。

　なお，以上の解釈は，2社という少ない調査事例をもとに考えられたものであり，一般化して語るには限界を持っている。多くの調査を追加することは今後の課題である。

　　＊　本章を執筆できたのは，調査対象である株式会社奈良機械製作所とホソカワミクロン株式会社のみなさまのご協力を得ることができたからである。要領を得ない筆者の質問にも丁寧にわかりやすく説明していただいた。ここに記して謝意を表します。

参 考 文 献

Clark, Kim B., and Takahiro Fujimoto［1991］*Product Development Performance: Strategy, Organization, and Management in the World Auto Industry*, Boston: Harvard Business School Press.（藤本隆宏＝キム・B. クラーク〔田村明比古訳〕［1993］『実証研究 製品開発力——日米欧自動車メーカー20社の詳細調査』ダイヤモンド社）

藤本隆宏［1997］『生産システムの進化論——トヨタ自動車にみる組織能力と創発プロセス』有斐閣。

藤本隆宏［2001］『生産マネジメント入門』全2巻，日本経済新聞社。

Holmstrom, Bengt, and Paul Milgrom［1991］"Multitask principal-agent analyses: Incentive contracts, asset ownership, and job design," *Journal of Law, Economics, and Organization*, vol. 7, special issue, pp. 24-52.

今野浩一郎［1993］『研究開発マネジメント入門』日本経済新聞社。

小池和男・中馬宏之・太田聰一［2001］『もの造りの技能——自動車産業の職場で』東洋経済新報社。

March, James G.［1991］"Exploration and exploitation in organizational learning," *Organization Science*, vol. 2, no. 2, pp. 71-87.

延岡健太郎［2002］『製品開発の知識』日本経済新聞社。
大湾秀雄［2006］「イノベーションを支える組織」『青山マネジメントレビュー』第10号，43-53頁。
Roberts, John［2004］*The Modern Firm: Organizational Design for Performance and Growth*, New York: Oxford University Press.（ジョン・ロバーツ〔谷口和弘訳〕［2005］『現代企業の組織デザイン──戦略経営の経済学』NTT出版）
富田義典［2009］「開発部門の仕事・管理・労使関係」石田光男・富田義典・三谷直紀『日本自動車企業の仕事・管理・労使関係──競争力を維持する組織原理』中央経済社，所収（第3章，64-115頁）。
矢野経済研究所編［2006］『粉体市場白書 2006年版』矢野経済研究所。

第4章 鉄鋼製品開発を支える組織と人材
JFEスチールの自動車用ハイテン鋼板

青木 宏之

鉄鋼鋼材の冷延コイル（写真提供：日本鉄鋼連盟提供／PANA）

はじめに

(1) 課　題

　本章の目的は，JFE スチール（以下 JFE）における自動車用ハイテン鋼板の開発から量産化までのプロセスを検討し，鉄鋼業の製品開発にかかわる現代的含意を引き出すことである。

　鉄鋼業の製品開発に関しては，おおよそ2つの方向から研究されてきた。1つは，大きな設備投資を伴う技術開発についての研究である。鉄鋼業のような装置産業では設備が企業の競争力を規定する側面が強いので，とくに戦後の発展史を理解する上では技術開発に注目する必要がある。リンは，戦後の重要な技術革新の1つであった LD 転炉（Linz – Donawitz 法）の日本への導入プロセスについて検討した（Lynn [1982]）。それによれば，高炉メーカーと通産省，業界団体，商社などとの情報交換の仕組みが円滑な新技術導入へつながったことがわかる。戦後成長期の技術開発を対象とした議論は，こうした企業を越えた情報共有の日本的システムに注目した。これに対して，1980年代以降を対象とした研究は，国内外の鉄鋼市場における競争関係に論点を移した（川端 [1995, 2005]）。日本の高炉メーカーは，高度成長期以降はとくに，厳しい競争にさらされてきた。各高炉メーカーは，価格と生産量においては寡占的協調体制をとりながらも，技術においては激しく競争してきた。また，1980年代以降には電炉メーカーとの競争によって高級鋼へのシフトを余儀なくされたし，韓国メーカーは価格設定において無視しえない存在であった。また，ユーザー優位の取引関係によって，高付加価値戦略は必ずしも高収益へはつながらなか

---

1) 製品開発とは商品設計から量産化までを含めた活動である。
2) 技術開発とは製造プロセスの開発であり，製品開発とは新しい商品の開発である。鉄鋼業のような装置産業においては，新しい製品を生み出すためには新しいプロセス技術の開発が必要になることが多い。後述する通り，製品開発を進める組織体制は，連動する技術開発の規模に応じて変化する。
3) そのほかにも，政府，業界団体，大学，ユーザーなどとの協調関係を重視する議論として馬場・髙井 [1994] がある。米倉 [1991] も通産省の産業政策が情報媒介者として重要な役割を果たしたことを認めるものの，議論の重点を個別企業の革新的な行動に置いた。戦後鉄鋼業の設備投資を可能とした資金調達の問題については，岡崎 [1995]，日高 [1995] を参照。

った。こうした競争関係の分析は，個別企業の製品開発の方向性を理解する上で重要な示唆を含んでいる。[4)]

以上，先行研究においては，個別企業の製品開発を取り巻く環境条件が明らかにされてきた。しかしその反面，企業内の活動については十分な関心が払われてこなかった。自動車を中心として，製品開発の効果的なパターンについての研究が蓄積されつつあるが（藤本＝クラーク［1993］，藤本・安本［2000］），鉄鋼業においてはそれに対応するような研究が少ない。そこで本章では，JFEの製品開発活動を詳細に明らかにする。[5)]

(2) 方　　法

本章は，JFEに密着した事例研究である。研究所，製造・設備保全部門，商品技術部などへのインタヴューを通じて，新製品の開発と生産のプロセスを明らかにする。とりわけ，下記の点に分析の特徴がある。第1に，JFEの製品開発活動にかかわる組織編成・分業関係，従業員のキャリア管理，インセンティブ制度（職場の業績管理）などを検討し，それらの管理制度を統合しているシステムを発見することを通じて，効率的な製品開発パターンを明らかにする。職場の業績管理を取り上げることについては説明が必要であろう。職場の業績を評価するための指標は，その職場に期待される機能と密接にかかわっているので，その内容を検討することは，組織の編成や分業関係を別の角度から考察することになるのである。

第2に，研究所の行う研究開発だけではなく，量産化までを視野に入れていることである。その際，ハイテン材の製造の成否を分けるポイントの1つである圧延，焼鈍工程を主に取り上げている。

第3に，自動車産業との共同開発を視野に入れていることである。高炉メーカーが自動車会社に対して，問題解決活動を含めた品質保証を行っているとい

---

4) 後発国や電炉メーカーとの競合関係からすれば，日本の高炉メーカーの高付加価値戦略は動かしがたい。2003年のJFEスチール誕生によってユーザーとの取引関係が改善したことも加わり，日本の高炉メーカーは，今後とも高付加価値化を進めるであろうことが予想される。
5) 少し視野を広げれば，装置産業について論じたバーネットの研究がある。Barnett［1991］は，装置産業の製品開発においては実験と設計の反復という特徴があると指摘した。この研究との関係については，本章末尾（おわりに）で整理する。

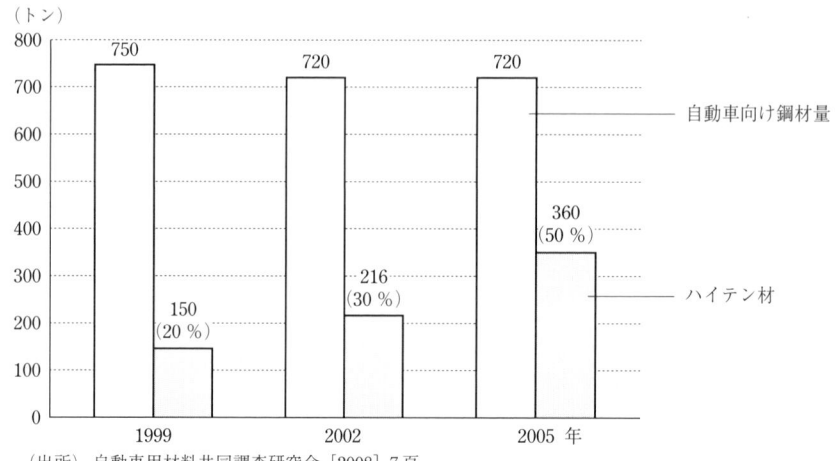

図 4-1 ハイテン材の自動車向け鋼材に占める割合

(トン)
- 1999年: 自動車向け鋼材量 750、ハイテン材 150 (20%)
- 2002年: 自動車向け鋼材量 720、ハイテン材 216 (30%)
- 2005年: 自動車向け鋼材量 720、ハイテン材 360 (50%)

(出所) 自動車用材料共同調査研究会 [2008] 7頁。

うことは先行研究でも指摘されてきた(清 [1990])。ここでは,こうした関係の近年の変化やそれを進める高炉メーカー側の組織的体制を明らかにする。

(3) 対　　象

　JFE は日本の大手の一貫製鉄会社である。製造拠点は 5 つの地区に分かれ,そのうち 4 箇所が高炉を持つ一貫製鉄所となっている。本章の調査対象である西日本製鉄所福山地区は同社の中でも最大の製鉄所であり,同時に国内外の製鉄所と比較しても最大級の生産力を持っている。

　本章で取り扱う「ハイテン」とは high tensile strength steel のことであり,「引張りに強い鋼」という意味である。一般的には 490MPa 以上の強さを有する鋼材をハイテンと呼ぶが,鋼材の用途によってハイテンと称されるレベルは異なる。自動車用冷延鋼板では,340MPa 以上をハイテンという。ハイテンの歴史は古い。自動車の足回りやフレームに適用される熱延鋼板に関しては,1960 年代に 780MPa までのハイテンがつくられている(細谷・船川 [2008] 4-5頁)。近年,ハイテンに注目が集まる理由には,環境問題がかかわっている。アメリカにおける 1975 年の CAFE (Corporate Average Fuel Economy) 規制の強化以降,排気ガスによる大気汚染が問題とされるようになってきた。[6] 自動車の

排気ガスを軽減させるためには，自動車を軽量化することが必要である。そして，衝突安全性を低下させずに軽量化するためには，鉄の強度を上げることが求められる。そこで，強度が高いハイテン材に注目が集まったのである。自動車用鋼材のハイテン率は，近年，急速に進んでいる。図4-1は，自動車向け鋼材量とハイテン材の推移である。1999年には20％であったハイテン率が，2005年には50％に達していることがわかる。

1　自動車産業との共同開発の深化

　自動車用ハイテンの製品開発過程を明らかにするためには，自動車会社と製鉄会社との共同開発のあり方に目を向ける必要がある。

1.1　取引関係

　自動車会社は，多くの部品を複数の製鉄会社から購買する方針を堅持し，一社しかつくれないオンリーワン商品よりも，複数のメーカーが供給できるものを優先してきた（馬場・高井［1994］）。このような購買政策を通じて，供給の安定を保つと同時に，価格交渉力における優位性を保持しようとしてきた。しかし，自動車大手メーカーは，2000年以降，自動車用鋼材の集中購買化を進めた[7]。いわゆるゴーン・ショックをきっかけとして，自動車各社は価格を重視する方向へと向かい，安い高炉メーカーからの購入量を増やした。結果的には新日鐵がシェアを伸ばした。集中購買政策が進んだことによって，自動車会社側のオンリーワン商品に対する許容度が緩和されれば，高炉メーカー側が製品

---

[6]　自動車の燃費規制は，各国とも厳格化の方向にある。日本では，2015年までに達成されなければならない水準が，これまでの規制よりも大幅に厳しくなっている。乗用車の2004年度実績が，13.6キロメートル／リットルであるのに対して，新基準は16.8キロメートル／リットルとなっている（自動車用材料共同調査研究会［2008］4頁）。EUでは2012年までに平均1キロメートル当たり120グラムの排出量を義務づけ，2020年までには95グラムの排出量を目標としている。EUで販売される日本車にもこの基準は適用される。アメリカでは，2007年末に2020年の規制が発表された。EUほど厳しいものではないが，従来よりも大幅な規制強化となった（細谷・船川［2008］198-199頁）。

[7]　川端［2005］は，『鉄鋼流通ハンドブック』の1998年度と2001年度のデータを比較し，薄板製品の購買が集中してきたことを明らかにしている（112頁）。その後のデータを見ても同じ傾向を読み取ることができる（鉄鋼流通情報社［2006］185頁）。

図4-2　自動車産業と鉄鋼業との製品開発業務の分担関係

形式上の業務分担　　　　　　　　実際の業務分担

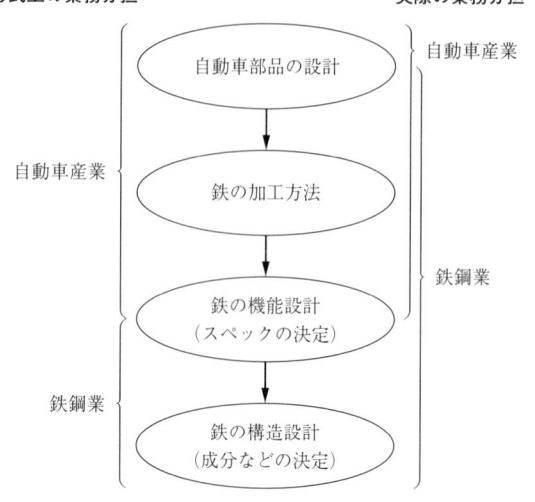

```
              ┌─ 自動車部品の設計 ─┐  自動車産業
              │        ↓         │
    自動車産業 │    鉄の加工方法    │
              │        ↓         ├─ 鉄鋼業
              │   鉄の機能設計    │
              │  （スペックの決定）│
              │        ↓         │
    鉄鋼業   │   鉄の構造設計    │
              └─（成分などの決定）─┘
```

差別化戦略を打ち出す余地が広がることになる。

　それに加えて，冒頭で述べた通り，排ガス規制はいっそう強化されている。燃費向上のための軽量化には，自動車の設計上の工夫だけではなく，材料の変更が求められる。そのためには，鉄鋼メーカーとの設計段階からの共同開発が必要となる。こうした密度の濃い共同開発は，実際には，複数社と同時に行うことは難しいので，集中購買の傾向を強めることにもなる。

　図4-2は，自動車産業との業務分担関係を表している。図の左側には，形式上の商品取引の業務分担が示されている。自動車部品の設計や鋼板のプレス加工については，自動車産業側が担当する。他方，鉄製品の構造設計，すなわち成分や表面処理の設計は鉄鋼業側の業務範囲である。両者は，商品機能（引張り強度，伸び率などの特性値）をめぐって取引を成立させる。ここでは素材の特性値が取引スペックとなる。しかし，実際の業務分担は，図の右側に記した通り，鉄鋼業側が自動車産業側の業務分担に入り込んでいる[8]。このレベルのハイテン鋼板はどのようなプレス加工をすべきなのか，それを用いることでどのよ

---

8) こうした共同開発についての自動車会社側からの証言としては，松島［2009］を参照されたい。

うな部品形状・軽量化が達成できるのかなどについての提案を行っているのである。次のようなコメントからもそうした取引の様式が確認できる。

　質問：プレス加工の問題などは鉄鋼側がメインで考えなければいけないことなのですか。

　自動車鋼板研究部長：まあ，メインといいますか，われわれは材料のことをよく知っていますので，この材料の特性を生かすとこういった加工がよいということは，むしろわれわれのほうから提案します。

　質問：自動車側が，こういった部品をつくりたいからこのようなスペックの材料をつくってくれというわけではないのですね。

　自動車鋼板研究部長：最終的にはスペックになるのですが，ただ，最先端のものなどはスペックがなかったりするものもありますから。ですから材料をよく知っている側から提案するわけです。自動車会社さんには材料系の技術者はあまりいませんからね。多くは機械系の技術者さんですから，われわれのほうからデータを出して，こういう加工をしたほうがよいのではないですかとか，ここはもっと出っ張らせたほうがよいのではとか。

1.2　技術者交流——問題解決から問題発見へ

　JFEの研究所の技術者は，一定期間，自動車会社に派遣されることがある。技術者は，単に情報交換の円滑化だけではなく，自動車会社側の問題を解決し，さらにはまだ問題として認識されていない事柄に対する提案活動を行うために派遣されている。そのため，派遣される技術者は，判断業務が可能な中堅層に多くなるし，派遣期間は問題の性質によって異なる。こうした共同開発の深化は，コミュニケーションをとる部門の変化に端的に現れている。従来は，製鉄会社の研究者は，自動車会社の材料部門とやりとりをしていたが，ここ数年の間に設計部門との接触が増えたという。以下では派遣技術者の果たす機能について詳しく見ていこう。

　鉄の研究は専門性が多様であるし，その専門性によって組織は細かく分かれている。そのため，円滑なコミュニケーションのためには，自動車会社側と製鉄会社側との間にゲートキーパーの機能を果たす情報媒介者を置く必要がある。

派遣された技術者はそのような機能を果たしている。それに加えて，次の点が重要である。第1に，自動車側の抱える課題は，鉄鋼側から見れば複数の技術的問題が絡み合っていることが多く，それらを仕分けし，解決までの手順を整理する作業が必要である。第2に，そもそも実現可能性の高い課題設定をすることが重要であり，そのためには早い段階から製鉄会社側の研究者の専門知識を動員する必要性がある。以下の自動車鋼板研究部長の談話はそうした派遣技術者の機能を表している。

　　自動車鋼板研究部長：共同で問題を解決しましょうといっても，自動車側からすれば，ある問題を鉄鋼メーカーのどこにつなげばよいのかがすぐには判断できないことが多いわけです。「鉄鋼メーカーの誰に聞けばよいの？」ということがあるわけです。また，普通は，問題というのは単独であるのではなくて，技術的な問題がいくつも重なり合っていることが多いですから，それをすばやく仕分けして，それぞれを誰に聞けばよいのかをすぐに判断できるということが開発のスピードには大切なんです。もう1つあるのは，たとえば「これお願いします」と言われたとします。しかし，自動車会社の中では，そこに至るまでには，「これでいこうか。こちらでいこうか」とさまざまな取捨選択をしているわけですよね。しかしわれわれから見れば，提示された方向がベストではなくて，いったん「だめだね」とあきらめたもののほうが実現に近い場合もある。課題だけポンと言われても，それは無理ですとしか言いようがない場合もありますから，そういった試行錯誤のプロセスにわれわれもできるだけ加わりたいと思っているんですよね。（下線筆者）

2　組織，キャリア，インセンティブ

　ここでは，製品開発にかかわる組織の全体像を明らかにした上で，研究所，商品技術部，製造・設備保全部門などのそれぞれの組織編成，キャリア，インセンティブなどについて検討する。

2.1 開発組織の全体像

　JFEの製品開発の組織体制は，付随する技術開発の規模に応じて多様性があるが，ここでは2つの典型例について説明を行う（図4-3）。まず，大規模な技術開発が必要な場合には，本社の商品別戦略組織が重要な機能を果たす。ここには，関係事業所の製造関係者（商品技術部あるいは製造部門出身者），本社の営業担当，研究所などの製造，販売，研究にかかわる人材が集まる。組織としての規模は小さいが，戦略的意思決定を担っている。たとえば，どの製鉄所でどのような商品を開発し，そのためにどのような設備を置くのかといった全社的問題についての責任を持っている。この商品別戦略組織の決定に基づいて，プロジェクト・チームが結成される。そこには，事業所の研究所，製造部，商品技術部の代表者も参加する。このプロジェクトは事業所の副所長レベルが責任者となって進められることが多いという。以上，大きな技術開発を伴う製品開発は各部門の代表者のプロジェクト・チームで進められる[9]。

　次に，上記以外の製品開発は，多くの場合，恒常組織が基本となり，各部局が相互に情報交換をしながら進められる。研究所の加工（薄板加工技術研究部），素材（自動車鋼板研究部），表面（表面処理研究部），圧延（圧延・加工プロセス研究部）の担当部局，および製造部，商品技術部などが自律的に調整し合いながら開発を進める[10]。顧客対応は，加工研，素材研，商品技術部が中心となる。また，製品開発は，製造部門のある事業所レベルで行われる。このような組織体制がとられる理由の1つは，専門性の多様さにあると考えられる。研究所の内部だけを見ても，専門知識の幅が相当に広い。加工研は製品のプレス技術，素材研は金属冶金，表面研は化学的知識が求められる表面処理，圧延研は鉄の圧延加工に通じている。こうした多様な専門知識・情報を1人のリーダーが十分に理解することは難しい。日本の自動車企業のように全組織を統括する商品別の重量級リーダーはいないのである[11]。

---

9) ただし，プロジェクト組織化の目的は，プロジェクトのリーダーに権限を集めることよりも，むしろ各部門代表者の情報交換，合意形成という側面が強い。
10) 商品技術部は顧客別に担当者が決められているが，案件によっては，そこに研究所や製造部門が加わり，顧客別チームとして製品開発を進めることもある。

図 4-3 自動車用鋼板の開発組織

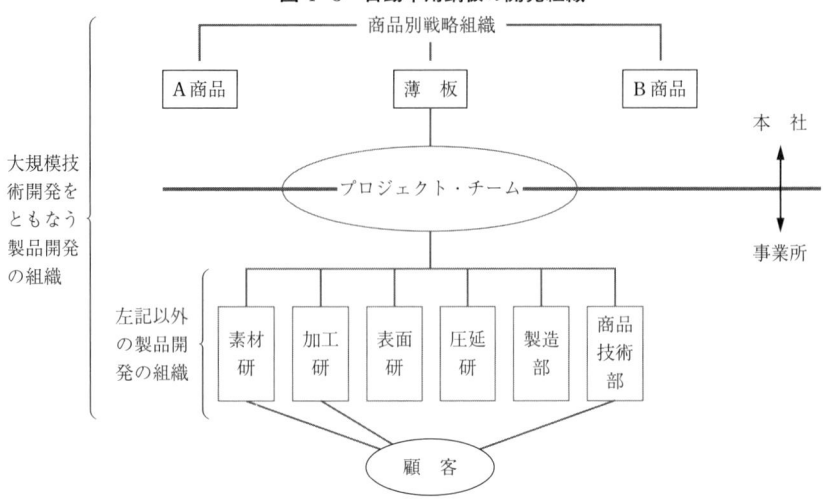

```
                    商品別戦略組織
        ┌──────────────┼──────────────┐
     ┌─────┐        ┌─────┐        ┌─────┐
     │A商品 │        │薄 板 │        │B商品 │
     └─────┘        └─────┘        └─────┘
                       │
            ╭─────────────────────╮                本　社
        ───│   プロジェクト・チーム   │───          ↕
            ╰─────────────────────╯                事業所
                       │
     ┌─────┬─────┬─────┬─────┬─────┬─────┐
     │素材 │加工 │表面 │圧延 │製造 │商品 │
     │研  │研  │研  │研  │部  │技術 │
     │    │    │    │    │    │部  │
     └─────┴─────┴─────┴─────┴─────┴─────┘
                       │
                    ╭─────╮
                    │顧 客 │
                    ╰─────╯
```

大規模技術開発をともなう製品開発の組織 / 左記以外の製品開発の組織

(出所) 聴き取りより作成。

　以下では，製品開発の組織を詳しく明らかにするために，研究所，製鉄所の商品技術部，製造部門の仕事内容，メンバーのキャリア，インセンティブ制度についての分析を行う。その際，各組織がどのように相互作用し合っているのかにも注目する。恒常組織を基本として製品開発を進める上では，部局間の情報伝達・調整コストが大きな問題となると考えられるからである。

2.2　研　究　所

　JFEのスチール研究所全体の組織から検討を始めよう。研究所は，複数の部から構成されている[12]。各部は，表4-1に記した通り，プロセス技術，基盤・利用技術，商品開発の3つに大別される。自動車用薄板には，圧延・加工プロセ

---

11) 重量級プロダクト・マネジャーについては，藤本＝クラーク［1993］を参照。石田・富田・三谷［2009］は，重量級プロダクト・マネジャーと恒常組織の分業関係を具体的に明らかにしている。
12) 各研究部員は一箇所に集中しているのではなく，5つの製造拠点に点在している。点在組織には本拠地と駐在組織という区別があり，部長は本拠地に在籍している。自動車鋼板研究部を例にとれば，千葉が本拠地で，京浜，福山が駐在組織である。さらに細かく見れば，各部の中には研究テーマ別にグループがある。1つのグループはおおよそ4名程度である。

表 4-1 JFE の研究組織

	プロセス技術[1]	基盤・利用技術	商品開発	
研究部	製銑・環境プロセス[2] 製鋼 圧延・加工プロセス（圧延研） スラグ・耐火物	接合・強度[3] 分析・物性[4]	**自動車鋼板（素材研）** **表面処理（表面研）** **薄板加工技術（加工研）** 電機・機能材 電磁鋼板 缶・ラミネート材料 厚板・形鋼 耐食・防食 鋼管・鋳物 棒鋼・線材 ステンレス鋼 鉄粉・磁性材料	｝自動車専門

(注) 1) 製造設備や生産技術についての研究。
　　 2) 高炉やその原料，あるいは大気汚染や資源リサイクルにかかわる研究。
　　 3) 溶接技術や安全性・強度にかかわる研究。
　　 4) 鉄の材質・表面にかかわる研究。
(出所) JFE パンフレット，および聴き取りより作成。

ス（以下，圧延研と表記），自動車鋼板（以下素材研），表面処理（以下表面研），薄板加工技術（以下加工研）の 4 つの研究部が主に関与している。後者の 3 研究部は自動車用製品に特化しており，自動車用部品に注力していることが組織編成からも見て取れる。以下の自動車鋼板研究部長の談話にある通り，この 3 研究部は，1 つの商品をめぐって日常的に情報交換をしている。

　自動車鋼板研究部長：われわれの部には 40 くらいの研究テーマがあります。たとえばある材料の材質について，われわれの部では研究をして，隣の部ではその加工について研究を進めます。そしてまた別の部局ではその溶接について研究を進めます。ですから 1 つの材料について，いろいろなところで研究をしているわけです。ですからそれはいってみればプロジェクトですね。(略) この 3 つの研究部隊がいろいろな材料でつながっています。自動車の材質，表面，加工ですね。これはどの材料にもついて回るものなんです。(略) オフィスでも彼ら（ドイツのクルップの研究者——筆者注）は個室がありますが，われわれは大部屋ですからね。さっき言った，薄板加工研や表面研はすぐ隣にいるから，「おい」といえばすぐ返事をしてくれますから。

表 4-2　研究所の業績評価

テーマ終了年度	商　品	2007年度成果額 (A)	研究所成果額 (B)	部の成果額 (C)
2003	○○ハイテン ○○スチールコード °c °c	○○円	○○円	○○円 (各部の貢献度は人工計算)
04				
05				
06				
07				
合計				

(出所)　聴き取りより作成。

　研究者のキャリアについても見ていこう。既に述べた通り，鉄鋼業の研究部門は多様な専門領域から成り立っている。自動車に関する3つの研究部の間の異動に関しては，次の通りである。表面研は，専門性が特殊であるため，ほかの部との異動が少ない。素材研から加工研への異動は頻繁にあるが，その反対は少ない。それは，素材自体の性質を学んだ後に，加工を学ぶということが研究の発展として好ましいパターンだからである。一方，研究所外への異動に関して注目すべきは，研究所から商品技術部への異動があるということである。逆の異動は実態としてほとんどない。異動の目的は，製造現場と研究所とのコミュニケーションを円滑化するためである。異動に際しては，研究者の適性，とくに他人とのコミュニケーション能力などを考慮して配置転換させるという。
　次に，研究所にどのようなインセンティブが与えられているのかを明らかにする。まず，研究所の業績管理の仕組みを検討しよう。研究所の業績は，基本的に開発した商品ごとの利益で評価している。表4-2に示した通り，過去5年間にわたってさかのぼり，各年度に研究開発の終了した商品が今年度（表では2007年）に，いくらの収益をもたらしているのかを一覧にして（A），研究所の寄与率を考慮した成果額（B）を算出する。さらに，各部の貢献度を年間投入人工数（人数×時間）で表して，その比率から部の成果額（C）を算出する。総じて，研究所にも，事業の収益性を意識させようとしていると言える。

2.3　商品技術部——製造と研究所の架け橋

　商品技術部は，主に商品設計とユーザーへの技術サービスの機能を果たす組織である。商品技術部の行う商品設計とは，鉄の成分や分子構造の設計ではなく，①工程能力，収益性，ユーザー・ニーズを考慮して，商品設計の見直しを研究所に指示し，あるいは，②量産立上げまでの現場で起きた問題を研究所にフィードバックするという仕事である。社内ではこうした仕事を，R&Dとの対比で，デザイン・アンド・ディベロップメントと称している。こうした業務を行うためには，研究所の行う商品設計と製造現場の両者の知識を持っていなければならない。商品技術部の構成員のキャリアにおいては，製造をいったん経験して配置転換されることが圧倒的に多く，また稀に研究所からも配置転換される。そのため，在籍者の平均年齢はかなり高い。

　商品設計業務の内容を具体的に見ていこう。①に関しては，下記の研究部長の談話にある通り，技術を最大に発揮したいと考える研究所と事業としての収益性に責任を持つ商品技術部との間に拮抗関係が生じる。

　　自動車鋼板研究部長：研究所と商品技術部との間には，ある程度の緊張関係が必要だと思っているんです。もちろん新しいものをつくるという独創性の面では研究所が中心ですが，製品開発のすべてを研究所だけでやっているとは思っていません。われわれは，製造サイドのことに関しては，理解していないわけではないですが，必ずしも十分ではない部分もあるんですよね。責任も持てないわけです。たとえば，ある商品での収益性がどうなっているのかとか，製鉄所としての全体最適とかのいわゆる事業化という面については商品技術が責任を持っているわけですよね。たとえばですよ。われわれ研究所が，あるハイテンを少しずつ変えて3種類つくりたい。そのほうがいろいろなお客さんに振分けができると考えたとします。しかし，製造側からすれば，3つもつくってもらったら困る，ということがあるかもしれません。少量多品種になると収益性が落ちると。事業の観点からすれば，それを1つにできないかと考えるわけです。1つでいろいろなお客さんに対応できないものかと。そのように，ビジネスという問題に責任を持つ

部署があれば，そことわれわれ研究所との間に緊張関係が生まれて，最終的にはよりよいものができると思うんですね。技術は最終的にはビジネスにならなければいけないわけですから。その意味で，商品技術はわれわれのよいパートナーなんですね。（下線筆者）

②の問題解決業務に関しても具体的に見ていこう。ハイテンのように加工の難しい商品では，試作から量産立上げの期間にさまざまな問題が現場で発生する。商品技術部は，そうした問題の原因の絞込みを行い，研究所の商品設計の手助けを行う。なぜ，研究所ではなく，商品技術部がこのような業務を担っているのだろうか。鉄鋼製品は「原因不確実性」が高く，試作や量産立上げで発生したトラブルや品質問題の原因は簡単には判明しない。しかし，問題の原因が，商品設計にあるのか工程設計にあるのかという判断は，その後の問題解決活動の方向性を大きく左右する。そしてその判断には，商品設計に関する知識と同時に，製造現場の経験的知識を必要とする。商品技術部は，トラブルの原因の科学的な究明ではなく，経験的知識によるスクリーニングを行っているのである。

> 商品技術部自動車室副部長：（略）もっとも，try & error では時間がかかりすぎるから，現場でデータをとって研究所に送る。現場の直感によって集められた情報は大切である。データは，経験のフィルターで濾過して採取する必要がある。たとえば，研究所で，10センチメートルの板から観察した特性と，現場の1800センチメートルの板でとった特性とではまったく違う。後者から得た情報を研究所に送付することによって知識を改善し，製品に仕上げていく。

> 商品技術部自動車室長：仮説を立てるということが大切である。たとえばラボでうまく行ったことが，実際のラインでできないならば，その原因はどこにあるのか。たとえば切断面が跳ね上がってしまうのならば，板の上と下とで内部応力の分布が異なっていることが原因の1つであるかもしれない，とヒントを出す。

最後に，商品技術部にどのようなインセンティブが与えられているのかを検討しておこう。商品技術部の業績指標は，生産能率と顧客クレームの2つからなる。生産能率は商品設計の良し悪しにも影響される。生産能率を業績指標と

することは，製造現場の意見を商品設計に反映させるという商品技術部の任務と整合的である。総じて，研究部門と製造部門の架け橋としての機能を果たすための業績評価の仕組みが導入されていると考えられる。

2.4　製造・設備保全部門

ここでは，製造部門の組織について簡単に整理した上で，製造・設備保全部門の商品設計や工程設計に対する貢献，さらに量産立上げの際に起きるさまざまな問題解決活動に焦点を当てる。また，それらがどのような従業員階層によって担われているのかについても明らかにする。

作業組織

まず作業組織から検討しよう。ここでは，冷圧工程と焼鈍工程を取り上げる。冷圧とは，常温に近い温度で熱延鋼板を圧延する工程であり，およそ板厚を5分の1（0.35〜2.3ミリメートル）に圧延する。焼鈍とは鋼材の軟化，あるいは結晶組織の調整または内部応力の除去のため，適当な温度に加熱した後，冷却する操作である（鉄鋼新聞社［1991］534頁）。この焼鈍工程における速度・温度管理が，鋼材の品質を大きく左右する。福山地区の連続焼鈍設備は，WQ（water quenching，水冷）という独特の製法を採用している。加熱した鋼材を水（摂氏50度）で焼入れすることにより，鋼材の強度を高めている。こうすることによって，ハイテン材の生産が可能となるだけではなく，通常であれば強度を高めるために必要な添加合金を節約することができる。

熱間圧延された鋼材は冷延工場に入り，酸洗・冷圧→連続焼鈍→メッキという工程をたどる。この工程を担当する組織を見てみよう（図4-4）。冷延部は4つの工場と1つの室からなる[13]。製造組織の近くに技術スタッフ組織があるということが特徴的である。工場内の組織は，第二冷延工場を例にとれば，その下に圧延（酸洗を含んでいる），連続焼鈍，電磁という組織があり，責任者は統括と呼ばれる。統括は，高卒作業員と大卒エンジニアの両者が入り混じる職位である。この職位が現場のオフラインでの問題解決において重要な役割を果たしている。その下の作業長は現場経験者の昇進ルートである。常昼勤務で，4組

13）JFEでは，設備を実際に動かす組織を「工場」，事務・技術スタッフ部門を「室」と呼ぶ。職制は工場長，室長と呼ばれるが，課長に相当する。

図4-4　冷延部の組織

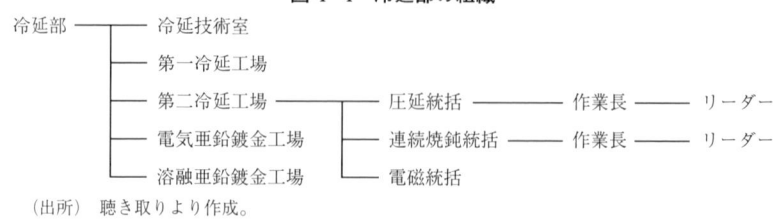

```
冷延部 ─┬─ 冷延技術室
        ├─ 第一冷延工場
        ├─ 第二冷延工場 ─┬─ 圧延統括 ───── 作業長 ───── リーダー
        ├─ 電気亜鉛鍍金工場 ├─ 連続焼鈍統括 ── 作業長 ───── リーダー
        └─ 溶融亜鉛鍍金工場 └─ 電磁統括
```

（出所）聴き取りより作成。

のリーダーを管理している。リーダーは交代勤務で，それぞれ4名程度の部下を持つ。

トラブル対応における現場監督者の役割

現場では，新設備の導入時や新しい製品の生産時にさまざまな問題が起きる。その解決パターンを具体的に見てみよう[14]。福山地区の冷延部では，1990年代にWQ連続焼鈍設備を設置した際に，鋼材の表面が酸化して茶色くなるステインという現象が起きた。焼鈍工程では，鋼材が焼鈍炉，水冷，焼戻しの3つの工程を通るが，その間に，わずかに空気に触れるために酸化してしまうことが原因であった。

さらに，設備稼働から3年ほど経ってからハイテン材の圧延を開始した際に，「トリマーの歯欠け」や「反り」といった問題が生じた。前者は，ハイテン材が硬いために，圧延終了後の鋼材を製品寸法に整えるための切断機械であるトリマーの歯が欠けてしまうということである。後者は，鋼材が圧延時に反り返ってしまうという問題で，それが大きくなると圧延ロールに噛ませるためのガイドを外れてしまう。反り関係の問題には，鋼材を平坦にするためのロールの圧力調整や鋼材をロールに噛ませるためのガイドを増設することで対応したという。

こうした問題への取組みにはいくつかの段階がある。第1は，統括レベルがリーダーとなる活動である。ここでは，J1（いわゆる小集団活動）と密接に連動する。問題解決のために最も重要な技能は「何よりも設備をよく知っていること」である。こうした能力の育成は，基礎的なことを研修で教えた後に，各

---

[14] この内容は，冷延工場，設備保全部門の作業長4名へのインタヴューによる。

種のトラブル対応時やJ1活動などで保全担当者から話を聞きながら自分で身につけていく。上記の「トリマーの歯欠け」や「反り」といった問題は，このレベルで解決した。この際には，J1活動が重要な役割を担ったという。第2は，技術室が中心となり冷延部全体として取り組む活動である。設備保全などの部門との連繋が重要な問題や技術的難易度の高い問題には，こうした組織体制がとられる。上で述べた，ステインの問題に対しては，このレベルで解決された。この問題を解決するために4カ月かかったという。第3は，研究所や商品技術部を巻き込んで展開される問題解決活動である。これは商品設計に問題があると考えられる場合である。この場合にも，技術室が工場の各級管理者・監督者などから，情報を収集し，それをもとに原因究明を行う。たとえば，作業長は現場の知識を用いて次のような提案をするという。

　　圧延職場作業長：たとえばハイテンといっても成分はいろいろあります。溶接時に破断が起きた場合，これまでのデータからこういった成分傾向の鋼種では破断が起きているということがわかっていれば，破断の原因は，機械よりも鋼材の成分にあるのではないかとサジェッションします。

　以上のように，原因究明活動には，商品技術部だけではなく，現場組織全体として取り組んでいる。その中で情報収集やスクリーニングの機能を果たしているのは，技術室である。現場組織に近いところに，技術スタッフを配置していることが，問題解決活動に効果を発揮している。技術室のメンバーの多くは工場経験者であり，現場の経験的知識を持っている。

インセンティブ

　工場の業績は，品質にかかわる歩留り，コストにかかわる原単位，時間当たり生産量，稼働率などの指標で管理されている。工場長は工場全体の指標，作

---

15) トラブルに対して，どのような対策が立てられているのかを見ておこう。ある一定時間以上設備が停止したトラブルでは，おおよそA3用紙1枚の報告書が作成される。それは通常，紙媒体で製造部門に保管されているが，とくに重要なものであれば全社のデータベース・システムに登録される。登録されれば，トラブル時に工場の端末機から検索し，対応策の立案に役立てることができる。また，トラブルを未然に防ぐためにワンポイント・ノウハウ集をつくっている。「ちょっとした作業のノウハウが書かれています。たとえば，複数あるバルブを閉めるときの順番などですね」（設備保全部門作業長）。

業長はそれぞれの交代番の合計値といったように，管理スパンに対応した業績に責任を持っている。リーダーのレベルになると，作業に密着した指標（たとえば，鋼材を寸法通りに切り落とす作業の成功率など）で評価されている。

設備保全部門は，設備の故障率，稼働率，その他（在庫，工事外注管理，予算管理にかかわる指標など）の指標で評価されている。製造部門と設備保全部門の業績指標を別々にすると設備の利用をめぐって利害対立が起きる可能性があるが，稼働率という指標を共有することで両者の利害を一致させようとしている。[16]

3 製品開発パターン

本節では，大規模技術開発を伴わない製品開発を念頭に置いて，その進捗のステージや部局間の分業関係を整理する。

3.1 製品開発のステージ

製品開発にはどのようなステージがあるのかを時系列に整理してみよう。図4-5は，各種のステージを右方向への時間の流れとして表現している。以下，上から順に説明していく。

自動車産業との共同開発は鉄の商品設計より少し遅れて始まり，製品開発の過程を通じて継続される。共同開発は，製鉄会社が自動車産業に対して提案を行うことから始まることが多いが，そうした提案は商品設計の目途がついた段階で行われる。つまり，提案よりも商品設計が先行しているのである。

次に商品設計と工程設計との関係を見てみよう。両者は深くオーバーラップしている。その原因の1つは鉄鋼業の技術的特性にあると考えられる。第1に，鉄製品の開発においては，研究所で行う実験に，いくつかの限界がある。製鉄の設備や加工する材料は巨大なので，それを実験室に再現することは難しい。規模があまりにも違うことから，実験施設と実際の設備とでは，過熱や冷却などの各種の条件に違いが生まれる。そのため，実際の設備を用いた実機試作で

---

16) たとえば，製造現場を生産量，設備保全部門を故障率で評価すると，製造部門は設備保全部門よりも設備を過剰に利用するインセンティブを持つことになる。

図 4-5 製品開発のステージ

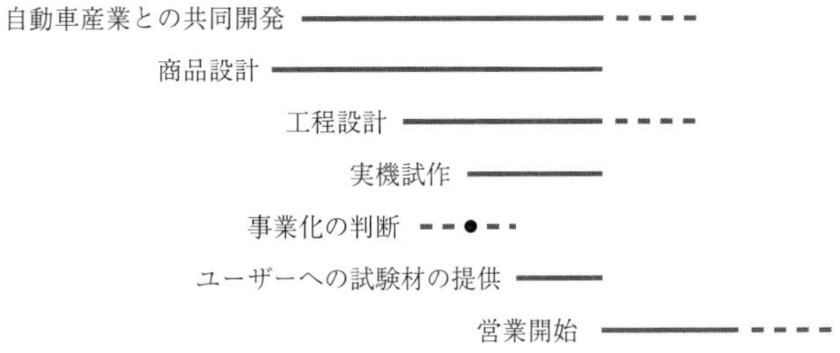

```
自動車産業との共同開発 ━━━━━━━ ━ ━ ━
        商品設計 ━━━━━
            工程設計 ━━━━━━━ ━ ━ ━
              実機試作 ━━━━
        事業化の判断 ━ ━●━ ━
    ユーザーへの試験材の提供 ━━━━
                営業開始 ━━━━ ━ ━ ━
```

は，想定外のさまざまな問題が起こる。しかも，その原因が工程設計にあるのか，それとも商品設計にあるのかは，すぐには判別できないことが多く（原因不確実性），双方の可能性を視野に入れた問題解決活動が必要になる。すなわち，実機試作では商品設計と工程設計が同時に行われているのである。

　なお，この実機試作における問題の発見，原因究明の効率性は製品開発全体の効率性を左右する。実機試作の量は製品開発の質と効率性において重要であるが，自動車鋼板研究部長の談話からもわかるように，実際の生産に試験材を割り込ませるということから来る制約がある。

　　自動車鋼板研究部長：大きなスケールで実験するためには，明らかなお客さんのニーズが必要なわけです。いま，ものをつくっている最中に，それを止めてもらって実験をするわけですから，お客さんの要望なり社会の動きがないとできません。（略）

　　質問：実験がたくさんできるかどうかということはいろいろな制約がありますよね。忙しい時期かどうかとか。不況のときのほうがいろいろ発見が出るということになりますかね。

　　自動車鋼板研究部長：その通り（笑）。そのほうがわれわれにはありがたいこともあります。

　製品開発のどこかの時点で，事業化の判断がなされる。商品の価格，歩留りなどを総合的に加味して，当該商品が収益をもたらすかどうかを予測し，事業として成り立つかどうかの判断を行う。事業化決定後に，ユーザーへの試験材の提供が行われる。ここでは，製品がユーザー側でのプレス加工に耐えうるのかどうかを判断すると同時に，製品の品質上のばらつきのチェックを行ってい

る。ユーザーに提供するということは，その製品を事業化するという判断が前提になっている。言い換えれば，事業化の判断はこの時点までに行わなければならない。

　営業の開始と同時に商品設計は完了する。逆に言えば，営業開始後は製品の成分を変更しないということである。以下の談話にあるように，鉄鋼側はこれを供給責任と捉えている。しかし，量産化に伴って新たな問題が発覚することもある。そうした問題については，基本的には，工程設計上の工夫で解決するという対応がとられる。工程設計の点線と営業期間のオーバーラップはそのことを意味している。

　　自動車鋼板研究部長：営業開始後に成分を見直すことはありません。自動車が走り出してしまうと自動車会社は変えませんから。ランニング・チェンジでランチェンとわれわれ呼んでますけど。変えないんですね。どうしても変えなければいけないことがないとは言えませんが，それは鉄鋼側の責任になります。われわれの供給責任にかかわりますから，歩留りを落としてでも同じものを供給します。変えるのはよほどのことがないとできません。われわれとしては，そうならないように，営業が始まる前に何度も量産のトライをやります。あるパラメーターについて下限と上限を決めてばらつきの範囲を確かめながら進めていきます。それで，お客さんにその結果を見せて，大丈夫だということになってから営業を始めます。たとえば最初は少しだけお客さんに出すのです。長いコイルのうちの一部だけを出して，プレスしてもらうのです。それで大丈夫だったらコイルの場所を変えたり，ロット違いのものを出して使ってもらったりします。

3.2　分業関係

　商品設計と工程設計の内容を詳しく分解し，それぞれのステージの意思決定をどの部局が中心的に行っているのかを明らかにしよう（表4-3）。①研究者は，鉄の商品設計に先立って，自動車部品の設計へ参画している。この主要な担い手は，研究所の加工研や素材研，商品技術部などである。そこで，開発すべき商品の大まかな方向性を決める。②鉄の商品設計は，商品機能を決定する

表4-3 製品開発にかかわる意思決定

意思決定		アクター	研究所				商品技術	製造現場	
			加工	素材	表面	圧延		製造	設備保全
①自動車部品の設計			○	○			○		
商品設計	②特性値（機能設計）		○						
	③成分・表面（構造設計）			○	○				
	④実機試作での修正						○	○	○
⑤事業化の判断							○		
工程設計	⑥基本設計（圧延，焼鈍，表面処理）			○	○	○			
	⑦設備の改善・小規模投資					○		○	○
	⑧操業標準							○	○

(注) 研究所のアクターはそれぞれ、加工＝薄板加工技術研究部、素材＝自動車鋼板研究部、表面＝表面処理研究部、圧延＝圧延・加工プロセス研究部を指す。
(出所) 聴き取りをもとに作成。

ことから始まる。薄板鋼板の機能とは、引張り強度、引張り伸び率などの材料特性値として表されるものである。機能設計とは、自動車会社やプレス会社での加工に耐えうるためには、どの程度の特性値が必要なのかを具体的に割り出す作業である。そこでは加工研が中心となる。③そこで設定された特性値は、素材研や表面研の目標値になる。目標特性を達成するためには、どのような成分・表面が必要なのかを割り出す。成分や表面は鉄という商品の構造に値するので、この段階は構造設計であると言える。④また、実機試作が行われる段階では、商品技術部や製造現場も商品設計に参画する。つくりやすさ、予想される歩留り、設備上の限界などの観点から、研究所側に商品設計の見直しを要求する。

次に、⑤商品技術部は、製品開発のどこかの時点で、事業化の判断を行わなければならない。商品技術部はユーザーとのかかわりが深いので、製品の価格や量についての情報を持っている。また、商品の収益性は歩留りと関連している。つくりにくく、多くの欠損品が出れば収益性は落ちる。商品技術部は、製造側の知識を持っているので、当該商品がどの程度の歩留りや原価で生産されるのかの予測を立てることができる。製造工程を視野に入れ、収益性という観点から当該商品の事業化の判断を行っている。

工程設計は、3段階に分けることができる。⑥圧延、焼鈍、表面処理の基本

手順(加熱や冷却の温度,時間,速度など)を研究所での実験を通じて設計するのは,研究所の役割である。素材研,表面研,圧延研が中心的な役割を果たす。⑦現状の設備能力で何らかの問題があれば,設備の改善や小規模な投資が行われる。技術開発の規模に応じて圧延研の役割が大きくなるが,基本的には,この局面では製造部と設備保全部が中心となる。製造部は,現有設備の限界や問題点を把握している。新しい素材に対して,どこがボトルネックとなるのかを洗い出し,その改善策を考察する。その際には設備保全部が設備に関する専門知識を用いて助言をする[17]。⑧最終的な操業標準の詳細は製造部と設備保全部がつくりこんでいく。

　以上,製品開発の分業関係における特徴を次のように整理することができる。第1に,商品設計,工程設計の重要な意思決定にさまざまなアクターが参加していることである。自動車産業との比較をすれば,自動車会社では工程設計を専門に行う生産技術者がいるが,鉄鋼業では複数の組織によって工程設計が行われているという対比が可能である[18]。言い換えれば,各部局は,商品設計や工程設計といったそれぞれの機能に対応した分業の観点から編成されているわけではない。第2に,商品設計においても工程設計においても,基礎的なデザインを研究所が行い,それを商品技術部や製造現場が実行レベルに落とし込んでいくという業務の流れが見られる。

おわりに

　以上,本章ではJFEの自動車用ハイテン鋼板の開発について検討してきた。最後に分析結果を要約しよう。まず第1に,組織編成についてまとめる。鉄鋼業の製品開発は,恒常組織を中心に進められる。恒常組織の編成は,製品技術(商品設計),生産技術(工程設計),製造技術といった技術に即して一対一で対

---

17) 焼鈍制御職場作業長によれば,「われわれは,かなり煮つまった段階で,生産が設備的に可能かどうかを問われるのです。70点を100点にする作業ですね」とのことである。設備的に可能かとは,「製品のスペックが設備能力を超える場合」における対応のことである。たとえば,通板能力が十分か,鋼材の蛇行に対する許容幅が少なければ,それにどのような対応をとることができるのか,あるいは加熱能力は十分かなどの点である。

18) 自動車産業の生産技術者の役割については小池[2008]を参照。

図4-6 技術と組織の関係

製品技術　製造技術

商品技術部

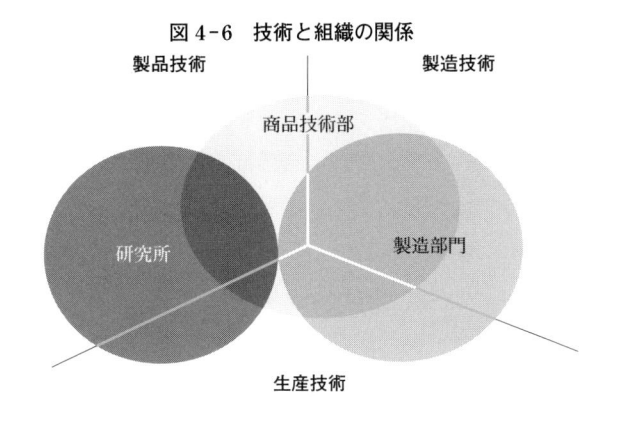

研究所　製造部門

生産技術

応していない。たとえば、自動車産業のように、生産技術を専門に担当する部門はなく、複数の組織によってそれが担われていた。図4-6は、開発業務にかかわる分業関係を表現している。製品開発にかかわる技術を、製品技術（商品設計）、生産技術（工程設計）、製造技術の3つに分類し、それを担う組織を円で描いている。円の重複は従業員の異動の有無を表している。研究所は製品技術のみならず、製造の基礎工程を設計するという意味で生産技術に深く入り込んでいた。製造部門は設備についての学習を通じて工程設計の能力を身につけていた。また製造部門内の技術スタッフは商品設計に参画していた。商品技術部は3つの技術を保有し、研究所と製造現場との架け橋の役割を果たしていた。このような技術と組織のミックスが、組織間の情報共有や連繋を円滑にし、製品開発を効率化していると考えられる。

　第2に、それではどうすれば、技術と組織のミックスが可能となるのだろうか。その点を理解するためには、キャリアとインセンティブに注目する必要がある。キャリア管理においては、異動が部門を越えて行われるという特徴が見られた（図4-6における円の重複）。研究所で製品技術を学んだ人材は、商品技術部へとキャリアを展開することがある。また、製造部門で現場の経験を積んだ人材は、商品技術部へとキャリアを展開することがある。次に、インセンティブ制度においては、全所的な成果を求める傾向があった。研究所の業績は、論文や発明よりもむしろ商品別収益によって評価され、研究者にも企業全体の利益を意識させようとしていた。商品技術部の評価には、顧客からのクレーム

だけではなく，生産能率が用いられ，製造現場の声を研究所へフィードバックすることを促していた。製造部門については，日常的な職務設計や業績評価の設計において設備保全部門との交流を重視し，生産技術の習得を意識的に進めていた。以上の幅広いキャリア管理と全体最適のためのインセンティブ制度が技術と組織のミックスを可能にしていると考えられる。

　第3に，組織間の分業関係を詳しく振り返ってみよう。商品設計，工程設計のそれぞれの過程において，研究所が基礎設計を行い，商品技術部や製造現場がそれを実行レベルに落としていくという展開が見られた。とくに，実機試作のプロセスにおいて，それらの部門が問題の発見と原因究明を行い，設計にフィードバックすることが製品開発の効率性に寄与しているのではないかと考えられる。ところで，バーネットは，操業条件，工程設計，商品設計のテストと再設計の繰返しが装置産業の製品開発の特徴であると指摘している（Barnett [1991]）。そのことは本章でも確認することができるが，鉄鋼業の製品開発の鍵を理解するためにはそうした把握のみでは不十分であろう。JFEの事例を見る限り，テスト（実機試作）において発見された問題を，商品設計上の原因と工程設計上の原因とに峻別すること自体が現場経験と技術的知識を要する高度な判断業務であった。つまり，テストの結果をどこにフィードバックするのかの判断それ自体に製品開発の効率性を左右するポイントがあると考えられる。そして，繰返しになるが，そこには商品技術部や製造部門などの現場をよく知る部門が大きな役割を果たしていた。

　最後に，残された課題について触れておきたい。部門間の相互作用を重視するJFEの製品開発パターンは，この産業における唯一のあり方とは断定できない。開発全般にかかわる意思決定を研究開発部門に集中させるパターンも考えられる。JFEの開発パターンは日本の諸条件（製造現場の長期雇傭，幅広い異動が許容されるキャリア意識や人事権，成果と報酬の緩やかな関係，ユーザーである自動車産業との深いかかわりなど）と関連していると考えられるが，今後，こうした前提条件がどのように変化し，製品開発パターンにどのような影響を与えるのかについては注目し続けていく必要があるだろう。

参 考 文 献

馬場靖憲・高井紳二［1994］「金属系素材産業」日本インダストリアル・パフォーマンス委員会編（吉川弘之監修）『メイド・イン・ジャパン――日本製造業変革への指針』ダイヤモンド社，所収（第 4 章）．

Barnett, Brent D.［1991］"Product development in process industries," Harvard Business School Working Paper, 02163.

藤本隆宏＝キム・B．クラーク（田村明比古訳）［1993］『実証研究 製品開発力――日米欧自動車メーカー 20 社の詳細調査』ダイヤモンド社．

藤本隆宏・安本雅典編著［2000］『成功する製品開発――産業間比較の視点』有斐閣．

日高千景［1995］「企業金融――高度成長期の設備資金供給と金融機関」武田晴人編『日本産業発展のダイナミズム』東京大学出版会，所収（第 8 章）．

細谷佳弘・船川義正（古原忠・大澤紘一・古君修監修）［2008］『自動車用ハイテン――その誕生と進化の足跡』JFE21 世紀財団．

石田光男・富田義典・三谷直紀［2009］『日本自動車企業の仕事・管理・労使関係――競争力を維持する組織原理』中央経済社．

自動車用材料共同調査研究会編纂［2008］『ハイテンハンドブック』日本鉄鋼協会．

川端望［1995］「日本高炉メーカーにおける製品開発――競争・生産システムとの関わりで」明石芳彦・植田浩史編『大阪市立大学経済研究所所報 第 44 集　日本企業の研究開発システム――戦略と競争』東京大学出版会，所収（第 5 章）．

川端望［2005］『東アジア鉄鋼業の構造とダイナミズム』ミネルヴァ書房．

小池和男［2008］『海外日本企業の人材形成』東洋経済新報社．

Lynn, Leonard H.［1982］*How Japan Innovates: A Comparison with the U. S. in the Case of Oxygen Steelmaking*, Boulder: Westview Press．（レオナード・H．リン〔遠田雄志訳〕［1986］『イノベーションの本質――鉄鋼技術導入プロセスの日米比較』東洋経済新報社）．

松島茂編［2009］『大橋正昭オーラル・ヒストリー』東京理科大学専門職大学院 MOT 研究叢書．

岡崎哲二［1995］「鉄鋼業――鉄鋼合理化計画と比較優位構造の変化」武田晴人編『日本産業発展のダイナミズム』東京大学出版会，所収（第 2 章）．

清晌一郎［1990］「曖昧な発注，無限の要求による品質・技術水準の向上」中央大学経済研究所編『自動車産業の国際化と生産システム』中央大学出版部，所収．

鉄鋼流通情報社［2006］『鉄鋼流通ハンドブック 2006 年度版』鉄鋼流通情報社．

鉄鋼新聞社編［1991］『新鉄鋼実務用語辞典』鉄鋼新聞社．

米倉誠一郎［1991］「鉄鋼――その連続性と非連続性」米川伸一・下川浩一・山崎広明編『戦後日本経営史 第 1 巻』東洋経済新報社，所収（第 5 章，263-349 頁）．

第5章

化学産業における技術革新と競争力
三井化学，プライムポリマーによる汎用樹脂事業

西野 和美

プライムポリマーのMXプラント（写真提供：三井化学）

はじめに

　本章の目的は，化学産業，それも石油を出発原料とする石油化学工業における技術革新と技術蓄積が，合成樹脂を中心とした化学製品の競争力にどのような影響を与えてきたかを明らかにすることである。

　石油化学製品は今日，私たちの日常生活のあらゆる場面で目にすることができる。軽量で丈夫な性質を持ち，多様な用途に適用可能なプラスチックの普及によって私たちの生活がより便利になったとともに，自動車や精密機器など日本の産業の発展も，高い機能と優れた品質を持った石油化学製品の存在を抜きには語ることはできない。

　こうした石油化学製品のうち，最も一般的に使われている合成樹脂，低密度ポリエチレン，高密度ポリエチレン，ポリプロピレン，ポリスチレン，塩化ビニール樹脂，を5大汎用樹脂と呼ぶ。国内の石油コンビナートでは，まずナフサ（粗製ガソリン）が分解されて，エチレンやプロピレン，そしてその他の成分に分けられた上で，さらにポリエチレンやポリプロピレンなどの汎用樹脂およびさまざまな化学製品が生成されている。石油コンビナートは，プラント間が数多くのパイプで結ばれているなどして集積しており，エチレン等主要プラントを中核としたプラント群が日本の各地に存在している。

　ポリエチレンなど汎用樹脂事業は，装置内で化学反応を起こして製品を生成させるいわば装置事業であり，規模の経済の効く事業であると言える。そのため，化学メーカーはかつて設備投資を競って設備過剰となってしまった上，中国など東南アジアでの汎用樹脂の大型プラントの急速な立上り，原油国中東の参入などで競争も著しく激化することとなっている。

　このような中で，日本の化学産業では1990年のバブル崩壊以降，企業統合もさることながら，汎用樹脂事業の再編が盛んに行われている。たとえば，図5-1のように，ポリエチレンを製造する企業は1994年9月には14社であったが，2008年7月には8社に減少している。加えて企業間での事業統合による新会社発足，その新会社がさらに他会社に出資を行うなど，資本関係も複雑になっている。

日本の化学メーカーは，高付加価値製品分野への経営資源の集中など，事業構造の改革に積極的に取り組んでおり，汎用樹脂事業からの撤退や事業統合などは近年増加している。たとえば，総合化学メーカー最大手の三菱化学は，2009年のうちにも汎用樹脂2事業（ポリスチレン，塩化ビニル樹脂）から撤退する，と報道されている（『日本経済新聞』2009年4月10日付）。ポリスチレン事業は，旭化成，出光興産との統合会社で国内首位のPSジャパンの持株を両社に売却，塩化ビニル樹脂事業は，東亞合成との共同出資会社で国内5位のヴイテックを解散，その一方で，医薬品事業，電子材料や自動車材料等の高機能材料事業に資源を集中させるという。また，三井化学と住友化学も，ポリスチレンの事業統合会社で業界3位の日本ポリスチレンを2009年内に解散し，ポリスチレン事業からの撤退を発表している（『日本経済新聞』2009年4月3日付）。

　化学メーカー各社のこうした動きは，近年の原油価格の高騰や不況によるプラスチック需要の急激な減少，中国など海外での生産量の上昇による販売価格低下など，外部環境の急激な変化のみによって生じているのではない。半導体製造材料や液晶パネルなど表示材料をはじめ，自動車部品等において高い付加価値を持つ機能性樹脂が使用されているが，それら機能性樹脂の収益性の高さも，汎用樹脂事業から機能性樹脂事業などへのシフトが起きる一因となっている。

　本章では，汎用樹脂の中でも現在国内に複数の製法によるプラントが併存しているポリエチレンを中心に，技術の種類や技術間の関連性，およびこれまでどのような技術革新が起きてきたのかを明らかにする。そこから，汎用樹脂事業が今後も国内で生産を続けることの意義について，イノヴェーションや技術蓄積，プラントの操業にかかわる技術の観点から考察を行っていく。

　以下，第1節では化学産業に関する既存研究を紹介し，第2節ではポリエチレンの特性とその技術，そしてそれら技術の革新について述べる。第3節では，化学メーカーの中でも三井化学株式会社および株式会社プライムポリマーでのポリエチレンおよび合成樹脂事業について調査した結果を整理する。そして第4節では，合成樹脂におけるイノヴェーションや技術蓄積とその波及効果について考察を行い，競争力の維持という観点からまとめを行う。

図 5-1　ポリエチレン (PE),

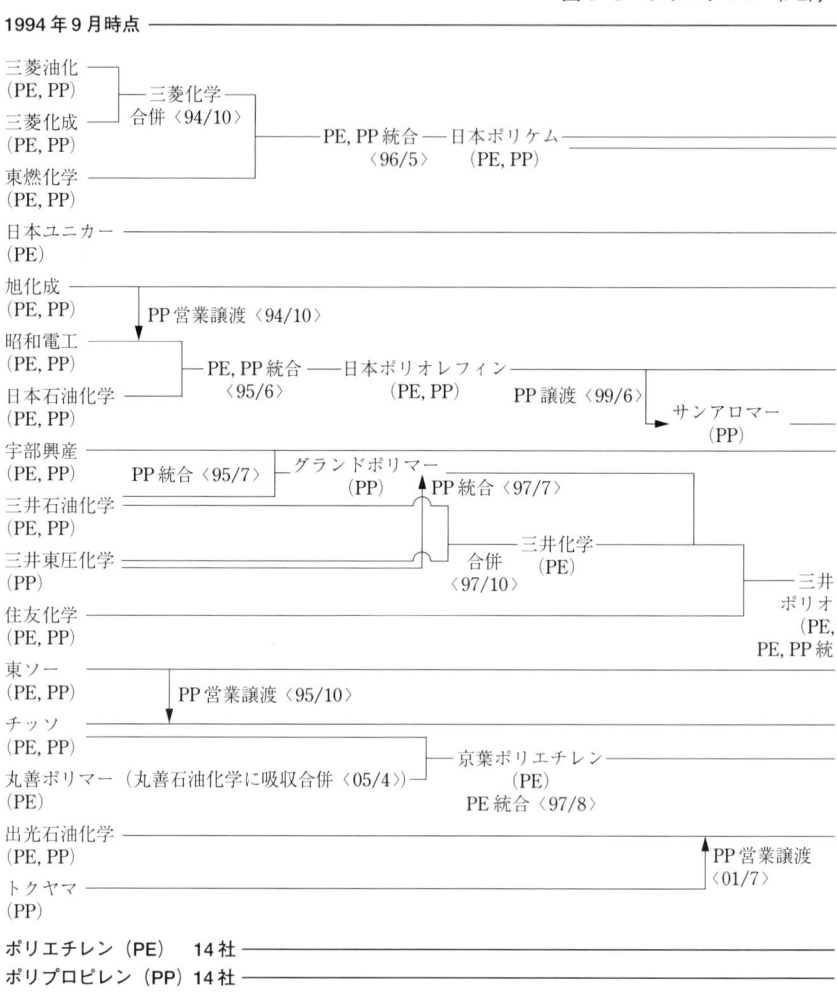

1994 年 9 月時点

```
三菱油化
(PE, PP)      ┐
              ├─ 三菱化学
三菱化成       │   合併〈94/10〉 ──── PE, PP 統合 ─── 日本ポリケム ──────────────
(PE, PP)      │                      〈96/5〉      (PE, PP)
              │
東燃化学       ┘
(PE, PP)

日本ユニカー
(PE)

旭化成
(PE, PP) ──── PP 営業譲渡〈94/10〉─┐
昭和電工        ┐                  │
(PE, PP)        ├─ PE, PP 統合 ─── 日本ポリオレフィン
日本石油化学    ┘    〈95/6〉        (PE, PP)        PP 譲渡〈99/6〉── サンアロマー
(PE, PP)                                                              (PP)

宇部興産 ──┐
(PE, PP)    │ PP 統合〈95/7〉 ── グランドポリマー
三井石油化学┤                      (PP)         PP 統合〈97/7〉
(PE, PP)    │                                   ┐
三井東圧化学┘                                   ├─ 合併  三井化学 ──┐
(PP)                                             │   〈97/10〉 (PE)   │  三井
                                                                      ├─ ポリオ
住友化学 ─────────────────────────────────────────                     │  (PE,
(PE, PP)                                                              │  PE, PP 統)

東ソー
(PE, PP)  ──── PP 営業譲渡〈95/10〉──┐
チッソ                                ├── 京葉ポリエチレン ──────────
(PE, PP)                              │    (PE)
丸善ポリマー（丸善石油化学に吸収合併〈05/4〉）   PE 統合〈97/8〉
(PE)

出光石油化学 ─────────────────────────────────── ▲ PP 営業譲渡
(PE, PP)                                              〈01/7〉
トクヤマ ───────────────────────────────────────
(PP)
```

ポリエチレン (PE)　14 社 ─────────────
ポリプロピレン (PP)　14 社 ─────────────

（注）〈　〉内は営業開始または営業譲渡の年月。
（出所）石油化学工業協会 [2008]。

1　化学産業の既存研究

合成樹脂のような素材型製品の技術蓄積やイノヴェーションに関する研究は,

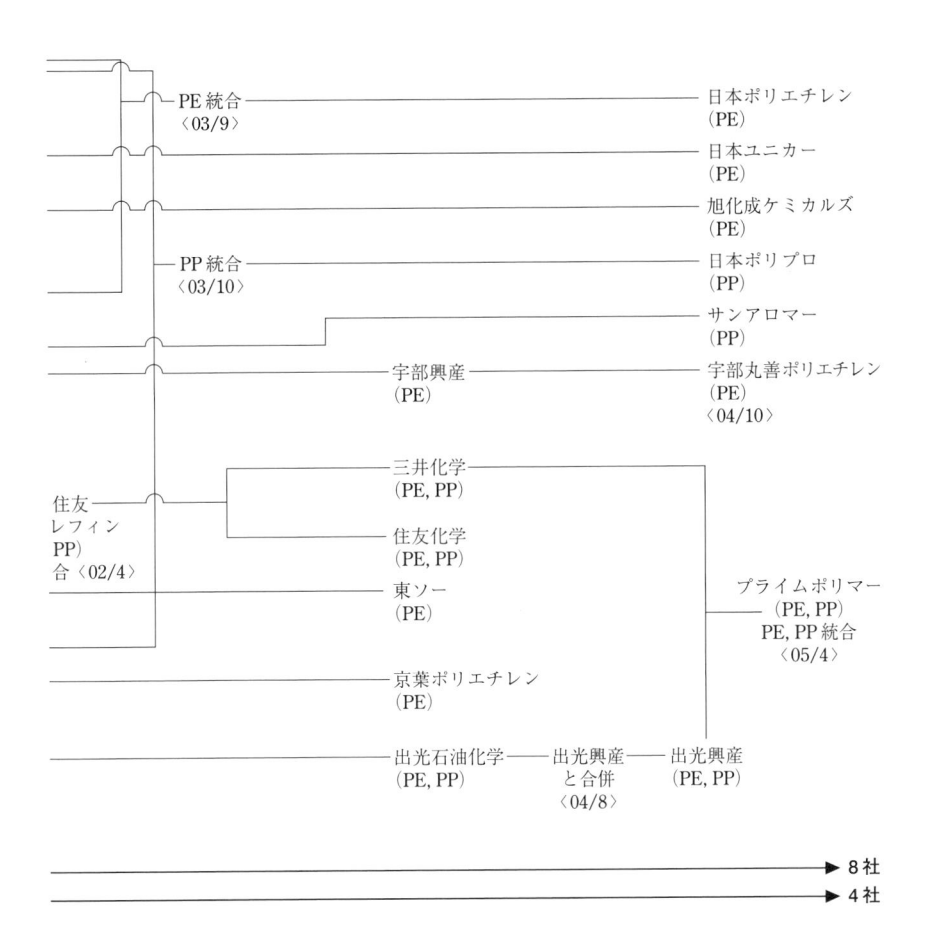

ポリプロピレン（PP）事業の再編状況

▶ 2008年7月現在

- PE統合〈03/9〉 → 日本ポリエチレン（PE）
- 日本ユニカー（PE）
- 旭化成ケミカルズ（PE）
- PP統合〈03/10〉 → 日本ポリプロ（PP）
- サンアロマー（PP）
- 宇部興産（PE） → 宇部丸善ポリエチレン（PE）〈04/10〉
- 住友レフィン（PP）合〈02/4〉
- 三井化学（PE, PP）
- 住友化学（PE, PP）
- 東ソー（PE）
- 京葉ポリエチレン（PE）
- 出光石油化学（PE, PP） ── 出光興産と合併〈04/8〉 ── 出光興産（PE, PP）
- プライムポリマー（PE, PP）PE, PP統合〈05/4〉

▶ 8社
▶ 4社

　自動車や精密機器，家電製品などといった組立型製品に関する研究と比較すると少ない。その中で，組立型製品のイノヴェーションとの比較で素材型製品のイノヴェーションに関して論じている研究としてUtterback［1994］をあげることができる。

Utterback［1994］によれば，比較的少量の原料からできている素材型製品は，より早い段階で生産プロセスに技術的力点が置かれるようになり，試行錯誤の結果，特殊な技術がいくつも生み出されるようになるという。これが「イネーブリング技術」というもので，連続的な生産工程に欠かせない多くの要素を結びつけ，製品イノヴェーションや設計から，技術的力点を工程イノヴェーションへと移行することを促すというものである。工程イノヴェーションの主たる課題は生産効率向上，コスト改善，品質向上であり，漸進的な工程改善に加えて，稀に工程の非連続性と言われるような大きな工程イノヴェーションによる変革も起こるとしている。

　Utterback［1994］は素材型製品のイノヴェーションについてその性質と発生時期という点から考察を行ったが，本章ではポリエチレンという製品自体を対象とした上で，工程イノヴェーションのプロセスに着目し，技術蓄積の様子やその結果としての競争力の獲得や維持という点に焦点を当てる。

　さらに，化学産業における合成樹脂事業に関する既存研究として，赤瀬［2000］があげられる。赤瀬［2000］は，合成樹脂の事業特性として次の4つをあげている。

（1）　装置産業であること。
（2）　製品構造と機能の相関が不明確であること。
（3）　産業財でありニーズが明確であること。
（4）　開発における川上技術の必要性が不確実であること。

　ここでイノヴェーションや技術蓄積の観点から見ると，(1)の装置産業であるという特性は，事業開始の初期段階においてどのような装置を建設するか，すなわちどのような製造法をとるかという初期の選択が，その後の生産効率や蓄積する技術や技能の方向性を規定するということで重要となってくる。

　また，(2)の製品構造とそれが発生させる機能の相関が事前には不明確であり，実際に試作してみる必要があるということは，どのような分子構造がどのような特性を発現させるのか，特性を変化させるためにどのような調整を行えばよいのかなどは，過去のデータの蓄積や重合条件設定時の経験等に依存するために，それらの蓄積が組織的，個人的にきちんと行われる必要があることを示している。

(3)は必要とされる樹脂の性能の基準が明確であるということであり，(2)と照らして考えれば，いかに要求される性能基準を満たすような製品構造，つまり分子構造を持つ樹脂を製造するかが重要な課題となるということになる。

そして(4)であるが，赤瀬［2000］によれば，ポリマーの重合分野を川上，配合剤などの添加によりさらに性能を変化させるコンパウンディングを川中，成形加工分野を川下と捉え，成形加工した製品が顧客企業のニーズに適合するためには，川中，川下での開発による問題解決のみならず，ときに川上である重合まで含めた開発体制をとる必要があるとしている。

ただし，本章では基本的に赤瀬［2000］のいう「川上」であるポリエチレンそのものの製品化までを対象としているため，今回は，(4)については議論の対象とはしない。赤瀬［2000］は情報処理モデルという視角から合成樹脂の製品開発の研究を行った。いわば情報のフローとして製品開発を捉えたわけであるが，本章では情報のストック，つまり技術蓄積という視角でポリエチレンの開発を考察する。

2 ポリエチレンの技術革新と技術蓄積

2.1 ポリエチレンとは何か

ポリエチレンは，エチレンを原料に生産される合成樹脂で，国内では1958年に生産が開始された。現在では，年間230万トン以上が国内で消費される代表的な熱可塑性合成樹脂となっている。表5-1のように，ポリエチレンは現在，5大汎用樹脂の中でもポリプロピレンに続く生産量となっている。

一般的にその密度が0.94未満のものを低密度ポリエチレン，0.94以上のものを高密度ポリエチレンと呼ぶ。きわめて単純に表現すれば，低密度ポリエチレンは「柔らかいポリエチレン」で，高密度ポリエチレンは「硬いポリエチレン」ということができよう。とはいえ，表5-1からわかるように，低密度ポリエチレンは，フィルム，ラミネート，電線被覆などに使用され，高密度ポリエチレンは，洗剤容器，工業薬品缶，ガソリンタンクなどの中空容器から，パイプ，フィルム，コンテナーにまで使用されるなど，用途は多岐にわたっている。

表 5-1　5 大汎用樹脂の

樹脂名 用途別	低密度ポリエチレン 出荷量	構成比	高密度ポリエチレン 出荷量	構成比	ポリプロピレン 出荷量	構成比
フィルム	741,890	50.8	273,754	31.0	524,435	20.5
加工紙（ラミネート）	260,421	17.8				
フラットヤーン			29,564	3.3	31,432	1.2
射出成形	81,208	5.6	101,801	11.5	1,398,937	54.5
中空成形	40,793	2.8	188,926	21.4	20,578	0.8
繊　維			37,857	4.3	116,127	4.5
パイプ	21,303	1.5	69,446	7.8		
電線被覆	72,713	5.0				
その他	241,725	16.5	182,986	20.7	473,454	18.5
合　計	1,460,053	100.0	884,334	100.0	2,564,963	100.0

(注)　低密度ポリエチレンの出荷には L-LDPE を含み，EVA を除く。
(出所)　石油化学工業協会 [2008]。ただし，塩化ビニール樹脂については塩ビ工業・環境協

2.2　ポリエチレン製造における「技術」と関連性

　ポリエチレンはエチレンの重合体ではあるが，重合の仕方によって分子構造が変わるために，成形加工性や耐熱性，衝撃強度，透明性など特性が変化する。また，エチレンの単純重合のみならず，さまざまなモノマー（コモノマーと呼ばれる）との共重合も可能であるために，特性の分布はさらに広がり，結果として表5-1のような多様な用途への展開が可能になっている。

　つまり，ポリエチレンと一口に言っても，実は銘柄によって分子構造が微妙に異なっており，その結果，各特性についての数値やバランスも異なるために，メーカーによっては多数の銘柄展開を行っているところもある。逆に言えば，特定用途に適合した特性（または各特性のバランス）を発現させるような分子構造の設計を行うことは，今日のような「工業製品」としてのポリエチレンの発展には不可欠となっている。この分子構造の設計にかかわる技術を，本書の「技術」の分類に倣い，「製品技術」と呼ぶことにする。

　たとえば，表5-2は高密度ポリエチレンの分子構造と物性の関係を表したものである。高密度ポリエチレンの物性を支配する分子構造にかかわる要素としては，分子量，MFR（melt flow rate，溶融粘度），分子量分布，密度，結晶化度，二重結合，分岐種などがあるが，基本的要素としては「分子量，分子量分布，

用途別出荷内訳（2008年）

(単位：トン，％)

樹脂名	ポリスチレン（GP・HI）	
用途別	出荷量	構成比
電気・工業用	176,804	23.0
包装用	346,085	45.0
雑貨用ほか	101,997	13.3
FS用	143,552	18.7
合　計	768,438	100.0

樹脂名	塩化ビニール樹脂	
用途別	出荷量	構成比
硬質用	658,001	56.1
軟質用	297,268	25.3
電線被覆・その他用	218,722	18.6
合　計	1,173,991	100.0

会調べ。

密度」の3つであり，これらを調節することによって物性の特徴を変化させ，異なる物性値を持つ各銘柄を製造することができるようになる。

　他方，ポリエチレン製造の工業化と製品としての多様化を支えるものとして，重合反応を促進させる役割を持つ触媒と，製造方法や製造プロセスの進歩も重要な役割を果たしてきた。本章では触媒自体の構造設計や触媒製造にかかわる技術を別途「触媒技術」と呼び，製造方法の選択およびそれらの製造プロセスの設計やプラント建造にかかわる技術を「生産技術」と呼ぶことにする。

　また，狙った特性を持つ「製品」を安定的に製造するため，特定の製造プロセスでの重合条件の設定（触媒，コモノマー，温度・圧力などの調整）や反応器などプラントの運転，そして生産量増加のための反応器のスケールアップといった量産化にかかわる技術を，本章では総じて「製造技術」と呼ぶこととする。

　これら技術のイノヴェーションや技術蓄積のプロセスを考察したところ，これから述べるように，ポリエチレンが今日のような発展に至る過程では，この4種類の技術が相互にかつ密接に関連しながら蓄積されていったことがわかる。触媒のイノヴェーションやその進歩と，製造方法および製造プロセスの進歩が相互依存的に起きており，その進歩の過程で分子構造の設計にかかわる技術も同様に進歩を促されてきた。そして同時に，製造プロセスの進歩と市場からの要望の高度化，たとえば特定の用途に対応できるような機能性を持つ合成樹脂

表 5-2　分子量と分子量分布の変化による物性の変化

一般物性＼分子構造	分子量低下（MFR上昇）	分子量分布拡大	密度上昇
流動性（加工性）	↗	↗	—
耐ドローダウン性	↘	↗	—
溶融張力	↘	↗	—
剛性	(↗)	—	↗
表面硬さ	—	(↘)	↗
耐クリープ性	↘	↘	↗
耐ストレスクラッキング性（ESCR）	↘	(↗)	↘
透明性	↗	↘	↘

(注)　↗は特性が向上する，↘は特性が低下する，(↗)はわずかに向上する，(↘)はわずかに低下する，——はほとんど変化なし，をそれぞれ表す。
(出所)　プライムポリマーのホームページより。

の必要性や市場拡大による生産量拡大への要求なども，製造にかかわる技術の向上を促すこととなった。

　つまり，図 5-2 のように「触媒技術」と「生産技術」の相互依存的進歩と市場からの要望が，「製品技術」そして「製造技術」の蓄積をも促し，それぞれの技術が相互依存し合いながら蓄積・発展してきた結果として，今日のような多様な用途に適合するだけのポリエチレンの製造が可能になったと言えるだろう[1]。

　これら各技術の蓄積プロセスを説明するにあたり，まずは触媒技術と生産技術がどのように進歩してきたのか明らかにする。

---

1)　技術の相互依存性については，Rosenberg［1976］を参照のこと。

図5-2 ポリエチレン事業にかかわる「技術」

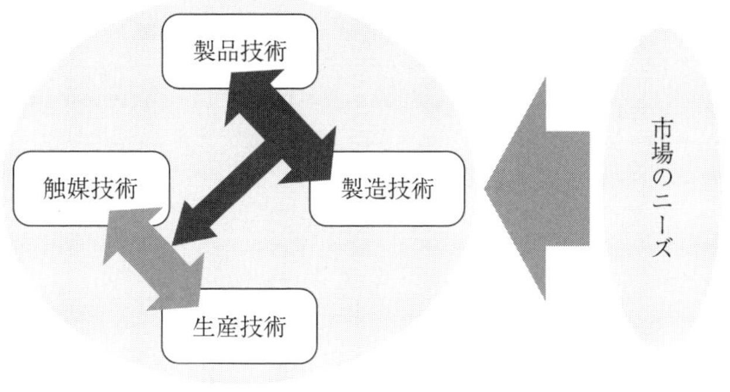

2.3 触媒技術と生産技術の発展[2]

ポリエチレン製造の工業化を大きく前進させた触媒の1つとして，チーグラー触媒がある。

1953年，ドイツのマックス・プランク石炭研究所のチーグラー博士は，四塩化チタンとトリエチルアルミニウムを混合して得られる触媒によって，常温かつ常圧という条件下でエチレンが重合しポリエチレンができることを偶然発見した。それまでポリエチレンは，100~400MPaという高圧の中ラジカル重合でつくられる低密度ポリエチレンのみであったため，チーグラー触媒の発見が，高圧をかけるための設備やその操作等，これまで技術的・安全的に難しいところがあった製造方法を大きく見直させる契機になったとともに，高密度ポリエチレンの製造を可能にした。

そしてチーグラー触媒発見の翌年（1954年），ミラノ工科大学のナッタ博士は，四塩化チタンではなく結晶性の三塩化チタンを用いて，プロピレンにおいて鎖状高分子側鎖の立体配置を選択的に制御する重合反応（立体特異性重合）が起きることを発見した。これらの発見によって，分子量や短鎖分岐数（密度に相当）の制御が可能となり，製造可能なポリエチレンの幅が格段に広がることとなった。この後，チーグラー触媒はさまざまな改良が施され，高活性化と

---

2) 本項は，松浦・三上［2001］をもとに構成している。

図 5-3　ポリエチレン製造プロセスの進歩

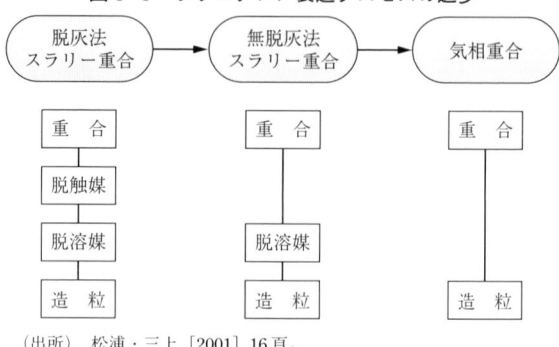

```
┌─────────┐   ┌─────────┐   ┌─────────┐
│ 脱灰法  │→ │無脱灰法 │→ │気相重合 │
│スラリー重合│   │スラリー重合│   │         │
└─────────┘   └─────────┘   └─────────┘

  ┌─────┐       ┌─────┐       ┌─────┐
  │重 合│       │重 合│       │重 合│
  └─────┘       └─────┘       └─────┘
     │             │             │
  ┌─────┐          │             │
  │脱触媒│         │             │
  └─────┘          │             │
     │             │             │
  ┌─────┐       ┌─────┐          │
  │脱溶媒│       │脱溶媒│         │
  └─────┘       └─────┘          │
     │             │             │
  ┌─────┐       ┌─────┐       ┌─────┐
  │造 粒│       │造 粒│       │造 粒│
  └─────┘       └─────┘       └─────┘
```

(出所)　松浦・三上［2001］16 頁。

ともに多様かつより品質の高いポリエチレンの製造が可能になっていくことにつながった。[3]

　一方、生産技術に関しては、チーグラー触媒の初期にはスラリー法という製造方法で重合を行い、かつ脱灰法という製造プロセスがとられていた（図5-3）。スラリー法とは、ポリマーが溶媒の中に分散した状態で重合反応を行う製造法であり、重合の後に混合している触媒を抜き（脱触媒）、その後溶媒を抜いて（脱溶媒）、造粒するというプロセスをたどる。触媒を抜かないと、ポリマー内に遷移金属が残り、酸化劣化による変色や物性の低下といった問題が生じてしまう。触媒の活性が低いほど、触媒の投入比率は増加するため、それだけ問題が起きる可能性も高まるわけであるから、投入する触媒を少量にできるよう、触媒の高活性化への取組みが活発になされることとなった。

　このチーグラー触媒の高活性化のための研究開発には、後に紹介する三井石油化学工業（現三井化学）も取り組んでおり、マグネシウム系の高活性化触媒の開発に成功している。こうした高活性化触媒の出現によって、触媒投入量は従来よりも著しく減少し、触媒を除去しなくても問題ないほどになった。そのため、触媒除去工程は省略でき、製造プロセスは著しく簡略化（無脱灰法への

3）　チーグラー触媒（チーグラー・ナッタ触媒ともいう）は、基本的にチタン化合物と有機アルミニウム化合物の混合物である。高活性化のための改良の過程では、それぞれの化合物の組成を変えたり（四塩化チタンから三塩化チタンへ、など）、さらには有機アルミニウム化合物をマグネシウム化合物など他の化合物に変えたりすることが行われた。

図 5-4　エチレンの二段重合プロセス

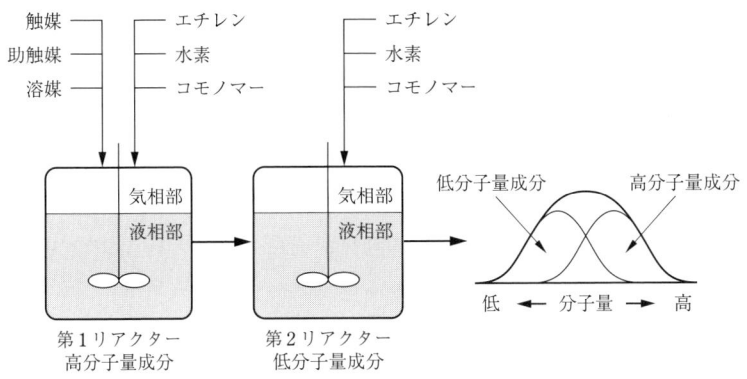

```
触媒 ─┐     ┌─ エチレン          ┌─ エチレン
助触媒 ┼─    ├─ 水素              ├─ 水素
溶媒 ─┘     └─ コモノマー         └─ コモノマー
```

（第1リアクター：気相部／液相部　高分子量成分）
→
（第2リアクター：気相部／液相部　低分子量成分）
→
（分布図：低分子量成分と高分子量成分　低 ← 分子量 → 高）

（注）　右側の図では高分子量成分と低分子量成分をほぼ等量製造した例を示してある。
（出所）　松浦・三上［2001］17頁を一部修正。

転換）することができるようになった。

　この高活性化触媒の出現は，製造プロセスの簡略化のみならず，ニーズに合わせた特性を発現できるような分子量や組成の分布の実現にもつながった。そのため製品技術の向上にも有用となった。これは，高活性化触媒の出現によって，異なる反応条件を設定した反応器を直列または並列につないで重合させる，多段重合プロセスという製造プロセスをとることができるようになったためである。この多段重合プロセスは，たとえば図5-4に示した通り，最初の反応器では高分子量をつくり，次の反応器では低分子量をつくると，最終的に高分子量成分と低分子量成分の組成がバランスよく分布しているポリエチレンになるというものである。

　こうして，分子量や組成分布までも製造プロセスの工夫で制御できるようになったことで，高い強度を持つフィルムやガスパイプなどの新たな用途への展開が可能になっていった。

　さらに時代が進むと，図5-3にあるように，スラリー法において必要であった溶媒を使用しなくて済む製造方法（気相法）の開発が進められた。この気相重合プロセスは，考え方としては古くからあったものの，触媒が高活性化して無脱灰プロセスが可能になったことにより実現可能性が高まってきたものであった。

第5章　化学産業における技術革新と競争力　153

気相法とは，反応器の中でエチレンガスが流動化しながら重合し，顆粒状のポリマーが生成されるというものである。重合プロセスとしては単純なものではあるものの，エチレンガスが流れる過程で安定的に重合が行われ，ポリエチレン粒子が反応器内で固まることなく生成されるためには，使われる触媒の性能をより高める必要があった。1977年にユニオン・カーバイド社が気相法による低密度ポリエチレンを発表した。気相法で製造されたポリエチレンの主鎖は直鎖状になっていて，高強度かつ薄肉化が実現し，フィルムなどへの展開が可能であった上，製造プロセスでのエネルギー消費量がスラリー法よりも少なくて済んだために，省資源，省エネルギーの流れに乗って，気相法が急速に展開していくこととなった。

　気相法への注目と相まって，1980年にはメタロセン触媒という，従来のマグネシウム系触媒の活性を1桁もしくは2桁上回るほどの革新的な高活性化触媒が，カミンスキー博士によって発見された。メタロセン触媒は，ジルコニウムやチタンのジシクロペンタジエン錯体に，助触媒としてメチルアルミノキサンを反応させて得られる可溶性の均一触媒である。この触媒は，チーグラー触媒と比較すると著しく高活性であるとともに，活性点が単一（シングルサイト）であるために，得られるポリマーの構造が均質であった。そのため，分子量分布や組成分布が狭く，均質な分子構造を持つポリマーの生成が可能になり，さらにニーズに合った特性を持つような分子設計へと展開し，製品技術の向上を促すことになった。

　現在は，メタロセン触媒の次世代，ポストメタロセン触媒の開発が世界中で行われている。

　以上のように，触媒技術においては，チーグラー，メタロセンといった触媒による大きなイノヴェーションが，生産技術を大きく改善することにつながった。一方で，製造プロセスや製品そのものに生じるトラブルが触媒に起因するというところから，チーグラー触媒の改良が試みられ，マグネシウム系の高活性化触媒の開発など，触媒に関するいくつかの大きな技術革新が生じ，その革新が，さらに気相法など新たな製造方法を可能にするなど生産技術の改良や改革にもつながった。このような触媒技術と生産技術の相互依存関係とそこから起きた技術革新が，今日のポリエチレン製品の品質向上および多様化に貢献し

たと言えるであろう。

2.4 日本におけるポリエチレンの工業化

前項で述べたような技術進歩の大きな流れがある中で，日本国内でのポリエチレン工業化は技術導入から始まることとなった。

そもそも日本において石油化学製品の国産化への取組みが始まったのは，1955年の通産省（現経済産業省）による「石油化学工業の育成対策」の決定からとなる。第1期計画として，三井石油化学工業（現三井化学），住友化学工業（現住友化学），三菱油化（現三菱化学），日本石油化学（現新日本石油化学）4社のエチレン計画がまず認可されている（石油化学工業協会［2008］）。

さらにポリエチレン事業に参入しようという企業は，海外ですでにポリエチレン製造で先んじている企業等からそれぞれ技術導入を行うという選択をした。たとえば，三井石油化学工業は，ドイツのチーグラー博士からチーグラー法による高密度ポリエチレン製造の技術導入を行ったが，一方で住友化学工業は，イギリスICI社から低密度ポリエチレン製造の技術導入を行った，というように各社異なる触媒および製造方法でポリエチレンの国産化を開始したのだった。

高密度ポリエチレンの場合でいえば，1958年に三井石油化学工業がチーグラー法（チーグラー触媒を使い，スラリー法で製造），59年昭和油化（現日本ポリオレフィン）がフィリップス法（フィリップス触媒を使い，溶液法で製造），60年古河化学（現日本ポリオレフィン）がスタンダード法（スタンダード触媒を使い，溶液法で製造）で，それぞれ生産を開始した（松浦・三上［2001］）。

フィリップス触媒およびスタンダード触媒は，いずれも摂氏125度以上の高温で使用され，高温の溶媒にエチレンを溶解させた中での重合プロセス（溶液法）により製造された。一方でチーグラー触媒は，摂氏100度以下の低温で活性が発現するため，溶媒の中に分散した状態の重合プロセス（スラリー法）をとることができた。

一方，住友化学工業が技術導入を行った低密度ポリエチレン製造は，高圧下で，酸素，有機過酸化物などのラジカル開始剤を用いた重合プロセス（高圧法）をとるものであり，ICI社から技術導入を行った。寺田［2004］によれば，技術導入にあたり，1956年に5名の研究者がICI社に派遣され，約3カ月にわ

たって工場や研究所での講義や実習などを受けたという。また新居浜での新工場建設にあたり，当時主要機器のほとんどが国産では調達できず，反応器はイングリッシュ・スティール社，攪拌器用モーターはマザー・アンド・プラッツ社，超高圧圧縮機はアメリカのクラーク・ブラザーズ社から取り寄せたという。そうして1958年に生産が開始された。

日本のポリエチレン工業化の初期においては，それぞれ導入元企業での触媒および製造方法やプロセスを出発点としたが，日本の各化学メーカーはそこから先は改良を含め，独自の技術蓄積と研究開発を進めていくこととなった。

3 三井化学とプライムポリマーのポリエチレン事業

3.1 調査概要

触媒技術と生産技術の発展の過程で，製品技術や製造技術はいかなる進歩を遂げたのか。そしてどのように技術蓄積がなされていったのか。技術間の関連性をより詳細に考察するため，本章では，日本の化学メーカーの中から，三井化学株式会社および株式会社プライムポリマーに対して，ポリエチレン事業を中心に聴き取りによる調査を行った。

株式会社プライムポリマーは，三井化学65％，出光興産35％出資の企業であり，三井化学株式会社と出光興産株式会社の包括的提携の一環として2005年4月に設立された企業である。両社がそれぞれにグローバルに展開してきたポリオレフィン事業を，生産・販売・研究のすべての面において統合し，事業規模を拡大するという使命を持っている。事業はポリエチレン，ポリプロピレンの研究・製造・販売であり，資本金は200億円で売上高は3400億円（2008年度）である。なお，ポリエチレンの2008年国内シェアは，日本ポリエチレン（三菱化学，昭和電工，新日本石油化学などの事業統合会社）に続き，2位となっている（『日経産業新聞』2009年8月3日付）。

三井化学のポリエチレン事業は，2005年以降プライムポリマーにほぼ移管されているが，プライムポリマーのポリエチレン事業においては，とくに技術者は三井化学からの出向者も多く，研究開発にあたっては三井化学の各部署との連携もあるため，三井化学に対しても同様に調査を行った。

3.2 三井化学におけるポリエチレン事業の推移[4]

　三井化学のポリエチレン事業は，先に述べたように，三井石油化学工業（当時）がドイツのチーグラー博士からチーグラー法による高密度ポリエチレン製造の技術導入を行ったところから始まった。

　1955年にチーグラー博士とのライセンス仮契約が締結されたが，契約にかかる金額は当時の会社の資本金の約1.5倍にものぼったという。その上，同じ時期にポリエチレンの技術導入契約を結んだ国内の他メーカーはICI社やフィリップスなどの企業を導入元としており，すでに工業化されている技術を導入することができたが，三井石油化学工業の場合はチーグラー博士との契約であったため，導入してから工業化に向けての研究開発は大変に課題の多いものであった。しかしながら，社内での努力の結果，1958年に無事商業プラントを稼働させることができた。

　こうして，三井石油化学工業の高密度ポリエチレン「ハイゼックス®」は，住友化学工業とほぼ同時期に生産が開始されたが，住友化学工業の低密度ポリエチレンが包装用フィルムで需要が大きく伸びたのに対し，硬くて着色する必要があったため，最初はなかなか用途が開発できなかった。

　ところが，1958年後半から「フラフープ[5]」ブームが起こり，「ハイゼックス®」がこの原料に使われたことから在庫は一気に解消された。その後，本田技研工業の二輪車「スーパーカブ」のフェンダーに採用されると，カブ人気に伴って需要が一気に増加した。また，ビールのコンテナに木材からの代替で採用されるなど，高密度ポリエチレンの認知が高まるにつれ，その用途も拡大していった。

　このような中，三井石油化学工業においても，既述のような触媒技術と生産技術の相互依存的発展が見られた。工業化初期に用いられたチーグラー触媒は，チーグラー博士が発見した頃そのままの液状のチタン化合物（四塩化チタンやチタネート化合物）で構成されており，重合の反応器壁面へのポリマーの付着

---

4) 本項は，柏典夫氏へのインタヴュー記録，および松浦・三上［2001］，柏ほか［2004］をもとに構成している。
5) プラスチックなどでできた輪であり，その中に入った人が腰などで回転させるものである。

図5-5 初期のポリエチレン製造プロセス

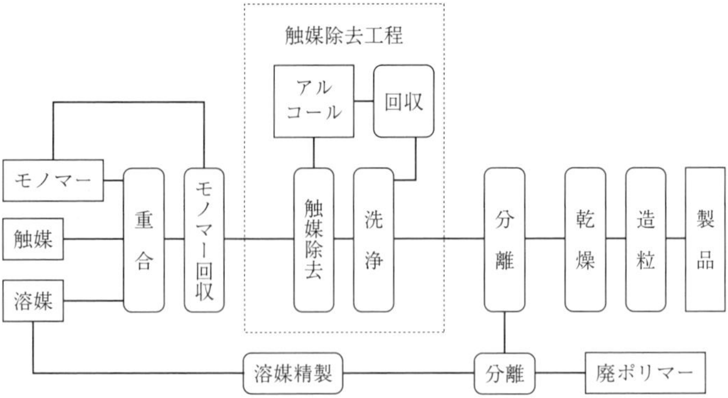

```
                    ┌─ 触媒除去工程 ─────┐
                    │  ┌アル┐  ┌──┐   │
                    │  │コー│  │回収│   │
                    │  │ル │  └──┘   │
                    │  └──┘          │
  ┌モノマー┐  ┌──┐ ┌モノ┐ │ ┌触媒┐ ┌洗│  ┌分│ ┌乾│ ┌造│ ┌製│
  │    │─│重 │─│マー│─│─│除去│─│浄│─│離│─│燥│─│粒│─│品│
  ├触媒 ┤  │合 │ │回収│ │ └──┘ └─┘│ └─┘ └─┘ └─┘ └─┘
  ├───┤  └──┘ └──┘ └──────────┘
  │溶媒 │
  └───┘      │                              │
              └────── 溶媒精製 ──────┬── 分離 ──┬─ 廃ポリマー
                                            
```

(注)　☐は単位操作を、□は物質を表す。
(出所)　柏ほか［2004］139頁。

やポリマー粒子の性状不良といった，生産性の悪化をもたらす多くの問題を抱えていた。そこで触媒改良の研究が行われた結果，四塩化チタンを還元して得られる固体状の三塩化チタンが問題解決に有効であることがわかった。この触媒の採用により，バッチ式の重合から連続重合プロセスへの移行も実現し，生産性も改良された。

　三塩化チタンによる触媒は，この後20年ほど使用されることになるが，この種類のチーグラー触媒は，重合活性が低く，触媒を生成されたポリマーが取り囲む形で重合が進行するため，生成されたポリマーの中に多量の触媒成分が残存してしまい，それら触媒を除去しないとポリエチレンの品質を損なうという問題があった。そのため，図5-5の初期のポリエチレン製造プロセスのように，重合後に触媒除去のためにアルコールを溶剤として注入して分離回収させるという複雑な工程が必要であった。この工程では大量のエネルギーを消費することもあり，改良の必要性が高いところであった。

　チーグラー触媒の高活性化の研究は，1963年にソルヴェイ社がマグネシウム化合物による触媒の活性が大幅に向上することを発見し，触媒除去工程の省略（無脱灰プロセス）を可能にしてから本格化していった。三井石油化学工業では，1968年に塩化マグネシウムの周囲にチタンが付加された新たな化合物を自ら開発したことで，触媒の活性が大幅に向上し，触媒除去工程を抜くこと

が可能となるとともに，生成可能な分子構造の幅が広がり，銘柄の増加にも貢献した。

一方で，高密度ポリエチレンだけでなく，低密度ポリエチレンの生産にも着手し，1960年にデュポン社と三井ポリケミカル（現三井・デュポン ポリケミカル）を設立し，62年に低密度ポリエチレンの生産を開始した。また1970年頃から，チーグラー触媒を用いた溶液法で低密度ポリエチレンの生産も行われるなど，扱うポリエチレンの幅を広げていった。

製造方法としては，ポリエチレン製造の初期においてはスラリー法，その後溶液法も加わった。しかしこれら製造方法で問題となったのは，重合後に溶媒を除去する工程であった。溶媒の蒸発方法（高温にする，フラッシュ圧をかける等）は各社オリジナルに開発，進歩したが，エネルギー消費が多い等の問題を解決するため開発されたのが，反応器の中にエチレンガスを流入させ，顆粒状のポリエチレンを生成させる気相法であった。一方，1980年にカミンスキー博士がメタロセン触媒を発明した。この触媒の特徴は，（既述のように）生成されるポリマーの分子量分布や組成分布が狭くなるため，均質な分子構造を持つポリマーが生成できるというものであった。

以前よりメタロセン触媒の研究を行っていた三井化学は，エクソン・ケミカル社の触媒特許とクロスライセンスを行い，工業化技術を確立し，1998年に世界初のメタロセン触媒専用の気相法二段重合プラント（MXプラント）を稼働させた。当初は20万トン/年の生産能力であったが，2006年に24万トン/年に増強し，現在に至っている。

また現在は，ポストメタロセン触媒の開発競争がグローバルに展開されており，三井化学でも2000年にジルコニウム系の非メタロセン錯体が超高活性を示すことが発表されている。

3.3 製品ライン

プライムポリマーでは，現在下記6つのブランドでポリエチレンを製造，販売している（2009年8月現在，プライムポリマーのホームページより）。

---

6) その後，1984年に三井ポリケミカルから事業を譲り受けている。

(1) ハイゼックス®——高密度ポリエチレン（スラリー法）；工業部品，液体洗剤容器，ショッピング・バッグ，シート，パイプ，電線被覆向け。
(2) ネオゼックス®——直鎖状中密度ポリエチレン（溶液法）；ボトル・キャップ，大型タンク，包装用フィルム，パイプ向け。
(3) ウルトゼックス®——直鎖状低密度ポリエチレン（溶液法）；ボトル・キャップ，貼合用フィルム，大型タンク，重包装袋向け。
(4) モアテック®——直鎖状低密度ポリエチレン（溶液法）；重包装袋，農業用フィルム，貼合用フィルム，食品用包材向け。
(5) エボリュー®——メタロセン直鎖状低密度ポリエチレン（気相法）；貼合用フィルム，産業用フィルム，重包装袋，チューブ，食品用包材向け。
(6) エボリュー®H——メタロセン中・高密度ポリエチレン（スラリー法）；パイプ，小型容器，産業用フィルム，マスターバッチ，シート向け。

顧客の要望により適合させた製品を提供するため，下記の通り，それぞれのブランドの持つ基本特性のほかに，より細かな特性の違いを実現させるため複数の銘柄を持っている。

たとえば「ハイゼックス®」は，はじめて製造を開始した高密度ポリエチレンであり，2009年9月末現在で，旧三井銘柄と旧出光銘柄を合わせると，射出成形用で10銘柄，フィルム成形用で5銘柄，押出成形用で13銘柄，中空成形用で12銘柄（合計40銘柄）存在する。

「ネオゼックス®」は，溶液法によりエチレンにブテン‐1を共重合した直鎖状中密度ポリエチレンで，2009年9月末現在，旧三井銘柄と旧出光銘柄を合わせると，射出成形用で5銘柄，フィルム成形用で13銘柄，押出成形用で1銘柄，回転成形用で1銘柄（合計20銘柄）存在する。

「ウルトゼックス®」は，溶液法によりエチレンにハイヤーαオレフィンを共重合した直鎖状低密度ポリエチレンで，2009年9月末現在，射出成形用で5銘柄，フィルム成形用で9銘柄，押出ラミネート成形用で3銘柄，中空成形用で1銘柄（合計18銘柄）存在する。

「モアテック®」は，溶液法によりエチレンとハイヤーαオレフィン（オクテン‐1）を共重合した直鎖状低密度ポリエチレンで，2009年9月末現在，インフレーション成形用が8銘柄，キャスト成形用が9銘柄，射出成形用が3銘柄

（合計 20 銘柄）存在する。

「エボリュー®」は，メタロセン触媒を利用した気相法により，エチレンとハイヤー α オレフィン（ヘキセン-1）を共重合した直鎖状低密度ポリエチレンである。従来のチーグラー・ナッタ触媒を用いた直鎖状低密度ポリエチレンに比較して，強度，透明性，シール性が優れている。2009 年 9 月末現在で，インフレーション成形用が 12 銘柄，キャスト成形用が 6 銘柄，押出成形用が 3 銘柄（合計 21 銘柄）存在する。

そして「エボリュー®H」は，最も新しい製品であり，スラリー法多段重合プロセスとメタロセン触媒との融合により生み出された中・高密度ポリエチレンである。精密な樹脂設計とハイヤー α オレフィン・コモノマーを用いることで，従来の高密度ポリエチレンでは達成できなかった高い性能を有している。2009 年 9 月末現在で，フィルム成形用で 4 銘柄，押出パイプ成形用で 1 銘柄，中空成形用で 3 銘柄，ハイフローパウダーとして 2 銘柄（合計 10 銘柄）存在する。採用第一弾は，台所用薬剤容器とのことであり，既存の高密度ポリエチレンよりも優れた剛性，衝撃強度，長期強度，耐薬品性を持ち，容器等をより薄くかつ軽量にすることを可能にしている。

これら製品の各銘柄は，顧客企業のニーズに応じて重合条件やコモノマーの量等を変えることで製造されている。ポリエチレンと一口に言っても，これだけ多くのブランドと銘柄が存在しており，多様な用途や顧客に細かく対応しようとしていることがわかる。

3.4　3 種類の製造法

プライムポリマー市原工場では，現在ポリエチレン製造にあたる 2 つの課（PE1 課，PE2 課）がある。PE1 課では高密度，PE2 課では低密度のポリエチレンが製造されている。市原工場には 4 つのポリエチレン・プラントがあり，それぞれのポリエチレン製造においては下記 3 種類の製造法を用いている。

(1) スラリー法——プラント名 3CP/4CP，高密度ポリエチレン，21 万トン/年。
(2) 溶液法——プラント名 2RP，直鎖状低密度ポリエチレン，9 万トン/年。
(3) 気相法——プラント名 MX，直鎖状低密度ポリエチレン，24 万トン/年。

顧客のさまざまなニーズに応えるため，分子量分布や短鎖分岐の分布を幅広く変えられるよう製造プロセスで工夫されたのが，重合を連続して複数回行うことであった。上記の製造法はそれぞれ二段重合プロセスをとっており，反応器を直列または並列につなぎ，異なる条件で重合を行っている（図5-4）。

原料においても工夫がなされている。直鎖状低密度ポリエチレンは，品質向上のため一般的にコモノマーを加え強度の改質を行っている。プライムポリマーでは，ブテン‐1，ヘキセン‐1，4メチルペンテン‐1，オクテン‐1など，コモノマーの中でも分子量の大きいものを共重合する方法が採用されている。

3.5　組織と製造技術の蓄積

3つの製造法と4つのプラント，それぞれに対する製造技術は主に現場で蓄積されてきた。

プライムポリマー市原工場では先に述べたように2つの課（PE1課，PE2課）があるが，たとえばそのうちPE2課（直鎖状低密度ポリエチレン製造）では，図5-6のような人員配置が行われている。

プラントの運転は，基本的に24時間，365日継続している。2年ないし4年に1度，約1カ月プラントを停止し，定期修繕工事を行っている。

課長には多くの場合大学，大学院卒の技術者が就任するが，係長は長年運転員を行った上で常勤スタッフを経た製造担当者が40～50代で就任することがよくある。市原工場ではその中から課長に昇任する者もいる。

係長は担当するプラントの操業について責任を持ち，操業時のトラブルについても判断を行う。1つの工程でのトラブルがプラント全体の不具合（最悪の場合，爆発など）につながるので，とっさの判断は大変重要である。そのため担当するプラントの製造プロセス全体，各工程の細部について熟知している必要があり，長年そのプラントに携わってきた製造担当者が就任することが多い。

常勤スタッフは，係長の手前の職位であり，たとえばMXプラントでは運転，計画，設備の管理にそれぞれ1名ずつ配置されている。

運転担当は，製造すべき銘柄に合わせて重合条件を決める役割を担う。必要な機能を発現させるためには，環境要件も考慮しつつ微妙な条件設定（重合温度・圧力の調整など）が重要となるので，長年そのプラントに携わり重合条件

図 5-6　PE2 課の組織構成

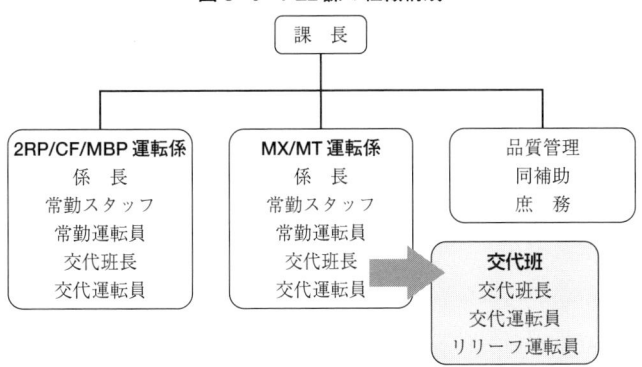

```
                          課　長
         ┌──────────────────┼──────────────────┐
   2RP/CF/MBP 運転係      MX/MT 運転係         品質管理
      係　長              係　長              同補助
      常勤スタッフ        常勤スタッフ        庶　務
      常勤運転員          常勤運転員
      交代班長            交代班長    →     交代班
      交代運転員          交代運転員          交代班長
                                             交代運転員
                                             リリーフ運転員
```

(注)　2RP：溶液法プラント，MX：気相法プラントの他，CF：TBA（基礎化学品，8 万トン/年）およびブテン-1（3 万トン/年），MBP：ポリエチレン・コンパウンド（2 万トン/年），MT：メタロセン触媒（240 万トン/年），それぞれの製造を担当している。
(出所)　プライムポリマー社内資料。

の調整に熟知している必要がある。

　また計画担当は，営業側からの製造依頼と在庫状況をにらみつつ，1 つのプラントでいつからいつまでどのような銘柄を製造するか，月単位で操業計画を立てる役割を担う。銘柄変更時のポリマー・ロスをいかに少なくするかが課題であり，重合条件や操業プロセス，銘柄変更時の作業など全般を熟知している必要がある。

　そして設備担当は，通常の設備管理や銘柄変更時および修繕時等でのプラント整備の役割を担う。製造プロセス全体とプラントの細部にわたって熟知している必要がある。

　先に述べたように，ポリエチレンといっても 1 つのブランドで実に 10 以上の銘柄を持っているために，各銘柄の重合条件および調整の仕方や効率的な銘柄変更などは，製造コストがそのまま利益率に跳ね返るような装置産業では大変重要な課題であり，これらの担当になるということは，長年の運転経験による各技術への深い理解と豊富な知識が求められているということでもある。

　これら常勤スタッフの指示のもと，常勤運転員が運転や設備管理を行う。さらに，プラントは 4 直 3 交代なので，交代班が存在する。交代班長には概ね 10 年以上そのプラントに携わってきた者が就任する。班長の指示のもと，交

代運転員とときにリリーフ運転員が運転を行っている。

　こうした運転員は通常，高卒，高専卒で入社し，1つのプラントに長く従事する。仕事の習熟についてはOJTが中心であるが，1年ごとに到達目標が明示されており，段々にレベルアップするようになっている。プラントのプロセスの複雑さにもよるが，プラントごとに技術レベルが決められ，各工程をきちんと理解し次に行けるような教育システムがつくられている[7]。

　また，運転員教育にとって格好の機会となるのは，修繕時（オーバーホール）であるという。修繕時には普段接することのできない機器内部の目視確認が可能となるため，機器およびプロセスへの理解を深めることができる。加えて，プラントの停止（シャットダウン），その後の再立上げ（スタートアップ）を通して，通常の安定運転時には実施しない多岐にわたる作業を，安全，確実，かつ迅速に実施する必要があるため，必然的に当該プラントに関する広範な知識，技術を体得することになるという[8]。

　こうした教育を受ける中で，数年後には運転員の間からボードマンという監視機器の操作を行う役割を担う者も出てくる。その後プラント運転により習熟した後，班長となり，常勤スタッフに昇格していくというキャリアパスとなる。

　このうち優秀な運転員や常勤スタッフは，他の製品プラントもしくは新規に建設したプラントの操業準備スタッフとして抜擢されることもある。さまざまなプラントに接する過程で，その人材の中に製造にかかわるさまざまな知識がより豊かに蓄積され，またその多様な知見，技術が他の運転員に継承されていくことになる。

　PE2課で扱うプラントは大規模であり，そこではすでに定められた銘柄を定められた量だけ生産することが主目的となる。そのためには，まずは安全かつ効率的にプラントを運転することが求められる。これらプラントに携わる担

---

7) なおOff-JTの場としては，2006年に三井化学茂原分工場敷地内に，国内外オペレーターの教育研修施設「技術研修センター」が設立されており，プラント運転のシミュレーションが行えるなど三井化学の技術伝承の拠点として動き出している。

8) しかし，以前は1年に1回は修繕のためプラントをストップしていたが，プラント設計・運用技術の向上につき，中には4年で1回というプラントもある。そうすると，せっかくの機会を逸してしまい，一人前の運転員になるための教育が遅れがちになる。したがって，プラントの連続運転による効率性と教育機会との間にはジレンマが存在している。

当者たちが蓄積する知識や技術は，使用する触媒の特徴，これらプラントの構造，重合条件とその条件の違いによる反応の違い，外部環境（天候など）の変化への対応の仕方，銘柄変更の仕方など，多岐にわたっている。

3.6 量産化のステージ

いったん量産に入ってしまった銘柄に関しては，問題が起きない限りはそのプラントの運転係に操業を任せておけるとしても，製造プロセスで何らかの問題が生じた場合や，顧客のニーズに適合した新製品（新銘柄）の開発を行う場合は，それがポリエチレンであっても他のポリマーであっても，「量産化」というプロセスを経る必要がある。

多くの合成樹脂製品を持つ三井化学の場合，新製品（新機能を持つポリマーや既存製品の銘柄増加）は機能材料事業本部開発センターの素材開発部と複合技術開発部，そして生産技術センター（旧量産化技術部）が相互に密に連携をとり，必要に応じて研究所（触媒科学研究所，マテリアルサイエンス研究所）とも連携しつつ，開発を行っている。プライムポリマーのポリエチレン事業に対しても，三井化学が同様の連携体制をとっている。

中でも量産化過程での生産技術（プロセス技術）の開発や製品試作に関しては，三井化学では生産技術センターが担当しており，次のようなステージごとにスケールアップを行っている。

（1）フラスコ・レベル
（2）ミニパイロット・プラント・レベル
（3）パイロット・プラント・レベル
（4）準企業規模プラント・レベル
（5）企業規模プラント・レベル

（1）のフラスコ・レベル，いわゆる「ベンチ・スケール」は，研究所のフラスコやオートクレーブ（耐圧性の装置）で少量から1キログラム程度のポリマーを試作する段階である。この段階では，あくまでプロトタイプとなる樹脂の生産とプロセス開発のための基礎データ採取が目的となる。

そこから（2），（3）と進むと，いわゆる「中試験」と言われるパイロット・プラントでの開発となる。目標とする樹脂生産の有効性や効率性を高めるため，

新たな製造プロセスの検証を行ったり，ターゲットとなる顧客に評価してもらうためサンプル品を生産したり，ということがこの段階での目的となる。三井化学では，この中試験用に3種類の製造法（溶液法，スラリー法，気相法）それぞれに対応したパイロット・プラントを持っており，生産したい樹脂の性質に適合する製法を使い分けている。

この段階で，新製品となる樹脂の用途が明確になり，顧客確保の可能性が高まってくると，(4)の準企業規模プラントの段階に移行する。とくに機能性樹脂と呼ばれる，既存製品とは異なる分子構造と機能（のバランス）を持つ新製品の場合，用途（市場）が明確になり，顧客が見つかったとしても，汎用樹脂とは違って最初から何百トンもの需要があるわけではないので，1時間当たり100～300キログラム程度の生産が可能なプラントをあらかじめ用意しておき，多様な樹脂の生産に対応できるようにしている。

3.7 製造技術の蓄積と利用

製造技術とは，本章では先に述べた量産化にかかわる技術と，特定のプラントの平時の運転にかかわる技術を指している。

量産化においては，どの製造法を採用するか，どのような製造プロセスにするかによって当然それにかかわる技術や実現の難度も違ってくる。たとえば，溶液法では過去からの膨大なデータの蓄積があるため，新規ポリマーの開発においてもそのデータと実際に試作等を行ってきた経験とによる推測によって，あまり予測値から外れずに量産化が可能になるという。変動要因があらかじめわかっているために，それらへの対応がしやすいのである。

一方で，気相法はこれまで三井化学として企業規模プラント・レベルでは経験のない製造法であったため，量産化過程では試行錯誤の連続であったという。たとえば，1998年に世界初のメタロセン触媒専用の気相法二段重合プラントとして市原工場にて稼働したMXプラントは，現在年間24万トンの規模を有するが，このMXプラント稼働に至るまでさまざまな苦労があった。

最初は触媒科学研究所でメタロセン触媒の高活性化と工業化の研究が行われ，それから岩国工場にあるパイロット・プラントで徐々にスケールアップしながら量産化への試行錯誤が行われた。量産化においては，パイロット段階までの

データからの予測，過去のスケールアップ時の経験，これまでのプラントでの安全操業のための経験から，各担当者が調整を行い，不具合が出ると岩国のパイロット・プラントに差し戻す，ということの繰返しであった。

　とくに，これまで主として使用していたチーグラー触媒からメタロセン触媒に変えたこと，三井化学にとって新しい製造方法である気相法を採用したことの2点から，このプロジェクトは，これまで蓄積していた触媒技術と生産技術，そして従来の製造法，製造プラントで蓄積していた製造技術，いずれの延長線上にも必ずしもあるわけではなかったので，過去に蓄積した技術を適宜利用しつつ，現場での試行錯誤で得たデータや経験を積み重ねて工業化を実現させたことになる。とくに反応器の中でエチレンガスが流動化しながら重合が進み，顆粒状のポリマーが生成されるというプロセスでは，エチレンガスが流れる過程で安定的に重合し，ポリエチレン粒子が反応器内で固まることなく生成させることが難しかったという。反応器内で粒子が固まってしまうのにはさまざまな要因が存在するが，その原理がすべて解明されているわけではないため，その時々に，これまでの経験をもとにして対応を行った。

　量産化においては，理論的には問題がなくても，コントロールすべき変数が大量に存在し，ときにその変数間での相互作用など意図しない変化が生じることもあるために，実際にスケールアップしてみないとわからないことも多いという。そういった意味で，製造技術は，量産化過程での試行錯誤の結果として，データと現場での経験両方によって蓄積されるものなのである。

　ただし新たな製法の採用などではなく，すでに企業規模プラントがあるブランドの銘柄増加などの場合は，生産技術センターで新たな重合条件などの「レシピ」を作成し，直接企業規模プラントで試作することもある。とくに早く製品の提供が望まれている場合には，企業規模プラントでもベンチ・スケールと同じものがきちんとできるよう，一気にスケールアップして試行錯誤が行われる。

　かたや，特定のプラントの運転にかかわる技術は，操作マニュアルのみならず現場で運転に携わる人々の中に豊かに蓄積されている。重合条件の調整についても，現場に長年従事している運転員の中に経験をベースとした知識として蓄積されている。それは，製造する樹脂の種類が変わるパイロット・プラント

においても同様であり，たとえば「あのときはこういうことが起きたから，今回はこうするといいのではないか」という提案が運転員側からも起きるという。大学や大学院を出た技術者は入社後すぐ工場に配置されるが，そういった若手は，ベテランの運転員にときに怒られながらも，現場で製造技術と生産技術を習得していき，ポリマーの技術者として成長していくのである。

3.8 生産技術の蓄積

このように，製造技術は工場内のプラントを運転する過程で蓄積されるものであるが，一方で生産技術の場合は必ずしもそうはいかない。生産技術の中でも製造プロセスやプラント設計および建造にかかわる技術の蓄積は，新規プラントを国内ではもはや建設しにくくなっている今日においては難しいものがある。

この生産技術の蓄積についての課題を緩和する手立ての１つとなっているのが，三井化学の場合，スラリー法によるポリエチレン製造技術をパッケージ化し，世界中の企業に技術輸出をしていることである。このビジネスでは，ライセンス・フィーと触媒の販売，技術支援によって収益を得ている。このパッケージ販売は好評で，グローバルでの三井化学オリジンのポリエチレンのシェアは約２割にのぼるとのことである。三井化学としては，多額とは言えないが，ここから安定的な収益をあげることができている。

この技術輸出は，三井化学社内の企画開発・ライセンス部によって行われている。企画開発・ライセンス部は比較的長期にわたり同じ人材が，世界各地でのプラント建設，技術研修（日本にオペレーターを連れてきて，プラント運転に従事させるなど），稼働準備，アフター・フォローを行っている。海外プラントでのトラブルに際しては，企画開発・ライセンス部でのフォローだけでなく，社内関連部門（生産技術センターなど）からの支援も受けて対応を行っている。ときに海外のほうが，最初からプラント規模が日本のものよりも大きいこともあり，量産化技術やプラント設計技術は海外での経験によって鍛えられている側面もあるという。

しかし，パッケージ販売後に現地でも改良が行われていると考えられるのと同じく，国内のスラリー法製造プロセスでは，触媒，製造プロセス，エネルギ

ー・ロス低下等に関する改良が絶えず行われており，細部では異なるものとなっている。そのため，同じ製法で製造されても，粒子の均質性や残留触媒量などは国内で生産されたものとは異なってくるという。国内プラントは，いまだ改良の途上にある。

4 技術蓄積と波及効果

4.1 製品特性ゆえの技術蓄積の特徴

　三井化学とプライムポリマーの事例のように，量産化のような段階的な開発ステージをとり，かつ生産規模の異なるプラントを製造法ごとに複数持っていることは，スケールアップにかかわる技術の蓄積には有効であっても，事業化のスピードやコスト効率という点では問題があるように思われる。しかしあえてそのような体制をとる背景には，合成樹脂という製品の特性が大きく影響している。

　最初に述べたように，ポリエチレンをはじめとする合成樹脂事業は，規模の経済が効く事業である。したがって，単品種を大規模プラントで自動かつ連続生産すれば，製造コストは抑えられ，価格競争力を持つことになる。しかし，すでに示したように，ポリエチレンであっても多品種で展開している背景には，顧客ニーズの多様化とそれらへの対応努力が見える。

　合成樹脂は，それがポリエチレンのような汎用樹脂であっても，市場や顧客が必ずしもすべて顕在化しているわけではない。合成樹脂が金属や木材などの代替として利用されることで市場を獲得してきた一方で，石油化学の川下にある消費財が技術革新や顧客ニーズの変化などによって様相を変え，樹脂への新たな需要が発生することもある。液晶テレビのパネルが多様な合成樹脂によって生成されているように，近年私たちの生活にかかわる製品の多くに合成樹脂が使用されているということは，周知のことであろう。しかし，最初からそれらがある程度の需要を顕在化させていたわけでは必ずしもない。川上である合成樹脂の需要は，それらが使われている製品の市場成長に伴って発生，変動するがゆえに，その生産は，顧客のいる市場，ときには顧客の顧客がいる市場の動向に左右されてしまうのである。

加えて，幸いにして新たな市場が見つけられたとしても，評価してから採用が決定するまでには時間がかかる。電子材料は数カ月で改良のオーダーや採用決定があるのに対して，自動車の場合は耐久性試験等評価に長期間かかるものもあり，ときに採用決定まで数年かかることもある。つまり事業としてのスタートアップには時間もかかるのである。

　ましてやいくらユニークな機能を持つ樹脂を開発したとしても，顧客としては機能と価格の両方を勘案して採用を考えるため，低コストでの量産化が可能にならなければ顧客が獲得できないということになり，ドロップアウトしてしまうことになる。新製品の販売にあたっては，製品そのもの，つまり分子構造の分布が目標通りであるのはもちろんだが，当然価格，つまり製造コストが目標に達する必要がある。合成樹脂の場合，製造法や製造プロセスの選択もコストに反映するとともに，触媒の性能や触媒製造にかかるコストも重要なコスト決定要因となる。いくら理論的には高収率となる触媒であっても，その触媒が高価であれば使用することができない。したがって，触媒技術も含めた上での技術間のバランスとそこから生じるトータル・コストの両方をにらんだ製品開発が必要となる。

　こうした問題から，先の量産化ステージのうち(1)から(5)まで無事たどり着けた製品はせいぜい1％程度であるという。これは量産化がそもそも困難であったというケースのほかに，せっかくある程度の量産化が実現できても，コスト的に従来製品を代替できるだけの差別化ができなかったなど，製造コストの問題によるものもある。量産化にかかわるさまざまな課題を乗り越えても，顧客市場での需要が伸びなかったということもある。このような理由ゆえに，製品化の確率が低くなっているのである。

　したがって，顧客のニーズにより合致するような機能面での特徴を「売り」にした合成樹脂であるほど，規模の経済を目指すべく一気に企業規模プラントを建設してしまうことには，そのことによるコスト・メリットを大きく上回るリスクが存在するために，メーカーとしても躊躇せざるをえない。それよりも，市場が拡大するまではパイロット・プラントで少量を生産しつつ，機を窺うことが経営的観点から選択される。そのため，常に数多くの合成樹脂が量産化の途上にあり，開発側としては用途獲得，拡大の機会を狙うと同時により効

率的な生産をも模索し続けているのである。

　こうした事情が背景にある上，重合のための反応器の規模ごとに，そして投入する触媒やコモノマー，製造方法，製造プロセスごとに，合成樹脂の安定した生産のためには課題も多い。コントロールすべき変数が環境要件も含めてとても多く，また変数間の相互作用も起きてしまうからである。そのため銘柄ごと規模ごとに機械的に自動生産を行うことは難しく，過去のデータや経験によるさまざまな調整がものを言うことになる。

　また，これは日本の化学メーカー全体に見られる傾向であるが，事業戦略として汎用樹脂であっても個別顧客のニーズに細かく対応してきたことも，技術蓄積を促す要因の1つとなったと考えられる。これは複数の製造方法によって製品ラインの拡充，つまりブランドおよび銘柄を増やしていることで，より多くの学習機会が存在することになるからである。顧客のニーズの違いに細やかに対応しようとした結果，きちんと機能を発現できるような分子構造や分布の設計といった製品技術の蓄積が促され，またそういった分子構造や分布をきちんと実現させるために，重合条件の微妙な調整や，安定的に生産できるようなプラント運転も必要とされたことで，生産技術と製造技術のより一層の蓄積が促されることにつながった。

　このような，合成樹脂や市場それぞれの特性ゆえに，各技術の関連性はより強化されてきたとともに，蓄積も促されてきたと考えられるのである。

4.2　蓄積された技術の波及効果

　現在，三井化学ではメタロセン触媒を他の合成樹脂製造にも使用すべく，研究が続けられている。先に述べたように，三井化学は高密度ポリエチレンの製造において，これまでチーグラー触媒を用いていたスラリー法二段重合プロセスを採用してきたが，チーグラー触媒に代わってメタロセン触媒を使用することを可能にしたことで，より高品質な中・高密度ポリエチレンである「エボリュー®H」が量産化可能となった。現に他の合成樹脂，ポリプロピレンやエラストマーの製造においても，溶液法重合プロセスでメタロセン触媒を使用し始めるなど，従来の生産技術に新たな触媒を導入する試みがなされている。この結果，既存製品の高品質化のみならず，製造プロセスの合理化などにもつなが

っており，触媒が他の技術の革新に大きな役割を果たしていることがわかる。

このような，ポリエチレン製造で蓄積した知見を他の合成樹脂製造に転用させていくという試みは，これまでにもいくつかあった。それというのも，ポリエチレンは汎用樹脂であり，もともと用途展開が過去からの経緯である程度見込める上，販売量，つまり生産量が他の機能性樹脂と比較すれば圧倒的に多い。そのため，ポリエチレン事業に対しては効率化や品質向上に対するメリットがより大きくなるため，その分ポリエチレン事業関連の研究開発への投資もされやすい，といった事情があるからである（たとえば，改善のための投資について社内でのコンセンサスが得られやすいなど）。そういった事情ゆえに，ポリエチレン製造に対してまず新触媒や新しい製造プロセスの導入による実験を行うだけの資源投資とインセンティブが起きやすく，実際に技術革新はポリエチレンで最初に実現し，それが他の樹脂製品へと展開していく様子が観察される。

ポリエチレン事業に見られるような，合成樹脂製造にかかわる技術革新の「露払い」的存在は，ポリエチレンよりも規模の大きな汎用樹脂である，ポリプロピレンにおいても同様である[9]。つまり，ポリエチレンやポリプロピレンのような汎用樹脂製造の基盤技術の延長上に，他の機能性樹脂の技術開発や展開があり，ポリエチレンやポリプロピレン製造において起きたイノヴェーションや技術蓄積は，周辺の機能性樹脂製造に利用されるなどしつつ，合成樹脂事業全体に波及しているということが言える。

このような発展形態を鑑みるに，多品種生産に適合した生産技術と製造技術，製品技術の開発，そしてそれら技術の革新を促すような新触媒など触媒技術の改善やイノヴェーション，これら技術が密接に関連し合うことで，相互依存的な進歩と各技術の蓄積が促されていることがわかる。加えて，高度な要求を行う顧客（自動車や表示材料，燃料電池など）が，日本国内に多く存在している。彼らの要求が，それら技術の進歩をさらに促してきたとも言えよう。

したがって，これら技術の相互作用を維持，発展させるためには，各技術間そして顧客も加えた中での密接なやりとりを可能にさせるような物理的距離は

---

9) ポリプロピレンはその製造においてコントロールすべきポイントが一部異なる（立体規則性など）ため，他の樹脂への展開は必ずしもポリエチレンとまったく同じように進められるわけではないという。

もちろんのこと，各技術の担当者たちの心理的距離をも図った組織体制づくりが肝要となる。

そして，とくに技術蓄積とその波及効果の重要性をも考慮すれば，機能性樹脂を含む合成樹脂の競争力を今後も維持，発展させようと考えるのであれば，企業として汎用を含む合成樹脂事業への対応は慎重にする必要があるということになる。たとえば，汎用樹脂の製造からは撤退し，国内に機能性樹脂の研究拠点のみ置く，というやり方は，技術の相互依存性の観点からすれば，将来の発展を阻害する可能性が指摘できるからである。

しかしながら，世界各地では，単一銘柄など完全に汎用製品としてのポリエチレンが製造され，そのコスト競争力の強さで市場を席巻していることから，コスト競争力のない国内汎用樹脂事業への危機感も大きい。確かに価格と機能（顧客ニーズに的確に対応できるだけの物性実現と高品質）のうち，価格優位となる銘柄においてまで維持を唱えるつもりはない。しかしながら，液晶パネルのサプライヤーとして日本企業が高品質化で差別化を実現し続けることで圧倒的強みを発揮したように，高付加価値製品市場が川下で拡大した折にもすぐさま上手く対応することができれば，結果としてより高機能な消費財を実現可能にし，私たちの生活をより豊かにすることへの貢献となると思われる。そのための基盤として，汎用樹脂事業のこれまでの技術蓄積を再整理し，その中で維持すべき「強み」となりうる技術群について改めてきちんと把握する必要があると思われる。

とくに，将来的な環境対応技術の開発が求められている現在では，ある程度の国内製造設備の維持は必要ではないかと考えられる。たとえば三井化学では，フェノールやオレフィンの原料であるメタノールを，二酸化炭素と水素から生成するための実証プラントを大阪工場内に建設することを2008年に発表した。植物由来プラスチックが現在さまざまな企業で生産されているが，根本的にエネルギー消費を減少させるためには，まだ多くの可能性があるようだ。イノヴェーティブな技術開発を実現させるためには，それも量産化や製造プロセスの技術が高付加価値のために重要となる製品分野であるからこそ，研究設備だけでなくそれらの技術蓄積をきちんと維持できるようなプラントそのものも国内に維持することが肝要となるだろう。

おわりに

　本章では，汎用と言われる樹脂が製品としてこれまでどのような競争力を獲得，維持してきたのかについて，製品技術，触媒技術，生産技術，製造技術の4つの技術を中心として考察を行ってきた。これら技術の相互依存的発展という特性ゆえに，競争力維持のためには近接した場にそれら技術蓄積が揃っている必要があり，そのためには研究開発のみならず，生産拠点も国内に残存させることの意義があるという結論となった。

　しかしながら，技術蓄積とコスト面での効率化はしばしばトレードオフの関係となる。国内に生産拠点を維持することには，多大なコストがかかるし，価格優位性も実現しにくいからである。

　また，他の多くの日本の化学メーカーも同様に抱える問題であるが，銘柄の増加についても非効率だという見方もできる。多品種少量生産になってしまうことで，装置産業のメリットが生かせないからである。一方で，現在のような状態となったのは，オイル・ショック時からの個別顧客戦略によって顧客ごとに銘柄を変える対応を行ってきたからであったという。

　メーカー側としては，細やかな対応を優先し顧客によって銘柄を変えて提供してきた結果，いったん使い慣れた銘柄を顧客が変更するには，新銘柄の評価のために時間やコストが再びかかってしまうことになる。顧客の成型機に適合した銘柄を提供してきたがゆえに，一方の顧客側としては，銘柄が変更されればその成型機まで改修したり，ときに取り替えなければならないという事態も起きる。こうしたコストを考慮して，顧客は既存銘柄の継続を希望するため，メーカーとしては銘柄を容易には減らせなくなった。顧客ごとに細やかな対応を行ってきたゆえに，メーカー側は大きなジレンマを抱えてしまったことになる。装置産業であるからこそ，大規模なプラントで1銘柄を製造することでコスト・メリットが生まれる。メーカーが，少量多品種化し，顧客ニーズにきめ細かく対応しようという姿勢をとり続けてしまったことで，顧客にとっては，銘柄を変えることが価格低下によるメリット享受を上回るコスト負担になってしまったのである。

こうした問題から，コスト競争力と顧客ニーズへの細やかな対応の止揚が現在の日本の化学メーカーには求められている。高品質かつ革新性のある合成樹脂の開発とその用途開発の努力が，その課題解決の一助となることは疑うまでもないが，それが将来も実現し続けられるための基盤として，これまでの汎用樹脂の技術蓄積をきちんと評価した上で，各社とも戦略的な選択と集中を伴う事業再構築を行っていくことが必要であろう。今後環境への関心とその取組みがさらに強まると考えられる中で，合成樹脂にはまだ新たな可能性が存在しうる。日本の化学メーカーは，競争力をより高めるため，これまでの技術蓄積をいかに上手く活かすかが問われている。

* 　本章の作成においては多くの方々からご支援をいただいた。中でも長時間にわたるインタヴューに応じてくださった，三井化学株式会社の柏典夫氏，小畑敦生氏，井戸賢一氏にはこの場を借りて感謝申し上げたい。

参 考 文 献

赤瀬英昭 [2000]「合成樹脂の製品開発――タスク・ジャッジの重要性」藤本隆宏・安本雅典編著『成功する製品開発――産業間比較の視点』有斐閣，所収（第 6 章, 129-150 頁）。

柏典夫・木岡護・広瀬敬治・松尾真吾 [2004]「低圧法ポリエチレンの開発史」化学史学会編『20 世紀の日本の化学技術――21 世紀が見えてくる』化学史学会，所収（第 2 章第 2 節, 136-147 頁）。

松浦一雄・三上尚孝編著 [2001]『ポリエチレン技術読本――触媒・製造プロセスの進歩と材料革新』工業調査会。

Rosenberg, Nathan [1976] "The direction of technological change: Inducement mechanisms and focusing devices," in Nathan Rosenberg, *Perspectives on Technology*, New York: Cambridge University Press.

石油化学工業協会 [2008]「石油化学の 50 年――年表でつづる半世紀」石油化学工業協会ホームページ。

寺田裕 [2004]「高圧法ポリエチレンの開発史」化学史学会編『20 世紀の日本の化学技術――21 世紀が見えてくる』化学史学会，所収（第 2 章第 1 節, 122-135 頁）。

Utterback, James M. [1994] *Mastering the Dynamics of Innovation: How Companies Can Seize Opportunities in the Face of Technological Change*, Boston: Harvard Business School Press.（J. M. アッターバック〔大津正和・小川進監訳〕[1998]『イノベーション・ダイナミクス――事例から学ぶ技術戦略』有斐閣）

第6章

情報通信産業における研究開発と事業創造
NTTの総合プロデュース活動

中島 裕喜

NTTグループが開設した「次世代通信網（NGN）」実証実験のためのショールームで，ハイビジョン映像のテレビ会議のデモンストレーションを披露する職員（写真提供：時事）

はじめに

(1) 課題と視角

　企業は日常的な経営活動において自社製品の品質向上や機能高度化，もしくは新規事業の創造を実現するために研究開発部門を内部に備えており，そこでの成果を迅速に活用しうるかどうかが市場競争力を大きく決定することは言うまでもない。また，そのプロセスにおいては，一方で市場ニーズを強く意識し，他方で学術機関なども含めた基礎研究部門で蓄積された科学的知識を吸収することによって，社会経済的に大きな影響を及ぼす産業技術へと結実させることが不可欠である。

　しかしながら企業の研究開発部門が以上のような役割を果たすことは，必ずしも容易ではない。むしろ近年では学術的に評価の高い研究開発成果を蓄積していながら，それが商品化され企業の収益に結びつかないという，いわゆる「死の谷」（valley of death）の問題が指摘されている（Auerswald and Branscomb [2003]）。とりわけ既存製品の延長線上にはない新規事業の創出を企業が目指している場合，上記の問題は深刻であろう。そして現在の日本の多くの産業では後発工業国の急速なキャッチアップによって既存事業における存立基盤が浸食されており，グローバル競争下で勝ち抜いていくためには新規事業を生み出す研究開発能力の構築が喫緊の課題となっているのである。その成否は当然のことながら日本企業の雇用維持にも直接的な影響を及ぼすであろう。本章では，近年の日本企業がいかにして「死の谷」の問題を克服し，研究開発の成果を事業創造に結びつけようとしているのかを検討したい。

　ところで，新しい技術を商品化する難しさの要因を整理した延岡によれば，革新的な技術は初期段階において既存技術よりも機能やコストにおいて劣ったレベルから始まり，また将来的にも既存技術より高い価値が実現できるかどうかが不確実であるためリスクが存在するという。さらに保守的な顧客層が既存製品に満足している場合，そうした顧客を維持するための投資のほうが企業経営にとっては合理的でもある。その結果，短期的な業績を重視する場合には革新的技術への乗換えが難しく，既存技術や商品の改善を施すことで確実な業績

改善を目指してしまうという。また組織的にも既存技術の開発や販売を担当する事業部と新技術開発を担当する本社の研究開発本部に壁が生じることがある。前者は開発初期段階では機能やコストの面で新技術が既存技術に劣っているため興味を示さず，反対に後者は将来の大きく改善された新技術のイメージを持つために事業部が積極的な関心を持たないことに不満を持つという。こうした相容れない両者の意見を組織的に調整するうちに，新技術への転換の意思決定が遅れ，タイミングを失ってしまうというのである（延岡［2006］166-168頁）。

同様の論点に注目しながら，技術革新に成功した日本企業の事例を研究したのが沼上［1999］である。沼上は液晶ディスプレイの技術開発史を徹底的な実証によって検討し，科学的知見以上の意味を持たない発明を技術革新へと結実させるプロセスにおいて，多様な人々の合意形成が重要であったと指摘している。すなわち技術革新とは，ある技術進化に関するシナリオのもとでプレイヤーが合意を形成し，それによって開発や取引において多様なネットワークが形成され，やがてそのシナリオが実現されていく過程として捉えられるべきであり，ここでシナリオには市場規模や企業収益の将来期待に関する言説が必要であるとする（沼上［1999］第18章）。特定の技術に対して市場ニーズに基づいた応用可能性が示されることにより，開発に携わるプレイヤーが共通の認識を持ち，各々が生み出した要素技術の発展経路を1つの方向性に収斂させていくことが重要なのである。

また組織マネジメントの視点から見ると，日本製造業の技術力の高さを指摘する多くの研究が，組織間の密接な関係に基づく巧みな相互調整を重視しており，とりわけ自動車産業では統合型アーキテクチャにおける組織間の「擦り合わせ」能力の高さや（藤本［2003］），機能別に分かれた開発組織をまとめあげるキー・パーソンとして「重量級プロダクト・マネジャー」の存在が指摘されてきた（Clark and Fujimoto［1991］）。本章においても応用可能性の不透明な基礎研究の成果を市場ニーズと結びつけ，商品もしくはサービスとして市場に送り出すことに成功する要因として，企業内外における組織間の調整過程や，その要に位置するキー・パーソンの役割に注目したい。

(2) 事例――NTTの研究開発

　以上のような課題に鑑みて，NTTの研究開発部門は貴重な事例を提供すると考えられる。周知の通り，NTTの情報通信分野における研究開発能力は国際的にも高い評価を得ている。とりわけ既存研究が注目してきたのは，高度成長期以降に形成された旧電電公社と日本電気，沖電気，富士通，日立製作所を中心とした通信機器メーカーによって構成される協力関係，いわゆる電電ファミリーの存在であった。

　たとえば根本は，終戦直後の4号電話機開発や1950年代末に開始する600形電話機開発において両者の研究協力関係が形成されたことを明らかにし，戦後の電電ファミリーは共同研究をその主要な特徴とする点において戦前期と内容を異にすると指摘している（根本［1992］148-152頁）。またAnchordoguy［2001］によれば，電電公社は自動交換機，コンピュータ，集積回路などの基礎研究開発においても主導的役割を担っており，ファミリー企業は電電公社からの安定的な受注を確保しながらも，納入価格や品質に対する評価が次期発注に影響することから，生産技術向上への強いインセンティブを与えられた（pp. 524-526）。さらに1960～70年代における通信機用ICの共同開発過程を明らかにした金によれば，電電公社の電気通信研究所は半導体材料や信頼度研究といった基礎研究および試作研究の成果を蓄積し，認定制度の運用を通じてIC企業に対して品質向上を促す一方で，技術公開や指導もしくは技術者のファミリー企業への転出を通じて関連企業に対する技術移転を進めてきたという[1]（金［2006］第2章）。

　しかし，以上のような研究開発体制は近年大きく様変わりをしている。その背景として，1985年に実施された民営化以後の同社を取り巻く事業環境の変化が重要であろう。固定電話など既存の主力事業は民営化によって新規参入が可能になり，同業他社との競争が激化した結果，利用料金の値引きやシェア喪失を食い止められず，経営不振が続いている[2]。縮小もしくは停滞している既存

---

1) 電電公社からファミリー企業への技術者の転出については，中川［1990］においても詳しく描かれている。以上の研究のほか，戦前の通信省から1990年頃までのNTTの研究開発活動の歴史を整理した研究として，郵政国際協会電気通信政策総合研究所［1994］がある。

事業に代わる新たな事業領域の創出が同社にとって喫緊の課題となっているのである。その中で注目されているのがインターネット・プロトコル（以下，IPと略称）を利用したサービスの提供である。次世代の光ファイバーを用いたネットワーク，いわゆる NGN（next generation network）が普及することで，通話だけでなくデータ管理や映像配信などを一元化し，新しいサービスを提供することが可能になる。NTT の「2009 年 3 月期決算について」（2009 年 5 月 13 日発表）によれば，同社が「レガシー系」と呼んでいる既存事業は，2008 年度の連結売上げにおいて約 48 % を占めていたが，これが 5 年後の 2013 年度には 25 % にまで下落すると予測されており，それを補うのが IP 系と呼ばれる上記の分野で，現在約 26 % であるものを 40 % にまで拡充することが計画されている。

　こうした動きに伴って，NTT の研究開発体制も再編されつつある。1996 年から 2002 年まで NTT の社長を務めた宮津純一郎によれば，90 年代に研究開発分野におけるソフトウェアへの転換が進み，研究開発の方法も変化した。1990 年代以前は，研究部門が作成した仕様書に基づいて事業部門がハードウェアをベンダーから調達するという方法が主流であった。しかし，こうした上述の電電ファミリー体制にほかならない方式が「ソフトウェア化」によって大きく転換した。すなわち，事業部門と R&D 部門が一体となって，「新規サービスの開発」に取り組むようになったという（宮津 [2003] 117-121 頁）。固定電話の利用者に課金するという，きわめて定型的なビジネスを営んできた NTT が，新しいサービスを創出する必要に迫られており，そのための研究開発体制の構築が急がれているのである。サービス創出を目的とする以上，その研究開発活動は市場，すなわち企業であろうが消費者であろうが顧客を意識したものにならざるをえない。世界有数の巨大な研究開発組織から生み出される成果を，多様かつ急速に変化する IT 分野の市場ニーズに合わせて商用化することが，これまで以上に求められているのである。

---

2) 長距離通話の分野に参入した新電電との競争の結果，NTT の県間通話のシェアは 1990 年に 90 % であったものが，2003 年には 46 % にまで下落した。また値下げ競争も進み，民営化時に最遠距離通話料が 3 分間 400 円であったものが，2001 年 3 月には 80 円となった。さらに電話加入者数は 1996 年に 6100 万件を超えていたが，2004 年には 5000 万件程度にまで減少した（情報通信総合研究所 [2006] 本編 248-250 頁）。

このことは同時に既述のような電電ファミリーによる研究開発体制の再編をもたらすことにもなろう。従来のNTTは必要な技術は自力で開発する自前主義を貫いてきたとも言われるが，基礎研究から仕様書の作成までを同社が主導するためには，多くの研究開発人員や資金を投じる必要がある。しかし上記のようにNTTが直面する情報通信分野の市場は多様化しており，事業収入の減少によって厳しい制約を受けている研究開発資金を，かつてと同じような方法で割り当てることは難しいと思われる。たとえばソフトウェアなど技術の陳腐化が早い分野では「フルスペック」の商品を開発するというかつてのやり方で市場競争を勝ち抜くことは困難であり，「すべての分野で自主技術にこだわりすぎていてはむずかしい」といった指摘もある（NTT R&Dの系譜出版委員会［1999］361頁）。ここでNTTは開発分野の選択と集中の問題を抱えるのであり，自社で開発すべき技術を慎重に選定すると同時に，他の民間機器メーカーやソフトウェア会社の開発成果を活用する方向へと転じることが必要になる。ベンダーはかつてのように仕様書を与えて生産技術の向上のみを促す相手ではなくなり，連携を組んで情報通信技術を開発するためのパートナーとなるのである。

　他方で，NTTはグループ組織の改編の結果，1999年7月より研究開発部門を持株会社に集約した。研究開発部門の成果がグループの事業会社にもたらされ，それを受けて事業会社が各種のサービス事業を展開する。ここで両者の分業関係について考えると，研究所で優れた研究成果が生み出される一方で，事業会社には顧客との取引関係によって市場ニーズに関する情報が蓄積されているはずである。しかし両者が容易に結びつくとは限らない。上述のような協力体制の形成も含めて，企業内外を問わず多様な技術陣によって担われている研究開発が市場ニーズによって1つの技術進化経路に向かっていくためには，やはり沼上が指摘するようなシナリオが必要であり，関係部門の相互調整やプレイヤーを束ねるキー・パーソンの存在が欠かせないものと思われる。

　以上のようなNTTの事業分野および研究開発活動の再編過程において，どのような問題が発生し，同社が具体的にどのような方法でそれらを解決しよう

3）　もちろんすべてが革新的な技術というわけではなく，高度成長期においては外国技術の国産化を通じた自主技術形成を意味した。その成果については，たとえば自動交換機については同社が編纂した，日本電信電話公社［1976］が詳しい。

としているのかを明らかにしたい。そこで注目すべきは，NTTが2003年7月に導入した，「総合プロデュース活動」である。これは同社がまさに「死の谷」の問題を意識して導入したものであり，巨大な研究機関で生み出された技術を商用化して，新たな収益源に育て上げることを使命としている。すでに成果も出始めており，たとえば光ファイバーの光源や受信機技術を応用した体内の血流量を測る装置，画像処理技術を応用した鉱山で遠隔で掘削するための装置，さらにオゾンに触れると変色する検知紙などが商品化され，営業面でも一定の成功を収めている[4]。こうした総合プロデュース活動の実態を明らかにし，NTTの研究開発に与えた意義を検討したい。

総合プロデュース活動が手がける事業は多岐にわたるが，とりわけ本章では同社が新規事業として期待しているIP系ビジネスの1つとして，インターネット・プロトコル・テレビジョン（internet protocol television, 以下IPTVと略称）を取り上げたい。IPTVは光ファイバー網を通じて高画質映像を配信するサービスであり，2008年3月に開始された。映像配信に必要な要素技術は非常に高度なものであり，またそれらをシステム化する過程ではプロデューサーによる関係者との意見調整が不可欠であった。その点について以下では，同社の開発担当者に対して行ったインタヴューをもとに検討を加えていきたい[5]。

まず第1節ではNTTの研究開発組織の概要について述べ，総合プロデュース活動を導入する時点で同社が認識していた研究開発上の問題を明らかにする。第2節では総合プロデュース活動における研究開発組織の特徴とプロデューサーの役割について説明する。第3節では総合プロデュース活動の事例としてIPTVの研究開発を取り上げる。最後に「おわりに」で，総合プロデュース活動がNTTの研究開発に対して持つ意義を検討したい。

---

[4] 『日経産業新聞』2007年8月2日付。より詳細なプロデュース活動の紹介は『NTT技術ジャーナル』2005年3月号に紹介されている。
[5] インタヴューは以下の日程で行われた。第1回：2007年7月5日，対象者は渡辺保氏（NTT労組持株本部執行委員長）。第2回：2008年7月15日，対象者は南宏二氏（理事，R&D推進統括部長），関俊司氏（プロデュース統括部長，グローバルR&Dチーフ・プロデューサー兼務），萬本正信氏（R&D推進担当主査）。第3回：2008年9月4日，対象者は南宏二氏，関俊司氏，萬本正信氏，川添雄彦氏（研究企画部門チーフ・プロデューサー新ビジネス推進室）。また2009年7月2日および9月7日にも，萬本正信氏に補足的なヒアリングを行った。なお言うまでもなく，本章の紹介内容に関する誤りはすべて筆者の責任である。

1　NTTの研究開発組織と「死の谷」の問題

1.1　研究開発組織の概要

　NTTの研究所は電電公社の電気通信研究所が持株会社に移管されたものであり，数度の組織変更を経て現在は図6-1のような編成になっている。NTTには，このほかにも各事業会社に属する開発部門が存在するが，同社の新規事業に結びつくような研究は基本的に持株会社の各研究所で実施されている。持株会社には約2500人の研究開発人員が所属しており，その他にも数百人が研究所の技術を移転するためにグループ企業へと出向している。NTTグループ全体の研究開発人員は約6000名である。ちなみに，NTT持株会社は事業部門を持つことができないため，研究開発成果の事業化に際しては，まず研究所から事業会社に対して有償で技術が供与（同社では技術開示という）され，それらをもとに事業会社でサービスの提供もしくは機器の製造販売が行われることになる。

　先端技術総合研究所では光デバイスや半導体の新素材といった，次世代の情報通信システムを見越した基礎的研究を進めている。実用化の時期は10年ないし20年後を目途とし，とりたててビジネスを意識した研究内容にはなっていない。しかしその研究成果が必ずしも市場から遠いというわけではなく，当初予想していなかった分野において用途を見出されることで，同社に収益をもたらすことも少なくないという。

　これに対して情報流通基盤総合研究所とサイバーコミュニケーション総合研究所では，IP系のネットワーク技術の研究開発を進めている。とりわけ後者はネットワーク技術を基盤にした情報通信サービスの創出に取り組んでおり，後述するIPTVも傘下のサイバースペース研究所およびサイバーソリューション研究所において開発が進められてきた。ここではIT産業への事業転換が明示的な目標として掲げられ，顧客ニーズを意識したサービスの創出が重要なテーマとなる。いずれにおいても市場と技術の橋渡しにおいてプロデュース制が一定の役割を果たしているという。

　次に研究所内部の組織について見ると，まず1つの研究所の中には複数の

図 6-1　NTT 持株会社に所属する研究所の組織

取締役会 ― 会長 ― 社長

監査役会 ― 監査役
　　　　　― 監査役室

社長の下の組織（左から）：
- 経営企画部門
- 広報室
- 技術企画部門
- 次世代ネットワーク推進室
- 研究企画部門
- 財務部門
- IR室
- 総務部門
- 内部統制室
- 秘書室
- 新ビジネス推進室
- 国際室
- サイバーコミュニケーション総合研究所
- 情報流通基盤総合研究所
- 先端技術総合研究所
- 知的財産センタ

サイバーコミュニケーション総合研究所の下：
- サイバーソリューション研究所
- サイバースペース研究所

情報流通基盤総合研究所の下：
- サービスインテグレーション基盤研究所
- 情報流通プラットフォーム研究所
- ネットワークサービスシステム研究所
- アクセスサービスシステム研究所
- 環境エネルギー研究所

先端技術総合研究所の下：
- 未来ねっと研究所
- マイクロシステムインテグレーション研究所
- フォトニクス研究所
- コミュニケーション科学基礎研究所
- 物性科学基礎研究所

（出所）　NTTより提供。

「部」があり，さらに部内ではおおよそ3つほどの「研究グループ」に分かれる。1つの研究グループの人数は15〜20名程度で，上からグループリーダー→主幹研究員→主任研究員→研究主任→研究員，という序列で構成されている。研究主任と研究員が個人ベースでの研究活動を行うのに対し，主任研究員以上

は部下のマネジメントも行う。ちなみに，研究主任以下は組合員である。

　かつては年功制による昇進が行われていたが最近は個人差が出てきている。研究員の人事異動は，技術体系の違いがあるため，基本的には総合研究所の枠を越えて行われることは少ない。研究員の評価は，特許や論文，もしくは研究グループ内での開発業務やマネジメント能力が対象になる。ちなみに研究員は入社2年目に自らの開発テーマを設定し，研究所単位で行われる会議で開発企画の発表を行う。その際には，先輩研究者がテーマ決定から企画書の文章チェックまで綿密に指導を行う。このことは指導を行う側にとっても部下のマネジメント方法を学ぶよい経験になるという[6]。このように研究所では，基礎部門から実用化部門まで多層的な開発体制を構築し，その成果を事業収益に結びつけるべく努力してきた。それにもかかわらず，プロデュース制を導入する以前の同社では，技術開発上の「死の谷」と思われるような問題が次第に意識されるようになった。

1.2　「死の谷」の問題

　研究開発の成果を顧客に提供するサービスへと実用化する過程においてまず意識された問題として，実用化に必要な開発投資判断の難しさがあげられる。NTTの研究開発活動は基礎研究から実用化開発まで幅広く行われ，それが技術開示という方法で事業部門に提供されてきた。しかし同社のエンジニアが市場ニーズを十分に把握できていないために，「出口が見えない」ものが多かったという。通常，実用化に向けた研究開発では，さまざまな環境で使用されることを想定した品質改善，利便性を高めるための技術改良，さらにサービス利用料金を引き下げるためのコスト削減など多種の課題を解決するため，費用が巨額になるケースが多いという。したがって市場動向を十分に把握することで，確かな収益の見通しを得られていなければ，追加の開発投資リスクを負担することに逡巡してしまうのである。インタヴューにおいても次のような発言が聞

---

6) 民営化直後の電気通信研究所においても，個人の能力を組織としての知的生産力に結びつけるためにはどのようにするべきかという問題意識を，行松・石井［1987］にも見ることができる。そこでは研究開発能力をOJTによって高めていくことの重要性が指摘されているが，市場ニーズを研究開発に取り入れていくという視点は見られない。

かれた。

　「基礎要素技術研究というのはそんなにお金はかからないんですね。たとえば，ソフトウェアの世界では，アルゴリズムを考案して，それをちょっとしたテストプログラムで作ってみて，機能確認をしますというレベルです。でもたとえば，それを1台のテレビに仕立て上げて世の中に売り出します。とすると，そこで開発投資が結構いるわけですね。実際，世の中に出そうとすると，いろんな物事が正常通りに動くとは限りません（略）ネタはあるけど市場で受けるかどうかわからないので，追加の莫大な実用化開発投資を投下するかどうかという判断を躊躇せざるをえないわけですね。そこで，死の谷を意識したということですね」

　その結果，事業に活かされない研究成果が増えていくことになる。ちなみに光ファイバー網の構築といったネットワーク関連については同社の競争力の根幹にかかわる最優先分野であるため，開発投資を躊躇することはあまりない。しかしそれを応用したアプリケーションなどの分野では，こうした問題が起こりえるのである。

　また実用化を決定して開発を継続したものであっても，事業モデルの構築において失敗することがある。たとえば，NTTはインターネット検索サービスを他社に先駆けて開始したものの，開発当初に同社が期待したほどの利用者を獲得することはできなかった。これは現在の検索サービスで一般的になっている，広告収入を基本とした事業モデルの重要性を同社が認識できなかったことによる。固定電話と同じように利用者が利用した分について課金するという発想からの転換が難しかったという。

　「技術もあったし，サービスもした，投資もしたしスタートもした。しかし当時は広告モデルという概念をNTTは持っていなかった。技術だけじゃなくてビジネス・モデルもついてこないと商売になりませんよね（略）そういう発想がなかったと言えば，それまでなんですが，ずっと電話サービスやってきた人たちですから，広告主から広告とってそこで収支合わせましょうという発想が出てこなかった。検索サービスを提供すればエンド・ユーザーがその価値を得て，エンド・ユーザーからお金をいただくという発想にならざるをえなかった。だからそういうビジネス・モデルをな

かなか作れないというところもデス・バレーの1つの要素だと思うんですね」

以上のような研究開発上の問題は，かつてのような固定電話ビジネスでは強くは意識されなかったと思われる。開発したサービスが顧客により他社と比較されるという，市場からのインパクトが同社の研究開発活動を大きく規定するようになったのである。開発したサービスが収益に結びつくためには市場の動向を正確に把握することが必要であり，それに応じたビジネス・モデルを構築しなければならない。また実用化を進めるかどうかの投資判断については，冒頭で述べたような開発分野の選択と集中も検討した上で，より詳細な研究人材や資金のアロケーションを決定しなければならない。そこで次節では，これらの課題に取り組むことを使命とする総合プロデュース活動について見てみよう。

2 総合プロデュース活動

2.1 研究開発組織の特徴

総合プロデュース活動の各プロジェクトは持株会社の研究企画部門の下に位置づけられ，プロデュース統括部長が全体を指揮する（図6-2）。また各プロジェクトには1名のチーフ・プロデューサーと数名のプロデューサーが配属されて1つのチームを構成する。現在は約10の事業化プロジェクトが動いており，チーフ・プロデューサーは7〜8名（複数の領域を兼務している場合がある），プロデューサーは約60名である。

プロデュース統括部長はNTTグループの事業に関する包括的な視点から，プロデュース領域の枠組みを決めていく。領域の見直しは年度単位で行うことになっているが，実際には総合プロデュース活動が開始されて5年目の2008年4月に，はじめて大がかりな再編があった。たとえば後述のIPTVを担当するプロデュース活動は，ネットワーク映像配信において相乗効果を期待できる他のプロデュース活動とともに1つの事業領域にまとめられ，新たに設けられたコンテンツ流通部門に属することになった。[7]

---

[7] コンテンツ流通部門にはIPTV以外にデジタルサイネージとデジタルシネマというプロジェクトがあり，それぞれに3名と1名のプロデューサーが配属されている。

図6-2 総合プロデュース活動導入後の研究開発組織

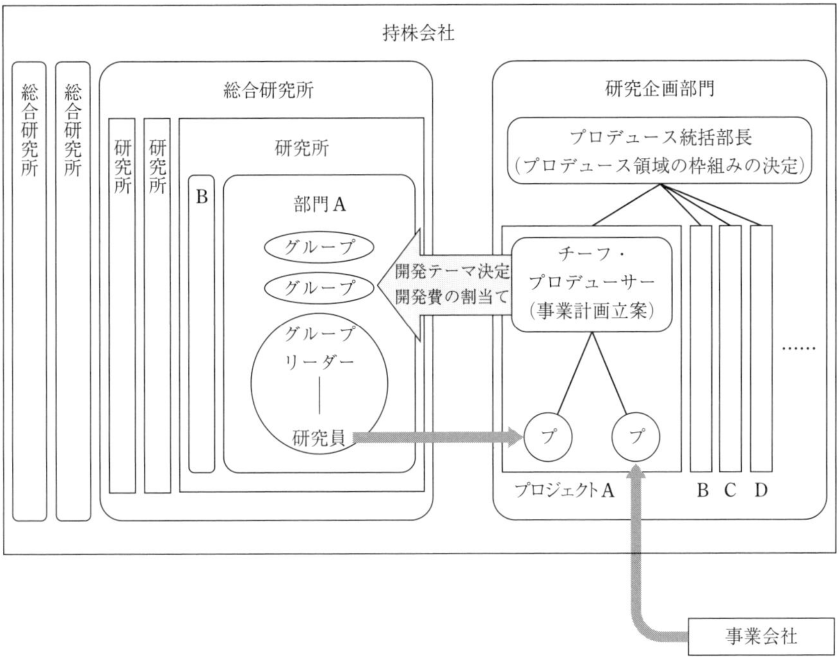

(注) プはプロデューサーの略。
(出所) インタヴューにより筆者作成。

　ところで，総合プロデュース活動は，研究所と同じ持株会社にありながら，研究所とは完全に独立して運営されている。これまでは研究所で生み出された技術が一方的に事業会社に与えられるばかりで，市場価値という観点からそれらが評価を受けることは少なかったという。そうした反省を踏まえ，研究所で開発に従事する技術者の立場を離れ，客観的に研究成果を評価するための組織づくりが必要になった。

　「自分たちの技術ありきで商用化が進んでしまうきらいがありますから，研究所からは独立させて事業としてビジネスのフロントにいる事業会社の方を一緒にすることで，『世の中にはもうこんな技術があるよ，(既存の技術を使っても——筆者注) そういうビジネスはいくらでも実現できますよ』というような話を，なるべく早い段階で研究開発者の方にフィードバックできるような体制にする。この技術で本当に商売ができるのかというのを

客観的に見るポジションで技術を商売にしていくということで，プロデュース機能を研究所から独立させてスタートしました」

たとえばIPネットワークに関する技術の中で，光ファイバーや光コネクタなど基幹的な分野については基礎研究から行う一方で，IPパケットをルーティングする部分の機能についてはすでに社会に広く普及しているため，同社が改めて機器開発などを行うことは効率的でなく，市販されている技術を採用している。他社で開発されたものが優れている場合には自前主義にこだわらず，外部から調達する可能性を捨てないようにしているのである。ただし技術開発を過度に外部化することによって，自社内における開発経験の蓄積が失われてしまうと，必要に応じて品質や機能の改良を加えることが難しくなる場合もある。そうすると供給側企業に技術開発の主導権を握られ，かえって費用負担が増す「ベンダー・ロックイン」の問題が発生する。したがって自社内に残すべき研究開発領域は慎重に検討しなければならない。こうした判断はプロデュース組織が研究所から独立して設置されたことによって，はじめて可能になったのである。

2.2　プロデューサーの役割

上述のように，事業化プロジェクトはそれぞれ1名のチーフ・プロデューサーと数名のプロデューサーで構成されるチームによって進められる（以下，煩雑さを避けるためにチームでの活動についてもプロデューサーと略称する）。このプロデューサーが実質的にNTTの研究開発部門と事業部門の橋渡し役を担っている。そこで大まかな仕事の流れを見ると，まず，当該事業のユーザー数やターゲット・エリアなどから見込まれる収益予測を検討した上で，事業化計画を立案する。かつてはプランの作成方法に統一性がなく，プロジェクト化のノウハウが分散していたので，2008年度の組織再編の際に若干の標準化を行った。ただしビジネス・プランのアイディアを見つけるための定型的な方法があるわけではなく，さまざまな状況に応じてマーケット・ニーズを汲み取る努力をするしかないという。

次に，作成された事業計画は研究企画部門の会議で承認される。プロデュース統括部長の判断が重要なのは言うまでもないが，事業化のための研究開発を

行うのは研究所であり，また事業会社でも研究費の負担をするために，これらの部門からも代表者が出席して最終的な調整を行う。ただし，こうしたビジネス・プランが会議で却下されるケースは実は稀であるという。なぜならプロデューサーが事業計画の立案作業を進めている過程において，会議のメンバーである研究所の研究員や事業会社の担当者などと絶えず議論を積み重ねており，そこで練り上げられたプランは，すでにこれらの関係者とは合意が形成されたものだからである。

　「一方的な思いで（ビジネス・プランを会議に——筆者注）かけるということは普通ありえないですよね。いろんなグループの各社の意見を聞いた上で，最終的にできあがってくるものをどうするかということです。サービス企画を作成する段階から事業会社の方には入っていただいていて，ビジネスのフロントの感覚なり意見なりをもらいながら進めるっていうのが，いわゆる仕組みとしての見直しのところの非常に重要なポイントなのです」

　こうした意見調整を円滑に進めていく上でポイントとなるのは事業会社との関係である。プロデュース組織は持株会社に属しており，自らは事業を行うことができない。プロデューサーが作成した計画を実際に行うかどうかを最終的に判断するのはあくまでもNTTグループの各事業会社である。したがって事業化プロセスにおいては事業会社との緊密な調整がとりわけ重要になる。そこでプロデューサーには研究所からだけではなく，約半数は事業会社からも登用されている。事業会社出身のプロデューサーが消費者向けビジネスや法人営業の経験に基づいて，NTTグループ内部のどのような事業分野と連携するのが望ましいかということに関する示唆を与えている。

　「このネタ（技術——筆者注）はこういうサービスにつながると，そういうサービスをつなごうとすると，どの事業のどこの担当がいいか，ということがだいたい事業会社出身の人だとわかるわけですね。そういうところに技術営業的にいくわけです。その技術ならこういうサービスイメージがいいんじゃないの，といったことを今度は研究所にフィードバックするということです」

　プロデューサーと事業会社の間で合意が得られなければ，ビジネス・プラン

は絵に描いた餅になってしまうだろう。多くの事業会社には営業部門だけでなく実用化開発の部門があり，異常系と呼ばれるような技術エラーが発生した場合の対応やコスト削減もしくは利便性向上のための技術改良を担当している。このような事業会社側の担当者とプロデューサーは相互に連携し，研究所の研究員も交えながらビジネス・プランの検討を進め，サービスとして提供するための詳細な技術仕様を確定する。こうした連携の相手を見つけるためにも，事業会社からプロデューサーを登用する意味があるのである。

　事業会社に対する指示権限を持たないのに対して，プロデューサーは研究所に対しては強い開発指示権限を持っている。研究開発成果を事業化するためには，要素的な技術に加えてさまざまな周辺技術の開発も必要になる。プロデューサーは計画を策定する段階で研究所サイドが着手すべき研究開発テーマのリストを作成し，それぞれについて予算を配分する権限を持つ。研究所の組織は研究開発領域ごとに分かれており，かつては研究所による独自の裁量で研究費が配分されてきた。[8]しかし，そうした領域は総合プロデュース活動の導入後は次第に狭まりつつあり，現在では各プロジェクトに与えられた予算に基づき，プロデューサーの裁量でテーマごとの研究費が決められている。したがってプロデューサーには当該事業分野の技術に対する包括的な理解力が求められる。また予算に応じて自主開発すべき分野を選定するために，NTTの各研究所で進められている研究開発の動向だけでなく，外部調達が可能な技術についての知識も必要になる。インタヴューで語られた表現を用いれば，「技術の目利き」としての能力が求められていると言えよう。

　ところで，各プロジェクトで策定された研究開発テーマに応じて，研究所サイドでも「部」や「グループ」レベルでの開発業務の割振りが必要になってくる。総合プロデュース活動では複数のプロジェクトが並行して動いているため，1つの部やグループで複数のプロジェクトを兼務する可能性もあり，プロジェクト相互の調整も必要になる。こうした研究所内の人員や業務の配分に関するマネジメントは研究所長や部長クラスの管理者によって行われることになるが，当然のことながら開発指示を出しているプロデューサーの意向が重視される。

---

8) NTT持株会社の研究開発費は明らかでないが，連結5社ベースで見ると2004年度に約3000億円である（情報通信総合研究所［2006］資料編73頁）。

プロデューサーは自分が指示を出した開発活動がバランスよく進行するよう研究開発の「同期化」に腐心しており，そのために研究所サイドとの調整を随時行っている。

以上で見たように，プロデューサーは事業会社の意見を取り入れながら事業化計画を立案し，同時に研究所への開発テーマ指示および開発費の配分決定を行っている。事業部門からの情報は具体的なビジネス要件としてサービスの技術仕様に盛り込まれるため，研究所へ指示する開発テーマの選定にも影響を与える。また事業会社の開発部門で実用化に向けた最終的な開発を行う際には，研究所からの技術支援が与えられる。同社には「人技一体」という言葉があり，初期の研究開発に携わった研究所の研究員がプロデューサーとして事業化プロジェクトに参加し，事業が立ち上がった段階で事業会社に転出して実用化の最終プロセスまで携わることも少なくないという。研究所と事業会社が双方向で情報や技術を提供し合うことにより，事業化が円滑に進められるように図られている。

以上はNTTグループの内部における組織間の相互作用の仕組みであった。これに留まらず，総合プロデュース活動はNTT外部のさまざまな関係主体との調整を求められることがある。次節で述べるIPTVはその具体的なケースである。

3 IPTV開発における総合プロデュース活動

3.1 IPTVについて

IPTVは光ファイバー網を利用した映像配信サービスである。NTTが2008年3月より商用化したNGNを利用することで，高画質映像を高速で配信することが可能になった。期待されるサービス内容は地上波デジタル放送のIP再送信（以下，地デジIP再送信）とビデオ・オンデマンド，多チャンネル放送であり，NTTコミュニケーションズの子会社であるNTTぷららが「ひかりTV」という商品名で各家庭向けにサービスを提供している。加入者数は2009年6月末で約66万件であり，固定電話加入者や携帯電話利用者に比べると少ないものの，電話・テレビ視聴・データ送受信という3つの用途を1つの回線で行

うことで通信コストの削減が可能になると期待されており，NTT グループにおいては NGN の代表的な応用分野として事業拡大を目指している。

ところで，インターネット回線を通じて映像を配信するサービスは同社だけでなく，既存のケーブル・テレビやインターネットを利用した動画配信など複数存在するが，地デジ IP 再送信が可能なのは現在のところ同社が提供するサービスに限られる。同事業を通じた収益源は主に国内の利用者に対して課金される月額固定料金であるが，このほかにも派生的なビジネスとして後述する動画圧縮技術の特許収入や放送機器の販売収入も期待できる。またイタリア，アメリカ，中国などの各国においても IPTV サービスの普及が進みつつあるが，映像配信システムの技術輸出を通じて海外展開することも可能であるため，国際標準の規格化にも同社は積極的に参加している。

3.2　映像圧縮技術の開発

図 6-3 は IPTV の研究開発から事業化までの大まかな流れを示したものである。まず IPTV の要素技術の中で最も重要なものは映像圧縮技術である（図 6-3 の①）。地上波デジタル放送のデータは非圧縮でおよそ 1.3 ギガビット/秒という膨大な情報量があり，このままでは送受信することができない。そこで映像データを圧縮して送信しなければならないが，地上波デジタル放送の映像圧縮方式として国際標準になっているのが Mpeg2 であり，これによって 20〜50 メガビット/秒にまでデータを圧縮することが可能になった。また映像データを圧縮するエンコーディングと呼ばれる作業が瞬時に行われなければ，各家庭における放送番組の視聴に遅延が生じてしまうので，これをリアルタイムで行う高速圧縮装置が必要となる。NTT の研究所ではリアルタイムで Mpeg2 エンコーディングを行うことが可能な IC チップを開発し，それを搭載した放送機器を NTT エレクトロニクスが製造販売している。現在，同社の製品は日本全国の放送局で使用されている機器の約 7 割を占めており，また Mpeg2 が国際規格であることから輸出の展望も開けている。[9]

---

9)　NTT は Mpeg2 の開発に大きく貢献したことが評価され，アメリカでエミー賞の技術部門を受賞している。なお，国際標準を定める過程で他国の技術特許も含めることとなり，同技術における NTT の特許使用料は特許プール制によって管理されている。

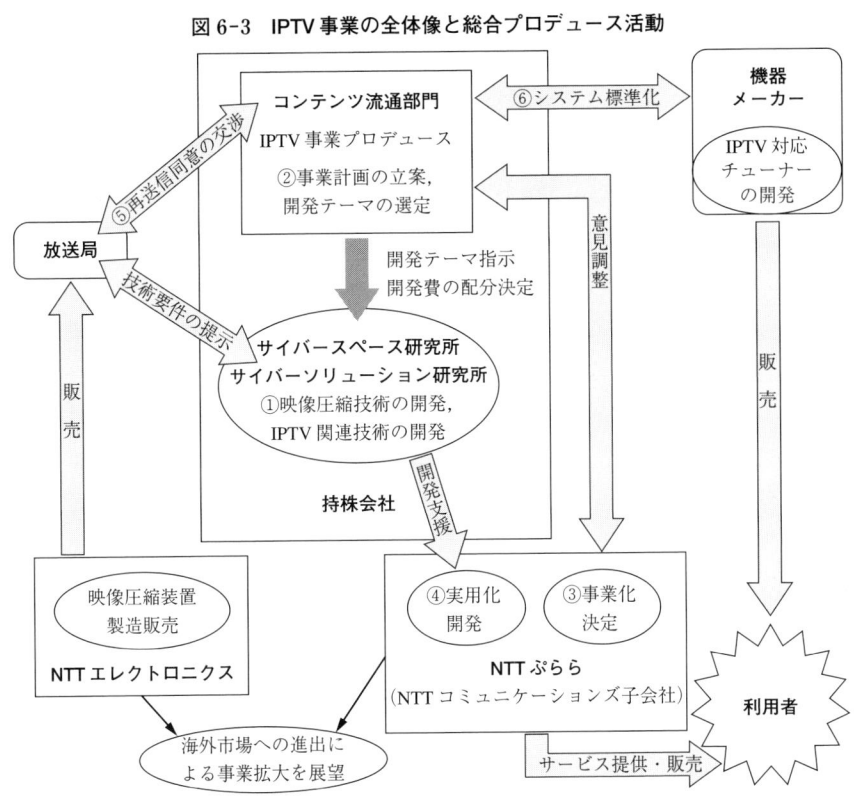

図 6-3 IPTV 事業の全体像と総合プロデュース活動

(出所) インタヴューにより筆者作成。

　また映像データを地上波ではなく，光ファイバーの通信網で配信するためには，さらに 2 倍程度の高圧縮率で 10 メガビット/秒以下にしなければならない。この国際標準技術が H.264 である。この技術も Mpeg2 の延長線上にあるもので，開発においては NTT が主導的な役割を果たした。放送局から Mpeg2 で送られてきた映像データを H.264 に変換するトランスコーダーという装置はやはり NTT エレクトロニクスが製造販売している。そこでも映像配信における遅延の防止が重要な課題となる。すなわち放送局からの映像データが地上波で送信される場合と，光ファイバー網を通じて配信される場合に，各家庭にデータが届くまでに両者の間で時間的なずれが発生することは許されない。この点について，放送局は厳格な基準を定めており，地デジ再送信システムのト

ータルな遅延時間が約3秒以内に収まることを求めている。こうした技術基準に適合した装置は現在のところNTTエレクトロニクスの製品以外では存在しない。

　こうした研究成果が生み出された背景には，この分野におけるNTTの長期的な研究蓄積が存在する。同社には固定電話の時代から数十年にわたる音声符号化に関する技術開発の蓄積があり，他方でファクシミリに始まりJPEGやMPEGに至る映像データの符号化技術も豊富である。さらにインターネットのテキスト処理，日本語などのメディア分析処理，LSIの研究も蓄積されていた。しかし研究蓄積の存在が直ちにIPTVで利用しうる技術へと結実するわけではなく，放送局が要求するさまざまな技術的な要件をNTT側が十分に把握した上で開発する必要があった。NTTは従来から放送局と取引関係があり，技術開発の面でも情報を共有できる緊密な関係にあった。映像圧縮のICチップはIPTVサービスのためにカスタム化されたものであり，同社に蓄積された回路技術や画像処理技術にさまざまなビジネス要件を盛り込んで開発しているのである。この過程で重要な役割を果たすのが，需要家である放送局と事業会社と研究所の間における情報の橋渡しをするプロデューサーであった。また映像圧縮技術にとどまらず，IPTVの実用化には多くの周辺技術の開発が必要であり，プロデューサーによる関連部門との相互調整が不可欠であった。そこで次にIPTVのプロデュース活動を見てみよう。

3.3　IPTVの実用化過程におけるプロデューサーの調整機能

　IPTV事業は，プロデュース組織の中でもコンテンツ流通部門という映像配信に関する事業プロジェクトのグループに属しており，チーフ・プロデューサー1名のもとに4名のプロデューサーが配属されている。プロデューサーには放送業界と仕事をした経験を持つ人材を登用している。放送技術と通信技術を組み合わせたサービスの創出に際しては，ユーザー側すなわち放送業界側のニーズを的確に把握することが絶対的に必要とされており，そうした能力を持つ人材を登用することがプロデュース活動の充実化には欠かせない。

　映像データを光ファイバー網で配信するためには，データ圧縮技術のほかにも解決されるべき技術課題があり，加えてそれらの標準化を必要としていた。

これをNTTでは「システム」もしくは単に「枠組み」と呼んでいるが，その内容は以下で述べられているように実に多岐にわたる。

　「その技術（圧縮技術——筆者注）とともにもう1つ重要なのは，IPで放送番組を流すシステムを作り上げたということですね。地デジで実際流れている情報を見てみると，映像だけではなくて番組表の情報やデータ放送など，すべて多重された信号なんですね。連続した信号が電波に復調されて伝送されているんですけれども，それを今度はIPというパケットの中に閉じ込めて，かつ帯域が限られている中で，それを安定的に流すということを実現しないといけない。映像の部分は圧縮しなくちゃいけないし，データ放送の部分も圧縮しなくちゃいけないし，最終的にはその全部の同期関係も保持しなくちゃいけない。あるいはパケットに誤りがあったときにそれを補正して，映像にブロックノイズが出ないようにしないといけない。それらを含めてシステムというわけです」

　このほかにもたとえば，光ファイバーは1本の線が複数に分岐されるが，その中で，同一番組を複数の家庭が視聴しているとデータ送信が重複することになり，非効率になってしまう。この無駄を解消するためにデータをコピーすることで，1本の光ファイバーで送信されるデータ量を削減することが可能になった。さらに映像データに付随して，映像タイトルや放送時間，著作権管理などに関するメタ・データと呼ばれる情報があり，それらの記述方式も標準化できなければIPTVとして配信することはできない。このようにIPTVのサービス事業化に必要な技術的課題を網羅的に検討し，システムとして構築することがプロデューサーの主要な仕事であって，サイバーソリューション研究所およびサイバースペース研究所に対して研究テーマを指示し，それらについての研究費の配分を決定するほか，それぞれの研究活動が全体としてバランスよく進捗しているかどうかのチェックも行っている（図6-3②）。

　事業化の決定は事業会社であるNTTぷららが行うことになるが（図6-3③），既述のようにプロデューサーと事業会社は計画段階から意見交換を繰り返している。このほか，IPTVの事業化については光ファイバーによる次世代ネットワークを使用することから，NTT東西とも連携を図りながら進めてきた。実用化開発（図6-3④）についても，既述のように研究所からの開発支援が与え

られるが，このような研究所と事業会社の調整役をプロデューサーが担っている。

　「NGN のサービスを提供するのは（NTT——筆者注）東西ですし，結果的に IPTV を事業化するのは NTT ぷららになりましたけれども，それらとも同期しながらやってきました。同期させるためにはプロデューサーが大きな役割を果たすんですね。研究所の人間は研究に時間を割きたいのに，事業会社と同期をするために会議でしょっちゅう駆り出されたらたまんない。そういうところを調整する役割としてもプロデューサーの存在は重要です」

　地デジ IP 再送信はシステム構築という技術問題の解決だけでなく，放送局や家電メーカーとの協力関係を構築しなければ実現しないサービスである。NTT 内部での研究部門と事業会社の橋渡しだけでなく，企業を越えた領域においてもさまざまな意見調整が必要なのである。プロデューサーの努力はむしろ，そこに傾注されてきた。

　放送局との関係については，再送信同意の獲得へ向けた交渉が重要な仕事となった（図 6-3 ⑤）。放送局は県域ごとに与えられる免許によって事業を営んでいるため，NTT ぷららが放送局の映像を配信するには，そのための同意を取りつけないといけない。ところが NTT ぷららの IPTV は光ファイバーのインターネット回線を利用して番組を配信するため，技術的には各テレビ局の放送地域を越えた事業活動が可能であり，このことが地方テレビ局の経営に与える影響が懸念された。そこでプロデューサーは放送局と地デジ IP 再送信のあり方について意見調整を行い，映像配信サービスの領域を放送局に合わせることになった。技術的な可能性を追求するだけでなく，関係業者との協力関係を乱さないことも求められており，その判断はプロデューサーに委ねられているのである。

　「あくまでもそれ（放送局のビジネス——筆者注）を補完するものだという（略）いろんな技術的な側面もあるし，制度的な側面もあるし，ビジネス上の制約もかけながら最終的なサービスにしたということですね。そこがまさに今までの研究所の単なる特定の技術を深堀りして研究開発していくという流れとは違う，プロデュース制があったからこその成果だったと私

は思います」

　放送局に加えて機器メーカーとの調整もプロデューサーの重要な仕事であった（図6-3⑥）。メーカーが販売するテレビ受像機にNTTのIPTV技術と適合したチューナーを搭載しなければサービスの普及は難しいからである。国内の関連企業は2008年7月に「IPTVフォーラム」を結成し，業界標準の形成に努めてきた。同フォーラムにはNTTからコンテンツ流通部門のプロデューサーおよびNTTコミュニケーションズとNTTぷららが参画し，メーカーと技術面における連携を図った。ここでNTTは自社が強みを持つ圧縮技術の標準化において主導的な役割を果たしたものの，かつてのように自主技術の採用を前提とした標準化に固執することはなかった。むしろ他企業との連携によって開発分野を集中することに力点が置かれ，開発にかかわる過剰な費用負担を回避する戦略がとられたのである。

　国内におけるIPTVの標準化が実現した結果，家電メーカー各社が同一規格のIPTVの受像機を製造販売することが可能になり，NTTにとっても事業規模の拡大が期待できるようになった。また日本国内のみならず，国際標準化機関であるITU（国際電気通信連合）に対しても国際規格の候補として同フォーラムの技術標準が提案され，2009年4月に国際規格として勧告されるに至った。それによってNTTの事業分野が国際化する展望がさらに開けることになったのである。

おわりに――総合プロデュース活動の意義

(1)　組織間の相互作用を導くキー・パーソン

　長きにわたって電話サービス事業で不動の地位を保ってきたNTTは，民営化以後の抜本的な事業転換によって総合的な情報通信事業者へと変貌を遂げつつある。そこでは定型的な事業モデルに安住することは許されず，絶えず市場との対話によって適正なサービスを創出することが求められるようになった。こうした中で同社の研究開発部門が死の谷の問題を意識したのは，ある意味で必然だったと言えよう。顧客を獲得しうる新規の情報通信サービスを創出するためには，研究所で新技術が開発されるだけでは不十分であり，それらの市場

価値を正当に評価し，また実用化に向けた各種の改良を施すことが求められた。そのためには本章の事例で観察したような，NTT グループ内に分散する研究所と事業会社の意思疎通と合意形成が欠かせず，その要にはプロデューサーが存在した。

「はじめに」でも述べたように，同社だけでなく自動車産業のような他の日本の製造業においても，企業内に分散した研究・開発・生産・販売などの組織が相互作用を発揮し，1つの製品開発目標に向かって各種の経営資源を集約するための組織を構築していることは知られている。またそこでは，重量級プロダクト・マネジャーのように，強力な開発権限を持つキー・パーソンが重要な役割を果たすことも明らかにされている。日本企業の競争力を支えるための重要な要素である，組織間の相互作用が発揮される仕組みを，民営化後20年を経たNTTがようやく自社内に構築しようと試みていることが，本章では明らかになった。プロデューサーは，事業化計画を立案すると同時に，研究所の各部門やグループに対してプロジェクトに関連する研究開発の指示を与え，予算を配分し，進捗状況を管理する。まさに事業化を進めるキー・パーソンと評価できる。

ただし，NTTでは研究開発部門と事業部門が独立した別会社になっており，プロデューサーは事業部門に対する指示命令の権限を持たない点には留意する必要がある。また，IPTVは全体的なシステム設計と映像圧縮に必要なICチップの提供はNTTが担うものの，チューナーやルーターのような他の技術については他企業が開発したものを使用しており，プロデューサーがすべての構成技術の開発状況をマネジメントしているわけではない。どちらかというとプロデューサーの努力は企業外部も含めた関係者相互の意思疎通と情報共有を円滑に進めることに注がれ，また自らも意思決定プロセスの参加者となることで事業化を一定の方向性へと導いていくことになる。つまりNTTのプロデューサーは組織間の相互作用を導く調整者としての役割も併せ持つのである。

(2) 長期的かつ漸進的な研究開発活動の「守護者」

本章で取り上げたIPTVは既存のインターネットやケーブル・テレビを介した映像配信サービスと比べ，画像精度や伝送する情報量において圧倒的な技術

水準の高さを誇っている。その基礎部分には同社が開発を主導した映像圧縮技術があり，それは長期にわたる音声もしくは映像の符号化技術やLSI開発の蓄積に裏づけられたものであった。IPTVに限らず携帯電話や光ファイバーなどの分野でも，NTTは基礎技術の蓄積を数十年にわたって進めてきたが，これらは必ずしもサービス化の目途を具体的に検討されていたわけではなく，技術的課題を1つずつ克服するプロセスとして漸進的に研究が進められてきたのであった。

　情報通信サービスが顧客に提供される段階では，市場の動向を十分に踏まえたものでなければならないことは言うまでもないが，それを支える根本的な基礎研究開発が疎かにされれば，NTTの競争力は根底から崩れてしまうだろう。しかし一方では，冒頭でも述べたように同社の経営環境は良好とは言い難く，厳しい予算制約のもとで，直ちに利益を生み出さない基礎研究開発の維持存続を手放しで許容するほど盤石ではない。そうした中で長期的視点に立った基礎研究開発を社内に残すためには，基礎研究から派生した技術を収益に結びつける「確率」を少しでも上げていくことが重要ではないかと思われる。その役割はプロデューサーに大きく委ねられている。基礎的な研究は実用化研究と異なり，応用範囲が必ずしも情報通信分野には限定されない。そのため市場価値があるかどうかを見極めるためには，より幅広い見地から判断することになり，それだけプロデューサーにも「技術の目利き」として高い能力が求められる。第1節で述べたように，同社の技術者のキャリアは3つの総合研究所を越え

10）ただし，これを「技術革新」と評価するかどうかは本章では留保せざるをえない。これまでの社会にまったく存在しない新しい製品やサービスの登場を技術革新と呼ぶならば，ケーブル・テレビやインターネットを介したアクトビラのような映像配信サービスがすでに存在するからである。高画質映像や携帯電話との連携が可能になる利便性が，新しい市場を創出するような大きな変化をもたらすかどうかを吟味する必要がある。

11）たとえば，石黒［2004］は，NTTの国際的な研究開発力の高さを評価する一方で，民営化以後の経済性重視の傾向によって，その成果が過小評価されつつあることを危惧し，同社の競争力を技術の視点から見なければならないと主張している。なお，金によれば，高度成長期の電電公社においても事業体として予算制約を意識した研究開発は行われており，信頼性だけでなく経済性をも重視したIC開発を進めた点が，アメリカの軍事技術開発とは大きく異なることを指摘している（金［2006］56-64頁）。しかし高度成長期までの安定した固定電話サービス事業と比較して，民営化以後の事業悪化を経験しているNTTの予算制約はより一層厳しいものであると推察される。

て異動することはないという。これは技術体系に適ったものであるというが，将来的なプロデューサーの育成を考えるとき，研究分野の壁を越えたキャリア形成が必要になってくるのではないかと思われる。

他方で，総合プロデュース活動によって研究開発の成果が実用化に結びつく確率が向上することは，次の発言にも見られるように研究所の技術者にもよい影響を与えている。

> 「研究者のサイドから言えば，いろいろ発明するし学会でも発表するし，論文も書いたりはするんですけど，自分たちが開発した技術が世の中で使われるというのは非常に強いモチベーションになるんですよ。(略)電話事業は確立されてしまっていますから，まあその中で淡々とやっていく部分というのもあるんですが，いま尋ねられた総合プロデュースの中で作っているビジネスというのは皆新しいもので，これから新しいユーザーを開拓していくものなので，自分たちが作った技術が世の中で使われていくのを体感できるという意味で，モチベーションが高くなるというのは，(研究者への)1つのフィードバックとして大きいですね」

私企業として収益増大に貢献するだけでなく，さまざまな技術成果を通じて社会の発展に貢献しているという実感も技術者にとっては大きなモチベーションとなるだろう。NTTのような公的な性格を持つ研究機関では，そのような特性をより強く持っていると思われる。こうした面からも総合プロデュース活動は同社に大きな影響を与えているのである。

最後に，研究開発の問題からは離れるが，今後検討すべき重要な問題を述べておきたい。それはNTTの新規事業が同社の雇用維持にどこまで貢献しうるかを吟味する必要があるということである。固定電話からNGNへの転換に対して，従業員に求められる職務内容や技能はどのように変化するのであろうか。また同社ではそれに対してどのような人材養成をしようとしているのか。NTT労組も新事業分野への適応を進めることが雇用維持につながることを認識し，前向きに対応しようとしている。[12] 今回のインタヴュー対象者の間でも，

---

[12] NTT労組の情報通信基本政策で，「IP化の進展に伴うさまざまな変化に積極的に対応し，組合員の雇用確保を第一義に，NTTグループに働くあらゆる労働者を結集するとともに，積極的な雇用の拡大と，労働条件の維持・向上，労働環境の整備に努め」ることが提起されている。

新規事業の開拓は雇用維持というミッションと不可分なものであるという認識があり，その意味でIP系ビジネスの創出は労使双方の共通課題とも言えるのである。

参考文献

Anchordoguy, Marie [2001] "Nippon Telegraph and Telephone Company (NTT) and the building of a telecommunications industry in Japan," *Business History Review*, vol. 75, no. 3, pp. 507-541.

Auerswald, Philip E., and Lewis M. Branscomb [2003] "Valleys of death and Darwinian seas: Financing the invention to innovation transition in the United States," *Journal of Technology Transfer*, vol. 28, no. 3-4, pp. 227-239.

Clark, Kim B., and Takahiro Fujimoto [1991] *Product Development Performance: Strategy, Organization, and Management in the World Auto Industry*, Boston: Harvard Business Scool Press.（藤本隆宏＝キム・B. クラーク〔田村明比古訳〕[1993]『実証研究 製品開発力――日米欧自動車メーカー20社の詳細調査』ダイヤモンド社）

藤本隆宏 [2003]『能力構築競争――日本の自動車産業はなぜ強いのか』中央公論新社。

石黒一憲 [2004]『国際競争力における技術の視点――知られざるNTTの研究開発』NTT出版。

情報通信総合研究所編集 [2006]『NTTグループ社史――1995～2005』日本電信電話社史編集委員会（NTTホームページ）。

金容度 [2006]『日本IC産業の発展史――共同開発のダイナミズム』東京大学出版会。

宮津純一郎 [2003]『NTT改革』NTT出版。

中川靖造 [1990]『NTT技術水脈――巨大実用化研究所に賭けた男達』東洋経済新報社。

根本光一 [1992]「電気通信事業と通信機器メーカーの関係とその展開――電電ファミリーの形成と変容に関する一考察」『研究年報 経済学』第53巻第3号，443-467頁。

日本電信電話公社技術局電気通信技術開発史編集室編 [1976]『電気通信自主技術開発史 交換編』電気通信協会。

延岡健太郎 [2006]『MOT「技術経営」入門』日本経済新聞出版社。

NTT R&Dの系譜出版委員会 [1999]『NTT R&Dの系譜――実用化研究への情熱の50年』NTTアドバンステクノロジ。

沼上幹 [1999]『液晶ディスプレイの技術革新史――行為連鎖システムとしての技術』白桃書房。

行松健一・石井健一郎 [1987]「日本電信電話（株）電気通信研究所における研究者教育」『応用物理』第56巻第4号，479-482頁。

郵政国際協会電気通信政策総合研究所編 [1994]『日本の情報通信分野における研究開発体制の歴史的変遷――NTTの研究開発活動を中心として』郵政国際協会電気通信政策総合研究所。

第7章

ソフトウェア産業における経営スタイルの革新
カスタム・システム開発を支える人事システム

藤田 英樹・生稲 史彦

プログラミング言語の最新版に見入る（写真提供：EPA/時事）

はじめに

　なぜ日本のソフトウェア産業は，競争力が低い，産業としての魅力がないなどと言われるのだろうか。その理由はおよそ，国内で形成されていた多重下請け構造が，オフショア開発という形で海外に移植され，多くの日本企業が加速度的にコードを書く現場を手放してきてしまったことに求められる。ソフトウェア開発における「ものづくり」の現場とそれを支える人材とが，急速に失われつつあるのだ。

　それでは，ソフトウェア開発の中心的な技術を担う人材，つまりプログラマを惹きつけ維持し，育てることができる人事システムとはどのようなものなのか。その人事システムを前提として，企業としてのパフォーマンスを引き出すにはどのような経営あるいは管理の仕組みが必要なのか。後出のB社は，ソフトウェア開発の「工業化」と名づけた一連の取組みにおいて，ものづくりの現場とプログラマをマネジメントの範囲内に維持することで，企業としてのパフォーマンスを高めるための経営スタイルを確立しようとしている。

　B社を対象として詳細な事例研究を行った結果，日本のソフトウェア産業が抱える問題点は，企業の内部だけでなく企業間関係においても公式組織（Barnard [1968]）が成立・存続しづらくなっていることに起因するのではないかとの示唆が得られた。一般に「組織」と言われるとき，その意味・用法は非常に多様である。そのことが組織についての議論を混乱させている。そこで本章では，組織の本質を厳密に定義していると考えられる，バーナードの「公式組織」という概念を用いることにする。

　B社の人事システムは，戦後の日本企業がつくり上げてきた日本型年功制，職能資格給制度によく似た処遇制度を採用しており，プログラマの終身コミットメントを引き出し，モチベーションを維持するという観点からは非常に自然なシステムとなっている。このためB社内部においてはコア技術の蓄積が可能となるから，開発プロセスを適切に設計・管理し，コア技術を有効に活用するための仕掛け――「工業化」――を工夫することで，QCD（品質: quality，コスト: cost，納期: delivery）すべての面で安定的にソフトウェアを開発すること

ができるようになるのである。従業員を組織に参加させ，彼らの貢献が企業としてのパフォーマンスにつながるような仕組みをつくり上げるのは，公式組織を成立・存続させるという，まさにバーナード（Barnard [1968]）が主張する「経営者の役割」にほかならない。

　組織とはそもそもネットワークの概念なので，企業間関係に着目してみればベンダー（受注）企業もクライアント（顧客）企業も企業の境界を超えた公式組織の（潜在的）参加者ということになる。「超企業・組織」を成立・存続させることができれば，両者の満足度の向上は同時に達成が可能なのである。B社が実践しているように，企業という境界の内部において公式組織を適切に設計し運用すること，すなわち人事システムを中核に据えた経営スタイルの革新によって，従業員だけでなくクライアント企業の満足度の向上も可能になると考えられる。

　日本のソフトウェア産業が直面する課題のいくつかは，実は組織の問題だったのである。1つは企業内の公式組織——開発組織とそのマネジメント，従業員の処遇と育成——の問題であり，もう1つは超企業・組織——クライアント企業との関係——の問題である。公式組織を成立させるには，なによりもまずコミュニケーションが重要である。リッチなコミュニケーションを基盤にして，超企業・組織においても公式組織を成立・存続させることで，こうした課題は解決されるであろう。

　すでに指摘したように，B社がつくり上げた経営スタイルは，多くの日本の大企業がこれまでに構築してきたものとほとんど同じものである。日本のソフトウェア企業がなすべきことは，アメリカに代表される海外企業の経営スタイルを闇雲に取り入れることではない。日本企業がもともと持っていた優れた経営スタイル，組織能力を再評価し，それらを自社の置かれた状況に応じて修正し活用していくことである。

1）　この用字法は高橋 [2000] に倣ったものである。

1 本章の位置づけとねらい

本章では，ソフトウェア開発あるいは産業に関する既存研究とは，やや異なる視点から調査事例の分析を進めていく。そこで，既存研究においてどのような知見が得られたのかを大まかにまとめ，本章の位置づけについて検討しておくことにしよう。

1.1 ソフトウェア産業に関する既存研究[2]

ソフトウェア開発を対象とした研究は，経営学の分野では1990年代に始まる。ソフトウェア・エンジニアリングの成果[3]を部分的に受け継ぎつつ，経営学独自の視点を加味した研究である。企業で行われているソフトウェア開発とはどのような活動なのか，それを効果的，効率的なものとし，企業のパフォーマンスを向上させるためにはどのような施策が必要なのかということが議論の中心であった。

その嚆矢となった代表的研究は，Cusumano [1991] である。同書では，日立，東芝，NEC，富士通といった企業が，1960年代から80年代にかけて行ったソフトウェア開発とそのマネジメントの革新を中心に，ソフトウェア開発の事例を調査した。その後，法人，個人を問わずにパーソナル・コンピュータ（パソコン）が急速に普及し，それに伴ってパソコン向けのパッケージ・ソフトウェアが多数発売されると，同分野のリーダー企業であるマイクロソフト社を研究対象とした Cusumano and Selby [1995] が発表される。1990年代後半には，インターネット利用の爆発的とも言える普及とそれに伴う変化を踏まえて，インターネット用ソフトウェアを対象とした研究成果 Cusumano and Yoffie [1998] が発表された[4]。Cusumano [2004] では，1980年代から続けてき

---

[2] 以下，本項の前半部分は立本 [2002] のサーベイによる部分が大きい。
[3] 初期のソフトウェア・エンジニアリングに関する代表的著作としては，Brooks [1995] があげられる。
[4] インターネット用ソフトウェアに関するクスマノと同様の知見は，エンジニアリング的バックグラウンドを持つイアンシティの一連の研究（Iansiti and MacCormack [1997], Iansiti [1998]）でも確認されている。

たソフトウェア産業，ソフトウェア企業に関する研究成果がまとめられている。ソフトウェアの開発に関する研究はエンジニアリングだけでなく，経営学など社会科学からのアプローチが有用であり，必要であるとする Cusumano [2004] のメッセージは，本章の主張と合致するものである。

また 1990 年代中盤には，開発活動にインターネットを利用したソフトウェアが多数現れる。これらのソフトウェアを対象とした研究の代表格が，Linux という成功事例に触発された OSS（open source software）に関する研究である。OSS に関する研究は Raymond [1997] が 1 つの契機になったと言える。OSS に関する多様な問題意識に基づく研究は，*Research Policy* の特集号にまとめられている。Von Krogh and von Hippel [2003] では，OSS の現状と歴史を概説するとともに，OSS の研究に際してどのような問題意識，研究アプローチがありうるかを述べている。

このように，ソフトウェア開発に関する研究は，コンピュータ産業，ソフトウェア産業の先進国であるアメリカの研究者によって主に進められてきた。だが，日本企業の事例に基づいた研究も発表されている。たとえば，Baba, Takai and Mizuta [1995] は，日本のソフトウェア産業の産業構造を分析し，その問題点を指摘した。また，伊丹・伊丹研究室 [1996] は，日本のコンピュータ産業の実証研究の中で，ソフトウェア産業の弱さとその要因を指摘している。妹尾 [2001] はカスタム・ソフトウェアとパッケージ・ソフトウェアを開発している日本企業の事例に基づいて，主に開発を指揮するリーダーシップの観点からソフトウェア開発の再検討を迫っている。Linux に代表される OSS についても，高橋・高松 [2002] が UNIX との関係に着目して歴史的な記述，分析を行い，Linux の成功要因，および OSS の可能性と限界を考察している。また，日本企業が比較的高い国際競争力を持つとされている家庭用ゲーム機向けソフトウェアの事例については，立本 [2003a, 2003b] などが知見を得ている。

1.2 本章の目的

このように，ソフトウェア産業，とくにその中心である開発活動に関しては，一定の蓄積があり，現在もその研究は増え続けている[5]。しかしながら，既存研究に対してはいくつか問題点を指摘することができる。たとえば，これまでの

ソフトウェア研究が，研究対象である IT 産業，ソフトウェア産業の変化の速さもあって，常に「最新の」事例を対象としていることである。さらには，日本企業，日本のソフトウェア産業に関する研究の少なさである。

このような研究上の観点からだけでなく，実務に近い観点からも既存研究には補われるべき点があると考えられる。それは，日本のソフトウェア産業，企業を評価する軸の再検討の必要性である。

日本のソフトウェア産業に対しては，その輸出入の実績，各社の収益性といった指標で評価され，国際競争力は低く，抜本的な改革が必要だと主張されることが多かった。しかしながら，このような視点で日本のソフトウェア産業を調査し，分析することが果たして有用なのだろうか。換言すれば，日本のソフトウェア産業の今後を考える際，そこで営まれる業務がアメリカなどの企業と同等になるべきだ，という視点は本当に有効なのだろうか。われわれの疑問はここから始まっている。むしろ，日本のソフトウェア産業を記述，分析するに際しては，顧客満足や従業員満足，ソフトウェア産業が他の日本企業にもたらす影響，他産業を下支えする効果まで視野に入れ，その是非，特長と課題を抽出すべきではないだろうか。

さらに踏み込んで考えると，常に企業は収益性の向上だけを目指して活動し，業務遂行の仕方を工夫すべきなのだろうか。収益性の向上だけを求めるのではなく，企業の存在意義こそが今後は求められることになると，われわれは考えている。近年の急激な変化の中で声高に主張されるようになった，企業の価値，存在意義を収益の獲得のみに一元化しようとする動きは，行きすぎた単純化として矯められるべきであろう。それはあたかもこれまでの日本企業が，従業員に高い賃金ではなく，生活費保障給的な意味合いを持つ給与を保証し，仕事での成果に対しては賃金という外的報酬ではなく，仕事そのものの面白さ，やりがい，誇りなどによって報いてきたことと重なる。すなわち，企業という社会的主体も，存続に必要な最低限の収益を確保しつつ，従業員と顧客に本当の満足の向上をもたらすような活動，業務遂行の仕方を模索すべきではないかと考える。

5）たとえば，Free/Open Source Research Community（http://opensource.mit.edu/home.html）には，多くの論文，ディスカッション・ペーパーなどが提示されている。

このような立場は現実的ではない，という批判はあるだろう。それでも，収益性を重視するアメリカなどの企業の姿を視野に入れ，それらとは異なる企業のあり方が成立可能であるかを検討し，提示したい。逆説的なことに，収益性で劣っていると言われ，自らもそのように認識している日本のソフトウェア企業，中でも企業向けのカスタマイズド・ソフトウェア（特定企業の業務に合わせて構築したシステム，カスタム・システム）の分野に，その手がかりがあると考えられる。そこで，日本のソフトウェア企業の事例調査を行い，日本のソフトウェア産業が持つ「真の」強さを見極めたい。それを踏まえて，ソフトウェア産業の今後を考えていくこととする。

2 | A社の現状と課題

2.1 調査事例の概要

本章で調査対象とするA社は，1950年代からコンピュータ・ハードウェアを提供し始め，ハードウェアとともにソフトウェアやシステムも提供し続けてきた日本のコンピュータ産業，ソフトウェア産業の代表的企業である。その事業範囲は，ハードウェア，ソフトウェア・サービス，電子デバイスと多岐にわたっており，その中には企業向けのシステム開発も含まれる。

A社については，2007年にインタヴューを行った。本章の問題意識を提示し，それをA社の現状，認識されている課題と擦り合わせ，調査対象であるA社とわれわれとの双方にとって意味のある調査を行うためである。続いてわれわれは，2008年から09年にかけて，A社の子会社であるB社の事例を調査した。B社はA社グループ内で特徴的なソフトウェア開発管理をしている企業であり，日本の優れた製造業の思想を，ソフトウェア開発の実践に結びつけている事例だからである。

2.2 A社のソフトウェア事業の課題

A社へのインタヴューから，同社の企業向けカスタム・システムが抱える2つの課題が見出された。第1の課題は，A社に相応しい案件，クライアントとの関係を見定めることである。どのようなクライアント企業から，どのような

案件を引き受け，A社としての競争優位を構築すべきか。環境変化に対応しながら，このことを見直し続けていくという課題である。

第2にあげられるのは，人材育成の失敗，断絶である。一時的にせよ，環境変化の中で，過去に培った企業能力，ノウハウのどのような部分，いかなる仕事が，次代に引き継ぐべきものであるかをA社は見失った。それゆえ，絶えず押し寄せる新しい変化の中で，新たに培い，伸ばすべきノウハウは何かということも，明確に繰り返し問い続けていく必要がある。そして，技術，環境の変化の中で自らを捉え，挑戦し続けていく姿勢をもって，従業員，とくに開発を担う人材にとっても，クライアントにとっても，有意義な人材育成をしていく，という課題である。

これらの課題のうち，第2の人材育成について，まずは考えていくことにしたい。A社のグループ内で人材育成，人事システムを中核とした経営スタイルの革新に成功していると考えられるB社の事例が，この課題に対して示唆を与えてくれると考えられるからである。

2.3 B社の概要

B社は，A社の100％子会社であり，Java，EJB（Enterprise JavaBeans）のアプリケーション開発専業会社である。資本金1億円，2007年度の売上高は27億円，社員数は2009年6月現在で290名である。B社は，2002年4月に設立された地域別子会社が，2004年4月に統合，整理され，設立された。[6]

その当時，A社の内部でも「ものづくり専門の会社」をつくるコンセンサスが形成され，いくつかの子会社が設立された。こうしたコンセンサスを背景にして設立されたB社は，開発，開発技術に特化している。すなわち，営業・提案などのクライアント企業とのやりとりは，基本的にA社本体か，A社の関連会社が行い，B社はA社およびA社のグループ企業から受注する。[7] 技術的にはJavaベースのシステムを構築する企業であり，プログラミングを主たる業務としている。

---

6) 以上の情報は，B社のウェブサイトから引用した。ウェブサイトの確認日は2009年7月19日である。
7) ただし，保守を担うため，クライアント企業とのコミュニケーションはある。

B社のように開発，開発技術に特化した子会社が存在する背景には，A社の従業員，とくにシステム・エンジニア（SE）はマネジメントや管理をしなくてはならず，プログラミングをする暇がないという現状がある。すなわちA社は，ソフトウェアに関するものづくりの現場を外に任せている状況にある。B社の社長であるX氏も「ものづくりの根底のところを外の会社に任せていることになるが，それで製造業と言えるのか」「A社はコードを書くことを手放してきてしまったのかもしれない」という意識を抱いている。そこで，B社ではIT産業の将来を考えてものづくりを重視し，とくに「プログラマという職業の価値を上げなければ，企業としての足腰が弱くなるだろう」という危機意識に根ざした経営を行っている。

3　経営スタイルの革新──B社の事例

　X氏によれば，現在，システム・インテグレーションには大きく2つの問題があるという。1つは，クライアント企業の要件定義の問題である。クライアント企業内で立場が異なり，経営者，利用者，情報システム部門の意識が合っていない場合がある。さらに，過去に構築したシステムについて知識を有する人材がいなくなっている。そのため，現状では構築時のシステム要件がブラック・ボックス化し，クライアント企業にも「システムがわかっていない」問題が発生している。

　もう1つは，ベンダー側の問題，システム開発ベンダーの「ものづくり力」の問題がある。第1に，開発を受託する際の見積りが甘く，見積金額の妥当性が不明なため，設計，開発，試験の各ステップのうち，設計段階で問題を先送りしてしまい，試験段階でコストが倍増してしまう。第2に，開発マナーが悪く，開発の現場に「やらされ感」がある。第3に，多重下請け構造の問題があるため，ノウハウが蓄積されにくい。

　こうした現状の課題に対処するため，A社全体では設計，開発，保守，SEワークスタイルの4点について革新の取組みを進めている。その中でB社は開発部分のワークスタイル改革を推進している。すでに述べたように，A社のグループ内には，設計のみの企業が多いが，B社は開発に事業を特化させてい

る。そのため，開発の革新がB社の役割となり，開発側の視点でQCDを改善することを目指している。そして，B社は徹底的にものづくりの現場にこだわり，ソフトウェア産業における「工業化」への取組みを行っている。その際，自動車などの他産業の取組みから，「真似る」ことよりも「真似ない（真似られない）」ことは何かに留意するように心がけ，常に原理に遡って考えてきたという。

3.1 ソフトウェア開発の「工業化」

B社における「工業化」とは，ソフトウェア開発にトヨタ生産方式（TPS）の思想を導入することを意味している。ソフトウェア開発にTPSの思想を導入するというのは，「人が主役」「徹底したムダの排除」という考え方を基本に据え，プロジェクト前の教育を充実させ，技術論であるソフトウェア・エンジニアリングとマネジメントの結合を図ることを意味している。

これらのことを実践するためには，ソフトウェア開発のパラダイム変革が必要であるという。従来は，水平分業的な，属人的で個人に依存するマネジメントであった。それは，人に業務を割り当てる意味で「人中心のマネジメント」であった。そのため，個人別の進捗管理，品質管理が行われ，個人のスキル中心となり，末端の技術者が1000人というレベルでは統制，ガバナンスが不可能になっていた。そこでB社は，ソフトウェア開発を垂直分業的に「工業化」することにしたのである。B社ではこの開発方式を「プロセス型のソフトウェアファクトリ」と呼んでいる。[8] この背景には，品質を担保するには垂直分業——開発プロセスの設計と管理の間で分業を行い，設計と管理を同時並行的に進めること——が有効であるという認識がある。

具体的に，垂直分業の開発プロセスでは，標準化，訓練，開発プロセスの設計向上を進め，設計された開発プロセスに基づいて進捗管理を行う。さらに，プロセスを遂行するための技術マネジメントを行い，プロセスに人を割り当てる場合に必要な個人に対するトレーニングなども組織的に行う。プロセスを中心にし，プロセスに人を割り当てるマネジメントは，「つくっているものは違

---

8)「プロセス型ソフトウェアファクトリ」については，元京都大学大学院教授松本吉弘氏のウェブサイト（http://blues.se.uec.ac.jp/mi-tech_sftlab/）を参照されたい。

うものの，発想としてはファミリー・レストランやファースト・フードと同じ」であるという。なぜなら，工業化の基本は「規格化」であり，ソフトウェアに則して言えば「ソフト開発の型」を決めることを意味するからだという。

そこで，B社ではアプリケーション（アプリ）の方式・開発プロセス，設計書の標準化によって，正しい型を決める「型決め」と，それを運用する「型を守る」ことを重要視している。ただし，この「型」は柔軟性を持っており，ソフトウェア開発プロジェクトや案件を契機として継続的に見直されている。これを「知恵の共有」を前提にした組織的開発と見ている。こうした垂直分業的な「工業化」，ソフトウェア開発のガバナンスの徹底により，QCDの改善を確実なものにしようというのが，B社のソフトウェア開発における基本的な考え方である。

この工業化のために，B社では，「4つの約束事」と「6つの仕掛け」を設定している。開発者が守るべき「4つの約束事」とは，①人月ではなく時間で考える，②仕事票は毎日正しくつける，③データで（データに基づいて）議論する，④決められた場所に格納する，というものである。それを支える「6つの仕掛け」とは，ⓐファンクション・ポイント（FP）法を改良したファンクション・スケール（FS）法[9]，ⓑプロセス設計・基準時間の設定，ⓒ分割と並行開発の実施，ⓓ設計書の規格化などのドキュメント標準化，ⓔソフトウェアの自動生成，ⓕ作業実績管理システムの運用，である。

この中で，仕事票は原価計算（開発コスト把握）の基礎となるものである。仕事票は，オーダー（受注案件）を担当業務，作業工程，作業項目単位に細分化して作成される。そのように作成された仕事票に，実際のプロジェクトの進捗，プログラム，ドキュメンテーション，作業といった実績を記述していく。これによって，開発活動の原価の正確な把握が可能となっている。また，基準時間とは実際の開発活動の計画，進捗管理のために設定される，分割されたプロセスの開発にかかる時間である。基準時間の算定の基礎となり，見積りの基

---

[9] FPは，ソフトウェアの規模をファンクション（機能）に基づいて定量化する手法である。FPを用いることで，適正なソフトウェア規模の見積りおよび開発活動の進捗管理が可能になると言われる。FSは，A社がFPの簡易版として開発した，ソフトウェアの機能規模の測定法である。

礎ともなる，個々のプロセス開発にかかる時間は標準時間と呼ばれる。標準時間に FS，当該プロセスに割り当てられた人員のスキル，習熟度が加味され，基準時間が設定される。さらに，基準時間と実際に費やした時間の差が，差異分析，標準の見直し（改善活動）に役立てられる。

3.2 プロセス管理の概要——見積りと改善活動

　B 社におけるソフトウェア開発の工業化は，具体的にどのように実践されているのであろうか。より詳しくその内容を見ていくことにしよう。

　まず B 社では，出来高規模ベースの見積りをせず，FS で機能規模の測定を行う。次に FS を常時測定して，クライアントにもそれを説明し，継続的にプロジェクトの規模の測定，進捗管理を行っている。FS の測定は，プロジェクト中は毎日進捗管理として，プロジェクト終了後にはプロジェクト全体の「振り返り」として行われ，B 社全体としては定期的に「生産性対策会議」が開催されて報告と検討が行われている。

　同時に，FS に基づいて作業を細分化，詳細化し，ソフトウェア開発のプロセスを可視化している。プロセスの可視化にあたっては，プロセスの定義，基準時間の設定，仕事票での個人の作業内容の管理，事前と事後で FS を計測して比較検証する差異分析（計画と実作業の差の分析）を踏まえた標準の見直しが行われる。加えて，開発現場での異常検出のために作業標準化が進められている。さらに，FS に依拠してソフトウェア開発活動の仮説構築，挑戦（実践），開発成果の「見える化」，標準の見直しが行われ，自律的な改善活動が行われている。自律的な改善活動をより細かく見ると，計画，準備，教育，量産試作，量産，振り返り評価（技術評価），改善，そして計画というサイクルが回っている。これは，製造業において PDCA（plan → do → check → action）サイクルによる改善活動が行われることと同等である。このような標準化，可視化，改善活動を繰り返して，ノウハウを蓄積し，「課題をいかに早く見つけるか」に

---

10) 量産試作は，ソフトウェア開発である量産に先立って行われ，3 人・2 週間程度で行われる。その目的は，システムの動作確認ではなく，プロセスが動くかどうかの確認である。これを踏まえた量産は 100 人・3 カ月程度の規模で実施される。こうした量産試作は，トヨタでいうところの初動確認に該当するという。

焦点を当てることにより，結果として作業時間の見積り精度が上がる。そのため，不正確な見積りが避けられ，従業員が余計な残業をしなくて済むようになっているという。

3.3 人的資源管理

こうしたソフトウェア開発の管理を実際に運用する上で，B社は人材の育成，処遇をどのように行っているのであろうか。続いて，それを見ていくことにしよう。

人事システムの基本思想

B社の給与体系は，基本的にA社と同じである[11]。ただし，処遇は長期的なモチベーション，個人の方向感に影響を与える。そのため，B社独自の人事システムが構築，運用されている。

X氏がB社の人事システムを構築するにあたり，当初は出来高制も考えた。だが，「プログラミングは出来高で測れない」ことを認識し，公平性を保つために出来高制を採用しなかった。さらに，出来高制は管理コストがかかりすぎるために現実性がないと考えたという。他方，A社の人事制度の長所と短所，他のソフトウェア・ハウスの問題や矛盾点，長所と短所の把握を踏まえ，独自の人事システムを構築した。こうした配慮，洞察に基づくB社の人事システムは，「スキルと昇格の関係の明確化」が基本思想である。

スキルに基づく処遇

B社では，個人ごとにスキルの認定を行い，人事システムを運用している。その評価システムの概要は，職能資格給制度に近い査定を行い，その査定方法は昔の年功制に似ている。より詳しく述べると，プログラミングスキル・レベル（PL）による個人のスキル認定が行われ，そのスキルに基づく育成と処遇が行われている。PLは1人ひとりのスキルシートに記載されている。この評価ランクによって仕事（係数）が変わり，リーダーになれるかどうかも決まる。

PLという形で個人のスキルを測定し，それに基づいて育成と処遇が行われるのは，開発活動がプロジェクト・ベースだからである。短ければ2〜3カ月

---

11) A社本体との人事交流もあるためだという。

おきに上司にあたるプロジェクト・マネジャー（PM）は変わるため，個々の開発者がプロジェクトに参加して戻ってくると，状況がわからなくなることが多い。そこで，プロジェクト・ベースではなく，部長クラスの上司である「親」がスキル認定を行い，従業員の能力，育成の状況を把握する。さらに，「スキルの低い人が残業をして残業代を得る」ことを避けることができる。B社では，「スキルが高い人が残業の資格を得る」仕組みなのである。スキルの認定は，以前は上司である親が一方的に決定していたが，現在は自己申告と上司との相談によって決定している。[12]

また，「スキルは変化していく」ことが徹底されている。現在認定しているスキル数は40であるが，スキルは年2回見直される。スキルの変更にあたっては，大きな変化であれば1年前に周知し，小さな変化は半年前に周知して，対応のための時間的余裕を持たせている。スキル数が40と少ないのは，A社で評価項目数が3000～4000にも上り，「上司が見てもわからない項目」があったり，「スキル保持者を検索するためのデータベースをつくっているのか，自己の成長を管理するためのものか，わからない」状況になっていたりするからであるという。すなわち，スキル数が増えすぎて誰も評価することができなくなってしまっていることに鑑みたからである。

人材育成

B社の業務は，設計，開発，プロセス管理，改善，開発技術から構成され，その中でも，開発と開発技術が二本柱である。同時に，開発のゼネラリストではなく，専門性を前提にした幅広いスキル形成を求めている。すなわち，プログラミングがその中心だが，プログラミングの能力のみではない人材の育成を目指している。

人材育成の中心を担うのは，B社内に10人ほどいて，スキル認定も行う，部長クラスの「親」である。従業員300人に対して親が10人ほどであるため，親1人当たり20～30人を見ていることになる。したがって，人事システム，人材育成のために重要な「ちゃんと見てやる」ことが可能になっている。

また，人材育成に影響を及ぼす要因には，ソフトウェアゆえの特性もあると

---

12) 今後の課題は，スキルの認定を行う親に育成責任を持たせることであるという。

いう。それは，ボーダーレスになりうること，知恵を活かせること，問題解決が創造性（クリエイティビティ）を生むことである。そこで，プログラミングを中心に据えつつ，人材の育成には開発技術，プロセス管理などいくつもの方向性を持たせている。このような複数の人材育成の方向性を前提に，B社では「出口を広くする」ことに留意している。それは，従業員が自分の進む方向を自己決定できる（社内用語では「フローティング」の）状態にしておき，好きなところへ行ける，勉強したいと思えばそれを活かせる状態をつくり出すことである。人材育成の中心を担う親と従業員との間の関係もまた，固定した関係を構築するのではなく，できる限り従業員が自己決定できる状態，「フロート」できる状況をつくり出そうとしている。

4　人事システムを中核とした経営スタイル革新の成果

　A社が認識している2つの課題——自社に相応しい案件の見極めと人材育成——の内，後者については，B社の事例が多くの示唆を与えてくれる。より明確に言えば，ソフトウェア産業であっても，従来の日本企業の雇用や業務遂行のあり方を維持しつつ，人材育成をすることが可能なのである。さらに言えば，従来のような雇用，業務を維持するからこそ可能となる人材育成，企業能力の蓄積もあると考えられる。

　ここで改めて，B社における人事システムの特徴について，ワーク・モチベーションの観点からその意義を検討し直してみよう。B社で実現されつつある人事システムへのアプローチは，もちろんプログラマについてのものであるが，同様のアプローチは他の職種についても採用可能なものばかりである。B社の人事システムにおける最大の目的は，

「プログラマという職業の価値を高める」

ことに尽きる。こうした目的が設定された背景には，日本固有のソフトウェア産業に対する社会的認識がある。アメリカやインド，中国においては，そもそもソフトウェア産業は花形産業であり，中でもプログラマという職業はプロフェッションとして，（とくに理系出身者の）憧れの的として位置づけられている。ところが日本では，ソフトウェア産業に従事することは3Kなどと言われ，職

種としてはシステム・エンジニア（SE）が尊重され，対照的にプログラマは正当に評価されない傾向がある。

B社の人事システムにおけるいくつかの要素は，こうしたことを思想的支柱として生まれてきたものである。そしてそれらは，ワーク・モチベーションとくに内発的動機づけ（intrinsic motivation）の観点から見ると，実に自然なモデルであることがわかる。以下にB社の人事システムにおける際立った特徴を列挙し，それらの意義について検討してみよう。

① 「日本型」年功制
② 残業のあり方
③ スキル認定（職能資格給制度）と昇格の関係性の明確化
④ 「フローティング・システム」と「経営者の役割」

4.1 職能資格給制度と「日本型」年功制

生産性の向上は，期待理論（expectancy theory）すなわち成果主義では説明することはできず，内発的な動機づけの1つである達成動機づけによって説明可能であるとしたヴルーム（Vroom [1995]）の結論は，もはやワーク・モチベーションの分野における常識であると言ってよい。期待理論（成果主義）では「作業者がクビにならない程度に仕事をする確率」については説明することができるが，「生産性の向上に結びつくかどうかは明らかではない」のである（Vroom [1995] pp. 212-213, 邦訳210頁，高橋 [2004] 153頁参照）。

B社の人事システムでは，当初は出来高制（まさに期待理論であり成果主義）も考慮されたが，「管理コストがかかりすぎる」「公平性が保てない」という理由から捨てられてしまった。成果主義というのは「差をつけるのに手間ばかりかかるが，あまり効果の上がらないシステム」（高橋 [2004]）だからである。つまり成果主義では，働く人のモチベーションを引き出すことはできないのであるが，その理由については高橋 [2004] や藤田 [2008] などに詳しい。それに対して，B社の日本型年功制的な処遇制度と職能資格給制度（あるいはスキル認定方法）とは，内発的動機づけのモデルからすると非常に自然なものとなっている。

そもそも日本型年功制のもとでの平均賃金カーブは，年齢別の生活費保障給

型となるように設計されている。つまり成果と賃金とを切り離し，後顧の憂いなく仕事に安心して取り組めるだけの給与を確保するという観点からつくられた賃金体系なのである。したがって，日本型年功制にしさえすれば，自然に内発的に動機づけられるというものではないが，成果主義とは違って内発的動機づけを失わせるようなことは決してない。内発的動機づけが生まれるような環境を整えるという意味で，日本型年功制のような人事システムには必然性があるのだ。

4.2　残業のあり方およびスキル認定と昇格の関係性の明確化

　その上でB社では，プログラマの内発的動機づけをどのようにして引き出しているのか。その答えが残業のあり方（②）であり，スキル認定の方法（③）にある。B社では「スキルが高い人が残業の資格を得る」ような査定方法を採用している。つまり残業は，日常的で定型的な業務を就業時間内に終えることができなかったから行うのではなく，自分のやりたい仕事，創造的で挑戦的（チャレンジング）な仕事をするために行うものとして位置づけられているのである。こうした考え方は，人は「自分が有能で自己決定的であることを感じさせてくれるような機会，つまり自分にとって適度なチャレンジを提供するような状況を追求し，自分が出会ったり，創り出したりしているチャレンジを征服しようとする」と結論するデシ（Deci［1975］pp. 57, 61-63，邦訳64, 68-70頁）の内発的動機づけの理論と非常に整合的である。

　B社の人事システムでは，スキル評価によって残業の権利の有無が決まるだけでなく，プロジェクトのリーダーになれるかどうかも決まってくる。成果主義のように，仕事の成果に対する報酬は金銭的報酬（外的報酬）なのではなく，チャレンジの機会であり，より裁量と責任とを任せられるような次の大きな仕事なのである。そしてさらに念が入っているのが，スキル認定の方法である。そこには成果主義の臭いが，可能な限り入り込まないような工夫が施されている。前述のように，A社本体のスキル評価項目は，実に3000～4000にも上り，「増えすぎて誰も評価することができなくなってしまっている」し，「上司が見てもわからない項目」までできてしまっている。成果主義によって成果を認識しようとすれば，当然こうした事態に陥ることは予想される。成果主義では可

能な限り「客観的」に成果を認識しようとするので，評価項目が膨れ上がることは当然であり，それに基づいて評価された従業員には，自分の評価がなぜそうなるのかを理解し，納得することは当然不可能になる（評価を行うほうの上司にも説明できないのだから当たり前である）。

これとは対照的に B 社では，評価項目（認定スキル）の数は 40 しかなく，しかもそれらは頻繁に見直されている。そして認定にあたっては，評価される部下本人の自己申告をもとにして，「親」である上司と部下との相談によってスキル・レベルが決定される。したがって，「客観的」で外的な要因はスキル認定において可能な限り排除され，内的報酬につながるような要素だけが残るように工夫されているのである。

4.3 「フローティング・システム」と「経営者の役割」

こうした要素によって特徴づけられる人事システムの運用こそが，B 社では「経営者の役割」として認識されている。プログラマの「フローティング・システム」もまた，内発的動機づけの理論に照らし合わせてみれば，チャレンジを提供するような仕掛けになっているのだが，X 氏はそれを「個人が生きていきたいと思うような世界観」を生み出すシステムとして位置づけている。それはまさに，状況的学習理論（Lave and Wenger [1991]）に見られるような，個人が共同体に正統的周辺参加を行い，十全的参加へと移行していく中で人格形成としての学習が行われる場をつくり出すことであり，公式組織（Barnard [1968]）を成立させ存続させることにほかならない。

つまりフローティング・システムの中で，個人はいわば理想の自分になれる（目標とする新しい人格が形成される）のであり，そうした場（共同体）をつくり出し維持していくことが経営者の役割だと認識されているのである。バーナードが提示した公式組織の成立条件は，ⓘコミュニケーション，ⓘⓘ貢献意欲，ⓘⓘⓘ共通目的であり，存続条件はⓐ組織の有効性，ⓑ組織の能率であるが，B 社ではこれらを満たすことが目指されている。

・スキル認定システム（③）を通じて，常に現場とのコミュニケーション（ⓘ）を怠らず，
・日本型年功制（①）によって貢献意欲（ⓘⓘ）を引き出し，誘因・貢献バラ

ンス（＝ⓑ能率）を維持し，
- 「会社としての成果」（＝ⓐ有効性）を経営者が引き出す（すなわち個人の努力を同じ方向に向ける＝ⅲ共通目的をつくり出す）のである。

こうした人事システムの全体が，現実のものとなり円滑に運用されることで，当初の目的であった「プログラマという職業の価値を高める」ことが可能になるだろう。職業そのものに価値や意義が明確に付与され，それに従事することで新たな人格形成が可能にならなければ，そもそも雇用（労働需要）を維持することなどできないはずである。優秀な人材を惹きつけることができなければ，国際競争力など形成されるはずもない。B社の人事システムにおける数々の試みは，プログラマという職業の意義（relevance）を見直すことを通じて，組織能力を形成あるいは維持・伸張させようとする壮大な実験の第一歩として評価されるべきではないだろうか。

5 ソフトウェア産業の今後と公式組織

5.1 国際競争に直面する日本のソフトウェア産業

次いでもう1つの課題，A社に相応しい案件とはどのようなものかについて，考えていくことにしよう。どのようなクライアント企業から，いかなるカスタム・システムの開発を受託することが，A社など日本のソフトウェア企業に相応しいのであろうか。このことを考えていく際に考慮しなければならないのは，A社が競争せざるをえない，IBMなどの海外企業とは異なる雇用のあり方である。

長期の安定的な雇用を維持しようとするのであれば，安易なアウトソーシングによる人件費，コストの削減は難しい。このことは，人件費が開発コストの大部分を占めるソフトウェア産業の技術的条件，インドや中国など，豊富で優秀な人的資源を有する国の台頭を考え合わせると，日本企業にとってコスト面での劣位を生じさせると考えられる。しかしながら，日本的雇用によって可能になる，それに基づく人材育成だからこそ可能になる企業能力の構築が不可能だと，簡単に言うべきではないだろう。コスト面での劣位をカバーするような，優れた品質の開発成果を生み出し，その開発成果を収益に結びつけられる

ようにクライアント企業との関係を構築する可能性は皆無ではないと考えられる。これこそ，日本のソフトウェア産業の過去を踏まえた競争優位の構築であり，日本企業にとって「自然な」成長の方向性であると考えられる。

より詳しく述べると，まず海外，とくにアメリカ企業とは異なる方向に目を向けることであろう。日本のソフトウェア産業を考察の対象とした Cusumano [1991] では，カスタム・システムの開発を生産のアナロジーで記述，分析し，多品種少量生産にならざるをえないカスタム・システム開発を「効率的に」遂行する点において，A社を含む日本企業の優位があるとした。これは当時，カスタム・システムを開発する場合，日本企業は価格および納期において優位性を持っていた，という認識であった。その後 1990 年代以降のアメリカなど海外のソフトウェア企業は，パッケージ化や標準化，水平分業などによって，効率性の向上を目指した。すなわち，カスタム・システムという多品種少量生産での競争を避け，可能な限り少品種大量生産を志向することで，日本企業を上回る効率性を実現し，世界的な成功を収めた。その典型がマイクロソフト社であった。アメリカなどの海外企業がとった明確な戦略に比して，それと同時期の日本企業には戦略もしくは戦略性が欠如していたと言わざるをえない。

しかしながら，今後のソフトウェア産業のあり方を考える際には，さらに異なる視点で捉えていくべきだと考える。すなわち，アメリカなどの海外企業が避けた多品種少量生産を維持し，それをいかに「効果的に」遂行するか，という戦略の有効性を検討したい。これは，コストや納期という競争指標ではなく，品質もしくはクライアント企業の要求に対する柔軟性で差別化し，競争に打ち勝つ戦略の意義，効果を再検討し，その可能性，合理性を見出すことにほかならない。

5.2 日本のソフトウェア産業の方向性

この際に1つの支えとなるのが，A社などの日本企業が垂直統合企業であることから生じる能力である。ソフトウェアの開発能力はもちろんのこと，その補完財であるハードウェアなどの開発能力を依然として有していることが，海外企業にはない日本企業の特長であろう。そうであるならば，これらの総合的な知識に，さらにクライアント企業の業務に対する深い理解を加え，自社の

「業務範囲を越えた知識」を積極的に蓄積することが重要なのではないだろうか[13]。「システムを構築する一連の業務について『全部できること』」がA社をはじめとする日本企業の特長であるならば，それをさらに積極的に伸ばし，ハードウェアやクライアント企業の業務にまで及ぶ広い知識を獲得し，それをカスタム・システムとして結実すれば，高い品質を実現し，クライアント企業の要望に柔軟に対応することが可能になるのではないだろうか。そして，それに価値を見出すクライアント企業から相応しい案件を獲得することができるのではないだろうか。

これは，単にハードウェアとソフトウェアを「バンドリング」（bundling）してクライアント企業に提示することでもなければ，いわゆる表層的な「ソリューション」（solution）の提供でもない。クライアント企業の業務について可能な限り深く理解し，場合によってはクライアント企業から教えを受けて，カスタム・システムの基本設計を行い，それに対して社内外のハードウェア，ソフトウェアに関する知識を総動員して，全体最適を実現したシステムを開発することである。社内にハードウェア，ソフトウェアの知識ベースがあるからこそできる，このような全体最適の実現，企業内での内的統合[14]の実現可能性を模索し，そのプロセスを再評価して，強化するべきではなかろうか。

ただし，垂直統合企業であることから生じるこの企業能力は，クライアント企業との望ましい関係を伴ってこそ，価値を生み出す。クライアント企業との関係が短期的で，価格に一元化された評価となることを乗り越え，クライアント企業の満足を高めることで選ばれる企業となるためには，ベンダー企業がクライアント企業によるシステムの使用過程を「シミュレーション」するだけにとどまっていては十分ではない。ベンダー企業とクライアント企業がともにシステムの使用過程，導入の効果を検討し，クライアント企業にとって満足が高まるように外的統合[15]を遂行する必要がある。これを実現するためには，ベンダー企業から働きかけて，クライアント企業との間に企業の境界を超えた公式組

---

13) 「業務範囲を越えた知識」の重要性については，東洋大学経営学部の富田純一氏とのディスカッションに基づいている。
14) 内的統合の概念は，Clark and Fujimoto［1991］に基づいている。
15) 外的統合の概念は，Clark and Fujimoto［1991］に基づいている。

織を成立させることが必要だと考えられる。そのためには，公式組織を成立させる基盤となるクライアント企業とのコミュニケーションを再検討すべきだろう。その際には，日本の自動車産業のサプライヤー・システムが好例を示しているような，長期継続的な取引関係の中で育まれ，維持される信頼関係の重要性を検討し，必要に応じて取り入れることも有意義だと考えられる。[16]

5.3 リッチ・コミュニケーションの重要性

　このように考えると，カスタム・システムの開発を遂行する日本企業の今後の企業活動，開発活動において，コミュニケーションが重要な要素になると考えられる。そこで，A社の内外におけるコミュニケーションに焦点を当てて，考察を進めたい。とくに，ベンダー企業とクライアント企業との間で交わされる豊かで，密度の濃いコミュニケーション——リッチ・コミュニケーション——の実現について考察していきたい。不可視性が高く，可変性が高いソフトウェアおよびシステムであるからこそ，その開発にあたっては，リッチ・コミュニケーションを継続的に行い，その中から得た情報を蓄積，活用して，ソフトウェアやシステムを螺旋的に向上させていくことが可能であり，必要だと考えられるからである。

　このことは，高い国際競争力を実現している日本の他産業から得られた知見とも符合するように見受けられる。市場特性，技術特性などの違いを踏まえた上で，あえて他産業の事例に共通する重要な要素をあげるとすれば，それはリッチ・コミュニケーションの存在であったと考えられる。昨今，日本企業の強みであると言われている「擦り合わせ」能力の中身，その核心にあるものこそ，リッチ・コミュニケーションなのではないだろうか。従業員，顧客，取引先企業の従業員，外部の研究者などといった企業内外の組織メンバーとの間で，情報を交換し，相互の知識，目的，価値観などの違いを埋めていく過程こそ，日本企業がこれまでに構築してきた経営スタイル，培ってきた組織能力だったのではないか。擦り合わせ能力そのものというより，それを遂行する過程で行われるリッチ・コミュニケーションのプロセスにこそ，注目すべきだったのであ

---

16) 日本のサプライヤー・システムについては，浅沼 [1997]，藤本・西口・伊藤 [1998] を参照されたい。

る。

　これらのことから，以下ではリッチ・コミュニケーションの実現に焦点を当てる。豊かで，密度の濃いコミュニケーションを実現していくためには，どのようなマネジメント上の施策が必要とされ，その実現はいかなる意義を持つのかを考察していく。

5.4　企業の境界を超えた公式組織の成立可能性

　A社などのベンダー企業と，クライアント企業，ベンダー企業から開発を受託する国内外の企業，そしてベンダー企業の内部でのリッチ・コミュニケーションについて考察するために，本章が依拠するのは近代組織論である。とくにBarnard［1968］に基づいて，考察を深めていく。[17]

　Barnard［1968］によれば，公式組織の成立条件は，①コミュニケーション，②貢献意欲，③共通目的である。カスタム・システムの開発においては，コミュニケーションを変えることにより，共通目的と貢献意欲も変化し，企業の境界を超えた公式組織が成立しうると考えられる。すなわち，カスタム・システムの開発でコミュニケーションをリッチなものにすることにより，潜在的に貢献意欲を持っているクライアント企業などが，ベンダー企業などの他者とのコミュニケーションを通じて目的を共有する，つまり共通目的を有することができるようになる。そして何らかの共通目的——クライアント企業の業務遂行を容易にする「よいシステム」の開発など——が存在することによって，潜在的であった貢献意欲は顕在化し，明確な貢献意欲となる。ここにおいて，コミュニケーションを基盤にして，企業の境界を超えた，ネットワークとしての公式組織が成立している状態が現れる。[18] 今後のカスタム・システムの開発，日本のソフトウェア産業にとって必要であると考えられるのは，まさに，企業の境界を超えた公式組織を実現することであろう。そこで，公式組織を成立させるためにどのような取組みが必要かを，次に考察していくことにしたい。

---

17)　Barnard［1968］が提示した公式組織に基づき，インターネットによるコミュニケーションの変化を取り入れた分析枠組みが，藤田・生稲［2008］で提示した「ユーザの組織化」である。ここでの議論はBarnard［1968］と藤田・生稲［2008］を踏まえたものとなっている。

18)　企業が境界の概念であり，組織がネットワークの概念であることについては，高橋［2000］を参照されたい。

5.5 ソフトウェア産業における組織活性化

　Barnard [1968] が指摘したように，公式組織を成立させ，存続させていくことは容易ではない。ソフトウェア産業において公式組織を成立させ，より多くの社会的主体が公式組織に参加するようにするためには，何をなすべきであろうか。その方策は Barnard [1968] を踏まえた Takahashi [1992] の組織活性化に関する研究が示唆を与えてくれる。

　コミュニケーションとそれを基盤とする公式組織という観点に立てば，カスタム・システムを含めたソフトウェアの開発活動は，2つの軸で分類することが可能である。1つの軸は，公式組織の範囲である。もう1つの軸は，公式組織の様態——公式組織の内部のコミュニケーション構造が固定的であるか流動的であるか——である。前者は開発活動に参加しうる社会的主体の数，したがって公式組織の内部の情報量を規定し，後者は公式組織の内部で流れる情報の質を規定する。Clark and Fujimoto [1991] が明らかにしたように，カスタム・システムを含む製品・サービスの本質は情報であるため，ベンダー企業を含む社会的主体の間で交わされる情報の量と質は，開発活動の成果を大きく左右する。そして，その情報は，公式組織の範囲が広がるほど，企業とユーザーが含まれる公式組織の内部の情報量は増える。また，公式組織の様態が流動的になるほど，良質な情報が流れる。この視点で開発活動を分類したものが表7-1である。

　現在の開発活動は，公式組織が成立していないか，あるいは成立していてもその範囲は狭い。そのため，ベンダー企業とクライアント企業の間で交わされる情報は少ない。同時に，公式組織の様態は固定的であり，情報は基本的にベンダー企業からクライアント企業へと流れる固定的な構造になっている。そのため，ベンダー企業には内容の乏しい情報しか流入しない。そこでベンダー企業は，シミュレーションとしての開発活動（Clark and Fujimoto [1991]），つまりクライアント企業などで利用される局面を想定することによって，その情報の量的・質的不足を補わなくてはならない。さらに，クライアント企業からのリッチな情報が流れにくく，開発したシステムやソフトウェアをクライアント企業などの利用者がどのように利用しているかは，開発を行った企業には不明

表 7-1　開発活動を担う公式組織の類型

		公式組織の範囲	
		狭　い	広　い
公式組織の様態	固定的	Type old （現　状）	Type A new （海外企業の「ビジネス」）
	流動的		Type J new （日本企業の「仕事」）

になり，ともすればベンダー企業からクライアント企業への情報の「押しつけ」に陥る危険性がある。

　対照的に，ベンダー企業とクライアント企業などを含む公式組織が実質的に成立すれば，公式組織の範囲が拡大して多くの情報が流れる。さらに公式組織の様態が流動的になれば，クライアント企業などの利用者からのフィードバックを含む，リッチな情報に基づいて開発，運営を行うことが可能になる。結果として，クライアント企業などの利用者が望むシステム，ソフトウェア，サービスが構築できるようになる。

　A社などの日本のソフトウェア企業は，カスタム・システムの開発を通じてクライアント企業と向き合い続け，コミュニケーションを行ってきた。だからこそ，それをよりリッチなコミュニケーションの実現，公式組織の成立という方向に発展させることは可能であると考えられる。そして，公式組織の範囲を拡大し，公式組織の様態を見直すことで，現在よりも効果的な開発活動，日本のソフトウェア産業に合致する活躍の場を見出すことができると考えられる。

おわりに

　事例調査とそれに基づく考察から，日本のソフトウェア産業の真の強さは，ユーザーの業務，さらにはその背後にある意図にまで踏み込み，それに適合するソフトウェア，システムを開発することであると考えられる。A社とB社の事例が示唆するのは，そうした「擦り合わせ」を下支えする能力，人事システムが現在の日本のソフトウェア産業にはあり，それは過去に培った企業能力，日本企業の経営スタイルと連続性を有している，ということであろう。したが

って，今後の日本のソフトウェア産業に求められることは，収益性のみを高めること，それを可能にする案件の獲得ではないだろう。むしろ，業務とその背後の意図にまで踏み込み，一緒に考えて効果的なシステムを構築することに価値を見出すクライアント企業を開拓し，そうしたクライアント企業を増やしていくことであろう。換言すれば，クライアント企業と１つの組織になる「クライアント企業の組織化」を推し進め，ベンダー企業とクライアント企業が一体となった公式組織を成立・存続させられるような関係，ネットワークの構築を行うことであろう。もちろん，それを現実のソフトウェア，システムに結実させる開発能力の向上，人材育成を不断に進めることも必要であろう。

このように考えれば，日本のソフトウェア産業が目指すべきは，収益性などの目先の，表立った指標を高める方向――アメリカなどの企業が目指している方向――ではないと考えられる。むしろ，日本のクライアント企業とともに培ってきたソフトウェア開発能力，クライアント企業とのリッチ・コミュニケーションの能力を，さらに高めることが，望ましい発展の方向性なのではないだろうか。それは，品質と，クライアント企業の要求への柔軟性を高く維持し，IT社会の「黒子」に徹していくソフトウェア産業の姿であるとも言える。

ただし，日本のソフトウェア産業と本章には，他に残された課題がある。まず，本章は，A社とその子会社のB社の事例に基づく。したがって，この事例研究から得られた知見の一般性を，今後の研究で補う必要がある。

次に，先端的な技術の開発と活用について，本章は補われる必要がある。A社とB社の事例からは，同社がいかにして新しい，最先端の技術を生み出し，活用しているかを把握することはできなかった。ソフトウェアを含むIT産業が技術変化の速い産業であることを考えれば，新しい技術を生み出し，それをソフトウェア製品やシステムに反映させていくマネジメントは重要であろう。

最後に，事例に基づいて本章が提示した経営スタイルの革新は，システムを利用するユーザー，クライアント企業，さらにはソフトウェア産業の他企業を巻き込み，産業全体が変わった場合にこそ，意味を持つであろう。A社がグループとしてB社という成功事例の成果を取り入れるのは言うまでもなく，それをB社，A社といった境界を超えて実践していくことが，日本のソフトウェア企業と産業にとって必要なのではないだろうか。とくにクライアント企業

との関係において，これまでのコミュニケーションを改めて見直し，双方が持つ認識や情報の差を埋め，信頼関係を構築していく必要があろう。本章は，そのための青写真を描いたに過ぎないのである。したがって，本章で描いたソフトウェア企業，ソフトウェア産業のあり方を，具体的にどのような取組みで現実のものにしていくかは，実務家，研究者が今後取り組んでいくべき課題であると考えられる。それが実現したときこそ，ソフトウェア産業が本当の意味で，ITによって企業，社会を支える黒子となれるのではないだろうか。

参 考 文 献

浅沼萬里（菊谷達弥編）［1997］『日本の企業組織 革新的適応のメカニズム——長期取引関係の構造と機能』東洋経済新報社．

Baba, Yasunori, Shinji Takai, and Yuji Mizuta ［1995］ "The Japanese software industry: The 'hub structure' approach," *Research Policy*, vol. 24, no. 3, pp. 473-486.

Barnard, Chester I. ［1968］ *The Functions of the Executive, 30th anniversary ed.*, Cambridge, Mass.: Harvard University Press.（初版 1938 年刊．C. I. バーナード〔山本安次郎・田杉競・飯野春樹訳〕［1968］『新訳 経営者の役割』ダイヤモンド社）

Brooks, Jr., Frederick P. ［1995］ *The Mythical Man-month: Essays on Software Engineering, 20th anniversary ed.*, Reading: Addison-Wesley.（初版 1975 年刊．フレデリック・P. ブルックス, Jr.〔滝沢徹・牧野祐子・富澤昇訳〕［1996］『人月の神話——狼人間を撃つ銀の弾はない 増訂版』アジソン・ウェスレイ・パブリッシャーズ・ジャパン）

Clark, Kim B., and Takahiro Fujimoto ［1991］ *Product Development Performance: Strategy, Organization, and Management in the World Auto Industry*, Boston: Harvard Business School Press.（藤本隆宏＝キム・B. クラーク〔田村明比古訳〕［1993］『実証研究 製品開発力——日米欧自動車メーカー 20 社の詳細調査』ダイヤモンド社）

Cusumano, Michael A. ［1991］ *Japan's Software Factories: A Challenge to U. S. Management*, New York; Tokyo: Oxford University Press.（マイケル・A. クスマノ〔富沢宏之・藤井留美訳〕［1993］『日本のソフトウェア戦略——アメリカ式経営への挑戦』三田出版会）

Cusumano, Michael A. ［2004］ *The Business of Software: What Every Manager, Programmer, and Entrepreneur Must Know to Thrive and Survive in Good Times and Bad*, New York: Free Press.（マイケル・A. クスマノ〔サイコム・インターナショナル監訳〕［2004］『ソフトウエア企業の競争戦略』ダイヤモンド社）

Cusumano, Michael A., and Richard W. Selby ［1995］ *Microsoft Secrets: How the World's Most Powerful Software Company Creates Technology, Shapes Markets, and Manages People*, New York: Free Press.（マイケル・A. クスマノ＝リチャード・W. セルビー〔山岡洋一訳〕［1996］『マイクロソフト・シークレット——勝ち続ける驚異の経営』

全2巻，日本経済新聞社）

Cusumano, Michael A., and David B. Yoffie ［1998］*Competing on Internet Time: Lessons from Netscape and Its Battle with Microsoft*, New York: Free Press.（マイケル・クスマノ = デイビッド・ヨッフィー〔松浦秀明訳〕［1999］『食うか食われるか——ネットスケープ vs. マイクロソフト』毎日新聞社）

Deci, Edward L. ［1975］*Intrinsic Motivation*, New York: Plenum Press.（E. L. デシ〔安藤延男・石田梅男訳〕［1980］『内発的動機づけ——実験社会心理学的アプローチ』誠信書房）

藤本隆宏・西口敏宏・伊藤秀史編［1998］『リーディングス サプライヤー・システム——新しい企業間関係を創る』有斐閣．

藤田英樹［2008］「成果主義とモティベーションの変化」若林直樹・松山一紀編『企業変革の人材マネジメント』ナカニシヤ出版，所収（第7章，104-119頁）．

藤田英樹・生稲史彦［2008］「Yahoo!知恵袋 ケース・スタディ——Web サービスの開発におけるユーザの組織化」『赤門マネジメント・レビュー』第7巻第6号，303-338頁．

Iansiti, Marco ［1998］*Technology Integration: Making Critical Choices in a Dynamic World*, Boston: Harvard Business School Press.（マルコ・イアンシティ〔NTT コミュニケーションウェア訳〕［2000］『技術統合——理論・経営・問題解決』NTT 出版）

Iansiti, Marco, and Alan MacCormack ［1997］"Developing products on internet time," *Harvard Business Review*, vol. 75, no. 5, pp. 108-117.（マルコ・イアンシティ = アラン・マコーマック［2001］「インターネット時代の製品開発」ドン・タプスコット編〔Diamond ハーバード・ビジネス・レビュー編集部訳〕『ネットワーク戦略論』ダイヤモンド社，所収）

伊丹敬之・伊丹研究室［1996］『日本のコンピュータ産業 なぜ伸び悩んでいるのか』NTT 出版．

Lave, Jean, and Etienne Wenger ［1991］*Situated Learning: Legitimate Peripheral Participation*, New York: Cambridge University Press.

Raymond, Eric S. ［1997］"The Cathedral and the Bazaar" retrieved April 2002 from http://www.catb.org/~esr/writings/cathedral-bazaar/（エリック・S. レイモンド〔山形浩生訳〕「伽藍とバザール」http://cruel.org/freeware/cathedral.html より）

妹尾大［2001］「ソフトウェア開発の新潮流——状況論的リーダーシップの胎動」『組織科学』第35巻第2号，65-80頁．

Takahashi, Nobuo ［1992］"An evaluation of organizational activation," *Omega: International Journal of Management Science*, vol. 20, no. 2, pp. 149-159.

高橋伸夫編［2000］『超企業・組織論——企業を超える組織のダイナミズム』有斐閣．

高橋伸夫［2004］『虚妄の成果主義——日本型年功制復活のススメ』日経 BP 社．

高橋伸夫［2006］『経営の再生 第3版——戦略の時代・組織の時代』有斐閣（初版 1995 年刊，新版 2003 年刊）．

高橋伸夫・高松朋史［2002］「オープン・ソース戦略の誤解——Linux はなぜ成功したのか」『赤門マネジメント・レビュー』第1巻第4号，283-308頁．

立本博文［2002］「ソフト開発プロセスモデルと製品属性」『赤門マネジメント・レビュー』第1巻第4号，309-336頁。

立本博文［2003a］「ゲームソフトとソフトウエア開発プロセス」新宅純二郎・田中辰雄・柳川範之編『ゲーム産業の経済分析——コンテンツ産業発展の構造と戦略』東洋経済新報社，所収（第10章）。

立本博文［2003b］「製品タイプと開発プロセスの適合性」新宅純二郎・田中辰雄・柳川範之編『ゲーム産業の経済分析——コンテンツ産業発展の構造と戦略』東洋経済新報社，所収（第11章）。

Von Krogh, Georg, and Eric von Hippel ［2003］ "Special issue on open source software development," *Research Policy*, vol. 32, no. 7, pp. 1149-1157.

Vroom, Victor H. ［1995］ *Work and Motivation*, San Francisco: Jossey-Bass.（初版1964年，New York: Wiley 刊。ヴルーム〔坂下昭宣・榊原清則・小松陽一・城戸康彰訳〕［1982］『仕事とモティベーション』千倉書房）

終章 現代に生きる歴史

尾高 煌之助

トヨタ自動車の工具
(写真提供:PANA)

材木屋の職人たち(「冨嶽三十六景 本所立川」前北斎為一〔葛飾北斎〕筆)

1 与えられた課題と課題への回答

　現代ならびに近い将来の日本が，良好な雇傭機会を提供し，またそれを十分に活用し続けるための条件は何か。これが，本書の執筆者たちに与えられた課題だった。

　この課題に答えるための資料を探して，執筆者たちは，2007年から09年にかけて足掛け3年の間に延べ10社ほどの企業をそれぞれ数回にわたって訪問し，担当者方のお話を伺い，また製造現場を観察した。活力のある職場が維持されているならば，それに寄与している要因は何か。もし「パワー不足」であるとしたらその原因はどこにあるのか。この問題意識を抱きつつ第三者なりに考察し，その結果を整理・分析・討議することによって，課題に答えるためのヒントをつかもうとしたのである。その成果を知的共有財産とし，いっそうの展開を図るため，総計25回に及ぶ研究会や報告会を開催した。

　良好な雇傭機会の提供のためには，職場に活力が必要である。市場経済における企業の活力は，日常茶飯の業務（ルーチーン）を繰り返すだけではなく，現状を改善し，欠陥を克服し，さらに新分野を切り拓くなど，大小の創造的営みの中から製品競争力を保持・増強するところから生まれる。内的革新を介した実質的な拡大再生産が必要条件だと言ってもよい。

　それなら，企業内革新（イノヴェーション）が起きるための条件とはどんなものか。

　執筆者たちが過去数年にわたって蓄積した事例から集約した作業仮説は次の通りである。すなわち，製造工業における企業内イノヴェーションは，製品デザイン，生産手段，製造工程それぞれの内部とこれらの分野相互間における緊密で頻繁な情報と知恵の交流の中から生まれる。すなわち，好ましい職場環境が維持・発展してきた事例においては，製品開発，製品デザイン，生産設備とその配置・保全（＝生産技術），製造技術と製品の運搬，生産管理，生産工程，等々の担当者たちが，企業全体の目的に照らして互いに自らの専門領域を踏み越えて知恵を絞り，内在的批判を交わして改善を図り，実験を繰り返すという共同作業がなされてきた。標語的には，「職場連繋（linkage）モデル」の活用

が企業内イノヴェーションの必要条件だと表現することもできよう。

「職場連繋モデル」の原型は，なんといってもトヨタ自動車にある。永年にわたる同社の工場実態調査（小池［2008］）によれば[1]，同社の生産工程労働者は，問題と変化への対応の一部分をこなす。また生産技術者と製造技術者とは，製品・生産ラインの設計・構築・量産のそれぞれにごく初期の段階から参画する（同書266頁）[2]。たとえば，新車が開発されると，その生産ラインの設計を受け持つ生産技術者，試作と量産とにかかわる製造技術者，そしてラインの運用にあたる生産労働者の三者がそれぞれ忌憚のない意見を述べ合い，その結果がそれぞれとりまとめられて具申/決断されていくという。とりわけ注目されるのは，同社の仕事方式が中堅層とその直下の人材とを厚く形成また活用する点で[3]，しかもこれらの人たちが「納得して」行動するように経営上の工夫——たとえば，「技能をたかめると，昇進，昇格が早く魅力的な仕事につける」（同書256-257頁）など——が随所に凝らされていることである[4]。

本書の各章でも，同種のモデルやその構想が，経済環境や経営条件の差によって修正を施された形で登場した。留意したいのだが，本書の調査が掘り起こした1つの発見は，「職場連繋モデル」を介する企業内イノヴェーションの発生が，必ずしも企業の経営的成功を前提としないという事実だった。言い換えれば，このモデルは経営的成功を目指す胎動のためにも有効なことがある。

上記の命題の適用可能性は，イノヴェーションの種類にも依存するであろう。アバナシーとクラーク（Abernathy and Clark［1985］）によれば，イノヴェーションには4つの類型がある。すなわち，（Ⅰ）創造性に重点があり，新商品であることから生ずるリスクに配慮したもの，（Ⅱ）新しい市場の開拓とそれに対応した商品の開発に着目したもの，（Ⅲ）製品の品質を向上させ，規模の経済等の実現による低価格化を実現しようとするもの，（Ⅳ）新技術への直感と

---

1) 小池調査の成果は，尾高［2009］でも紹介されている。
2) 生産技術者は生産設備の設営と稼働とを，また製造技術者は製造過程の改善と技術的問題の解決とを担当する。なお，自動車企業の技術者には，これらのほかに設計技術者がある（本書第1章の説明を参照）。
3) 中堅層とは，①技術者，②生産労働者の技能水準上位10％層，そして③生産労働者層の技能上半分層，の3グループを指す（小池［2008］256頁）。
4) 経営管理上の工夫の実際とその史的展開とは，和田［2009］に詳しい。

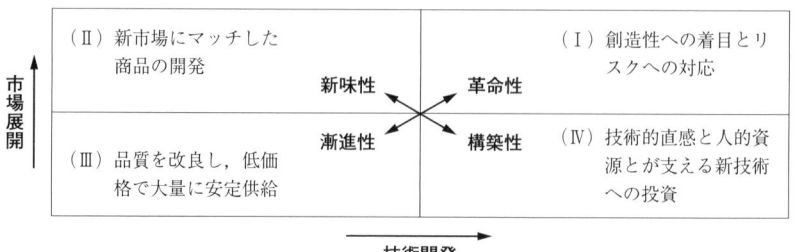

図 終-1　イノヴェーションの4類型

	新味性	革命性	
（Ⅱ）新市場にマッチした商品の開発			（Ⅰ）創造性への着目とリスクへの対応
（Ⅲ）品質を改良し，低価格で大量に安定供給	漸進性	構築性	（Ⅳ）技術的直感と人的資源とが支える新技術への投資

市場展開 ↑　　技術開発 →

(注)　ちなみに原図は，アメリカの自動車アセンブラーの歴史を材料に技術革新を4種類に分類し，その各種類に必要な経営的要因を指摘している。その経営的要因とは，構築性 architectural, 新味性 niche creation, 漸進性 regular, そして革命性 revolutionary の四者であって，そのそれぞれにふさわしい経営戦略が，技術軸と市場軸との組合せからなる4つの象限に記入されている。

(出所)　Abernathy and Clark [1985] p. 8 の原図をもとに，Elsevier の許可を得て筆者作成。

新分野に人材が果敢に挑戦するタイプ，の四者がそれである（図 終-1を参照）。この分類を念頭に置いて本書で扱われた企業内イノヴェーションの事例を顧みれば，日本の企業は「漸進性」（図の第Ⅲ象限）に優位を持つが，同時に，（Ⅱ）や（Ⅳ）の事例もそれなりにあると言えよう。たとえば（Ⅱ）の事例には，繊維会社が従来のコア技術を活かして化学繊維や非繊維部門などの新しい市場に参入した事例をあげることができる。また鉄鋼業は，（Ⅳ）の一例として，同じ市場内ではあるが技術的には新種の案件に絶えず挑戦している。ただし，もし革命性の（第Ⅰ象限の）イノヴェーションが起きたときには，日本的組織の対応は，上述の命題とは少し異なるかもしれない[5]。

　もちろん，以上で述べたのはあくまでも1つの条件にすぎない。この条件が満たされたとしても，事実として良好な雇傭機会が増えるかどうかは，このほかに，マクロ経済の活性度（つまり，景気がよいかどうか），省力化の動向（すなわち，資本形成がどの程度労働節約的か），産業構造の推移（すなわち，サービス経済化の進行度合いなど），そして海外直接投資の進展度（すなわち，生産拠点の海外移転の状況）にも左右される。さらに，創造的革新を司る技術変革や工

---

[5]　ちなみに，今回の調査中にお会いしたある企業の研究部長は，研究開発における大きな飛躍（「革新」）は，しばしば，異常値（outliers）に注目したところから始まるとの観察を述べられた。

学研究の動向にも依存するところが少なくない。執筆者たちの調査は，これらすべてを網羅するものではないから，与えられた課題に対する包括的な答えを出すのは今後に残された宿題である。

　知的生産の成果の善し悪しは，それが利用する材料（史・資料やデータなど）の性質いかんに依存する。使われた材料は現在と過去の実績にすぎないから，そこで得られた結果をもって確実に未来を予測することはできない。しかしながら，本書の諸章が示唆するのは，組織内イノヴェーションが生まれ，良好で活力のある雇傭機会が提供された日本の組織では，職場連繋モデルが維持されている可能性が高いという推定である。

2　得られた回答の国際的有効性

　職場連繋モデルが機能しているときには，異なる専門分野に従事する職種の人たちが，責任分担領域を越えて互いに共働したり批判し合ったりしていることがわかった。職種をまたぐ「相乗り」型の業務の執行がこれである。その結果，技術者と技能者との間で，また異なる分野を担当する技術者相互の間で，仕事の執行方法や生産にかかわる情報の相互作用（interaction）が起きる[6]。ここでは，有機的な企業内ネットワークが働いている。

　ところで，職種間の「相乗り」は，日本の職場の特徴だという報告がある。国際調査を重ねた社会学者の観察によると，日本の職業人たちは職種（job）観念が薄く，仕事の上で互いに協力し合うのを当然とするが，これは欧米の職場では必ずしも通用しない[7]（石田［1982］，石田［1994］，石田［2008］5頁，および図 終-2 を参照）。この観察は，1980年以来，80数カ国，1200名以上の官

---

[6] 本書の調査では対象としなかったが，社長などのトップ・マネージメントがしばしば工場を訪れて生産現場の観察や情報蒐集につとめ，事情によっては指示やコメントを与える事例も少なくない（一例として，瀧・千田・尾高［1993］には，かつての石川島播磨重工業副社長，永野治氏の例があがっている［24-25頁］）。

[7] 筆者も，同様の点を技術者からの聴き取りに基づいて論じたことがある（尾高［2010］）。また，松島茂のトヨタ自動車における聴き取り（2009年11月）によると，ヨーロッパやアメリカでは，技術者が作業服を着て現場に入り，生産工程従業員と一体になって仕事をする光景は見られない。ちなみにアメリカの生産技術者は，現場の作業員たちに対して上からものを言う傾向があるという。

終　章　現代に生きる歴史

図 終-2　職務と職務構成の国際比較

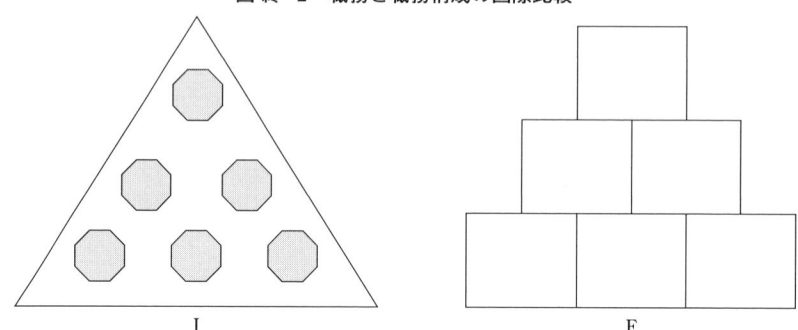

J　　　　　　　　　　　F

(注)　J（日本）タイプの仕事組織では，八角で示された職務は，それぞれ塗りつぶされた仕事領域だけではなく，必要に応じて他の八角や三角形内の白色の部分の業務をこなすことがある。これに対してF（欧米）タイプの仕事組織では，各々の仕事領域は具体的かつ詳細に決められていて，公的な転職の手続きを経ないかぎり他の領域を侵すことはない。
(出所)　原図は，石田［1982］17頁による。

界・実業界リーダーや研究者らを対象にした調査によっても追認された[8]（林［1994a, 1994b］）。なお，これらの研究によれば，欧米の工場で相乗り型モデルを応用するのは，生産工程従事者（ブルーカラー）には比較的可能だが[9]，ホワイトカラーたちに応用するには抵抗があるという。

日本の職場が「相乗り」型だとすれば，他国（とりわけ欧米）のそれは「独

---

8) 林［1994b］は，日本の企業を「O型組織」と呼ぶ。同氏の指摘の社会学的な文脈を的確に伝えるため，氏自身の解説を引用しておこう。氏によると，
「（日本では仕事の）成果への貢献を測定する人事考課も総合的で比較的長期が中心となります。コンテクストは言語で規定するよりも，共通の経験の積み重ねから生まれ，その中で組織目標への柔軟な貢献をベースに仕事の仕方や組立て方を判断してゆきます。そこではコンテクスト共有と同時に『未来の共有』が前提となります。それは，人のつながりや集団のあり方が自分の未来を左右するとする考え方です。このようなO型組織は専門化した職務記述書をベースにアカウンタビリティを組み立て，実績で評価する低コンテクスト経営と対比されます。後者をM型経営と呼んでいます」（40頁）。
O型に対するM型では，職務が明示的で明確に規定されるので，職務分析が可能である。後者では，職業人たちの相互代替性（replaceability）は，組織（ウチ）と外部市場（ソト）との間となる。ところがO型では，従業員たちの代替性は組織内（ウチ）にのみ通用する。
「なぜなら，重要な仕事は共有部分に属する事が多く，外から雇用しても組織内の人間関係を含む高コンテクストを熟知しないと，効率的に共有部分の仕事に有機的に参画できないからです」（同上，43頁）。
9) トヨタ生産方式が英米両国とタイとで有効に機能しているとの小池［2008］の報告は，この指摘を（少なくとも部分的に）肯定する。

立」型である。後者にあっては，職種にはそれぞれの「縄張り」(jurisdiction) があり，職種ごとの責任分野が細かく決められていて，個人的な判断でその領域を越えることは許されない。それゆえ，縦横の職種間協力は当然のことではない。労働組合（とくに職種別労働組合）が組織されている場合には，この規制が厳しい。この職場ルールのもとでは，職場連繋モデルは働かない。とすれば，本書で示した企業内イノヴェーションの条件が有効なのは，とりわけ日本系企業だということになる。

これらの観察からは，日本企業の「国際化」にあたって配慮すべき重要な留意事項が導き出されるであろう。

3 回答のよってきたる所以

3.1 制度的淵源

さて，もし職場連繋モデルが日本の職場組織に特徴的だとするなら，その特徴は，いつどのようにして生まれたのだろうか。この問いに答えるには，独立の歴史調査が必要であって，本章のよくするところではないけれども，さしあたり関連する2つの作業仮説（歴史解釈）に注目しておきたい。これらはいずれも歴史経験の差に関するものであるが，その1つは制度の，他の1つは社会意識の違いに着目する。

第1の，制度（または社会システム）の違いに着目する仮説（二村［2001］）は，前節で述べた日本人の職種意識の薄さの淵源を日欧比較史の中に求めて次のように論ずる。すなわち，西欧における職業概念の歴史は，中世の都市に始まる手工業者の歴史と関係が深い。彼らは，自律的な職業グループを構成し，その各々が労働の供給量を規制することによって，彼らの労働の対価が安くなりすぎないように留意した。これらのグループに所属するための資格は，徒弟としての修業年数がその主な内容をなし，能力は二の次であったという。これに対し，日本の職人の優劣を決める要因は，資格ではなく，本人の職業能力

---

10) 同様のことは，研究開発のスタイルについても言えるかもしれない。今回の研究調査にご協力いただいたある企業内研究所の研究部長によれば，日本の研究者の場合には協力・相乗り方式の開発が多いが，ドイツの場合には独立独歩方式が多いとのことであった。

（職能）の上下だった。すなわち，徳川期の手工業者たちが構成する職種集団（株仲間）に参加する条件は本人の職能（腕）で，西欧のそれが第三者にとっても紛れのない数量表現（徒弟年限）であったのとは対照的だった。ここにいう職能とは，誰にも通用する明確で一義的な素質（製品の品質など）だけではなく，本人の特技や職人としての個性（人あたりや面倒見のよさ，律儀さなど）をも含んでいるから，厳密で一義的な定義は難しい。そこで，職能をもって職種を言い表すときには，職種の概念もまた曖昧とならざるをえない。しかも，徳川期の職人たちの組織は，当時の体制から自律的とは言えず，しばしば行政府（幕府）の規制のもとに置かれていた。

このように，概念と実態との双方の理由から，近世近代の日本の手工業には，西欧のように明確で自律的な職種概念が成立しなかった。職種間の縄張り意識も発生し難かった。

日本のこの歴史経験は，経済近代化が開始された後に職種別労働組合の流れに影響することはなかった[11]。これは，西欧のギルド（craft gilds）が労組を含む民間組織の歴史的前提をなしたと説かれることがある（たとえば Black [1984]）のとは大きな違いである[12]。二村は，このような歴史を顧みるとき，日本の労組が企業別に組織され，職種を介しての団結性が薄いのは不思議ではないとする[13]。少なくとも，それは「後進性」に起因するものではない。

ところで，以上とは別に，戦前日本における非農の労働慣行には，はっきりした身分差の意識があり，技術者を含む「職員」（事務系従業員）と「工員」（「職工」とも呼ばれる生産工程従事者）とは人事処遇の上で明白に区別された。昇進路線の上でも，報酬制度の上でも両者は区別され，工場の出入り口にも区

---

11) ただし，友子同盟の例外がある（二村［1988］13頁，二村［2001］20頁）。ちなみに，明治期の鉄工組合は参加規制がゆるく，希望すれば誰でもこれに連なることが可能だった。それゆえ，旧説とは異なり，職種別労組とは言えないという（二村［2001］12頁）。

12) ただしこれは，ギルドが直線的に初期の（職種別）労組につながったということを意味しない（ギルドが労組の歴史的淵源だったとの解釈に対しては，以前からウェッブ夫妻［Webb [1965］4-21頁］の強い批判がある）。

13) ただし，（よく知られているように）全日本海員組合の例外がある。
ちなみに，小松によると，第二次大戦前（1921年以降）に少数の大規模工場で結成された労働組合も企業別に組織されていた（博文館印刷所，芝浦製作所，大阪砲兵工廠，東京瓦斯会社，住友伸銅所，大阪電灯会社，八幡製鉄所など。小松［1971］33頁）。

別があるほどだった。戦前における労働運動は，(とくに争議の際には) この身分差に対する工員たちの憤懣を体現するものであった。彼らは，かつての職人の伝統を継ぎ，生産技能の分野では他者の追随を許さないとの誇りを持っていただけに，身分差については憤懣やる方ないものがあったのである (二村 [2001] 9-12頁)。そこで，工場現場に大卒の技術者が派遣された場合，彼らは工員たちから (いわば) 客分としての (すなわち，ラインではなくスタッフとしての) 扱いを受けた。技術者は，生産活動の初心者として扱われ，その意見を現場が吸い上げることは稀だったとの報告 (たとえば，瀧・千田・尾高 [1993] 3-6頁) がある。

　この事実に照らすとき，第二次大戦後の経済民主化の過程で，職工間の身分差の撤廃が果たされたことの意義は大きい。これは，現場の生産工程従事者と技術者や事務系職員との対等な意見交換を成立させる社会的前提であった。さらに，高度経済成長の過程では海外からの技術導入や技術革新が活発化し，生産工程における大卒や高専卒技術者の組織内評価が上昇したので，工員たちも技術者の意見に耳を傾けるようになった。

　身分差撤廃が執拗に要求されたのは，職業に上下はなく，国民はすべて対等だとの思想が行き渡ったことの証左である[14]。それゆえに，いったん身分差が解消された暁には，職員も工員も，同一の事業所別 (企業別) 労組に所属するのは，本人たちにとって至極当然の選択であった。この事情は，労働者階級と非労働者階級との明白な差を当然の社会史的前提としてきた英米 (とくにイギリス) の労使関係とは大きく異なる。このゆえにこそ，日本の場合には (欧米とは異なり)，職種の意識が曖昧で，職種間の相乗りも容易だと考えられる[15]。

---

14) 福澤諭吉が引用した「天は人の上に人を造らず，人の下に人を造らず」の句が世間に膾炙した事実は，平等観念が広く受容されていたことの証左と言えよう (福澤 [2002] 6頁)。
15) だが同時に，日本国民の間では近世以来，競争意識も旺盛だったことに注目しておきたい。たとえば，再び福澤によれば，
　　「日本の人民は薄情にして報国の心なきが如くに思わるれども，その実は決して然らず。百姓が家柄の本末を争い，田畑，家屋敷の境界を争い，尚お上て隣村互に宮寺の普請を競い，相撲芝居の興行を競い，或は村の界を争い，山林秣場の入会を争う等，事々物々日々夜々，競争の念あらざるはなし。その際に当ては唯利を貪るの一方のみならず，面目を重んじ正理を守り，甚しきは尺寸の村境を争うが為に，幾家の産を空うし幾人の命を失うたるの例は古来珍らしからず。悉皆報国心の一班 [斑] と云うべき者なり。(略) 又封建の時代に各藩相対するの事情は競争の最も甚だしきものにして (以下略)」(福澤

3.2 社会意識的淵源

それならば，西欧で職種意識が明確に確立されたのはなぜか。

ひとつには，先に指摘した制度的要因によると言えよう。すなわち，ギルドその他の手工業者組合に所属する要件は，それぞれの組織が定める徒弟修業の年数と徒弟修了試験の合格とを前提とするという明白な規定があり，それによって職種と職業人とが一対一に対応したからである。こうして，個々の職種と仕事の内容との間には密接な連関があった。

さらに，いまひとつ，見逃せない史的要件がある。すなわち，西欧諸国では，経済近代化に先立つ時期に，個（人）の自我が確立していたという重要な指摘である。個々人は，（共同体のメンバーとしての資格によってではなく）独立の人格として存立し，それをゆるぎない前提として（必要に応じて）社会的に連繋するという近代的個人主義がこれである。[16]

近代的個人主義は，13世紀以降の西欧において，永い期間をかけて根付いたものだという。その過程では，個人が自分の内面を自分の言葉で公的に表現するという知的作業を経て自己の（個としての）自覚が促され，その結果「個人主義」に結実したとされる。[17] この過程を促したのは，カトリーク教会における告解の実行だったという阿部の指摘は，注目に値する（阿部［2006］第1章）。中世西欧ではカトリーク教会は国家（王権）による社会的権威を体現していたのだから，告解によって（司祭から）罪の赦しを受けるという社会的行為は，（阿部によれば）公的権力による個々人の内面への介入を意味し，それは明確な個の自覚を促す契機になったというのである。[18]

  ［2003］99-200頁）。
  なお，福澤のこの意見に筆者の注意を喚起したのは松田である（松田［2008］158頁）。
16) 日本では，「個人」の語は明治10年に，「社会」の語は明治17年に（もちろん訳語として）作られたという（阿部［2006］99頁）。ちなみに，夏目漱石の「個人主義」（夏目［1978］）は，ここで述べた西欧の個人主義とは少し異なり，自己本位で自分の自由を享受するとともに他人の自由を尊重する義務感を持つことを意味した。
17) 阿部は，この判定に際して，「真実の告白は，権力による個人の形成という社会的手続きの核心に登場してきた」というフーコーの言葉（Foucault［1976］邦訳76頁）を引用している（阿部［1990］30頁）。
18) この点を詳述した阿部［1990］によると，2～3世紀頃の初代キリスト教徒は，この世の終り（終末）が近いことを信じ，その日に至るまでこの世での理想とされる生活を送ろうと努力し

人が職業に就くとき，その職業（仕事）は，彼（女）の存在と人格とを社会的に表現する1つの手段である。それゆえにこそ，職種も，（個人主義のごとく）他者のそれとは明白に区別され独自の領域を持つものとして意識されるようになったのであろう。

3.3 史的ならびに国際比較的要因の統合

以上のように見れば，現代日本の工業的職場で技術的または組織的革新が比較的成功を収めたとき，その成功体験の淵源は，ひとつには戦後における経済民主化と，いまひとつは永い史的体験との社会的共有の中にあったことになる。

もしそうだとすれば，この史的淵源は，国際経済環境のいかんによって，プラスにもまたマイナスにも作用するであろう。職種概念が確立していないとすれば，それは企業間での労働移動を促進しない要因として働く場合があるし，しかし逆に企業をして人的投資を（安心して）決断させる（なぜなら，よい腕の持ち主となった従業員たちが離散しないから）の要因としても働くからである。われわれは，政策的対応を工夫するとき，環境の変動に応じて右往左往するのではなく，独自の史的体験を踏まえ，まず沈思黙考してから行動することが求められていると言えよう。

た。すなわち，神の戒めに従って身の純潔を守り，またこの世の同胞には仁義を尽くそうとして，そのためには肉体の苦難をも敢えて否定しなかったのである。独身を守る者も少なからず，若い男性の中には去勢を受ける者さえあったという。この自発的な運動が若い世代を巻き込んであちこちで起きたことは，当時の人々のものの考え方や文化（すなわち，人間と自然とのかかわりの理解）に強い衝撃を与えた。もちろんその一方では，禁欲的でなくこの世の快楽を享受しまた推奨する人たちもたくさんあったが，しかし阿部によれば，キリスト教がこれほど大きな社会的影響力を持ったことは，これ以前にもまたこれ以後にもなかった。

ローマ帝国が滅んで，中世キリスト教会（カトリーク教会）がゲルマン世界に布教の努力をするようになったとき以降，強固なゲルマン的世界観を克服するために，教会は，その信徒たちが教会に対して自らの罪の告白をし，犯した罪に対しては定められた規則に従ってこれを正す（贖罪する）ことを求めた。この頃までにはカトリーク教会は公権力（国家）と一体化していたから，告白とその結果としての贖罪の行為とは個人の私生活（とりわけ性生活）に対する国家の介入を意味し，それは明確な個の自覚を促す重大な意味を持ったという。

しかし，国の権力をもってしても，古代ゲルマン世界を支配した行動規範（部族ならびに個々人間の互酬の原則，個ではなく集団を中心とする行動原理など）を克服するのは容易ではなかったらしい。この「克服」は，いわば，ヨコのつながりを重視するゲルマン的世界観からタテのつながりを重視するカトリーク的世界観への転換の努力と形容することもできよう。日本では，このような（ヨコからタテへの）転換が起きたことはなかった。

終章 現代に生きる歴史

だが，現在と将来とを見据えて考えるとするなら，われわれは，以上のような史的要素を含めて，自己の内面を規定する要素と（場合によっては）その変革をもあわせて対策を練る必要に迫られているということになる。さらに，本章の歴史解釈が妥当な場合には，それが西欧以外の諸地域（とくに他のアジア諸国）にも通用するかどうかは，今後の検討課題とするに足りると言えよう。

4　総　　括

さて，改めて本書の出発点に立ち帰るなら，われわれにとって，グローバル化（globalization，全球化）とはいったい何だろうか。

その1つの特徴は，市場取引をめぐる制度と取決めとが世界中で一本化（もしくは標準化）すること，あるいは一本化の勢いが増すことにある[19]。究極的には，通貨統合が起きて為替相場が消滅するのかもしれない。そこでは，一物一価の法則が国際的に貫徹する。まったく同一の商品・サービスなら，価格も，賃金も，利子率も，どこへ行っても同じになるだろう[20]。

それなら，究極的なグローバル化のもとでは需要構造や産業構造も一様化するか。

答えは「否」である。地域と住民とは，歴史と自然（時間と空間）と趣向とを分かち，個性も豊かな存在である。これらが，グローバル化と並行して（あるいは，むしろそれゆえに）多様化する側面もあるだろう。

グローバル化のもとで生ずる個性化の重要な一例として，企業内部における

---

19) 1990年代以降，「グローバリゼーション」の必要が叫ばれたときには，制度や取決めの一本化と並行して，規制改革（de-regulation，いわゆる規制緩和）の重要性が強調された。だが，市場と規制とは必ずしも相容れぬものではない。市場の安定的な働きと発展とには，それらを可能にする制度設計（法制度や運用規則）が必須だからである。安定的な市場の運用に必要な取決めまで撤廃した場合には，当然のことながら，好ましからざる結果（バブルの発生やその崩壊と永い後遺症など）が生まれることがある。
　制度・ルールの標準化と規制改革とは，両者ひとまとめに概念するのではなく，それぞれが原理的に独立のものとして扱うのがよい。

20) 元来，貿易の自由化と資本の自由化とともに，仮に（土地，生産設備，労働などの）生産要素の国際移動はなくとも，すべての価格が国際的に均等化に向かう基本的傾向は生まれていた。敢えて新しい標語（グローバリゼーション）を広めたのは，均等化の速度を促進するために制度とルールの同一化を狙ったからであろう。

個性化・多様化の努力がある。そもそも企業組織が存在する理由は，標準化された市場の取引では得られない生産要素とそのサービスを自己の組織内に蓄え，そこから得られる技術力・資金力・人的資源を武器に，独自の商品・サービスを生み出して市場で販売し，収益を稼ぐこと，さらにはその活動の拡大再生産をめざすことにある。それゆえにこそ企業は，R&D ならびに市場取引に伴う大小のリスクを負担し，従業員を取引リスクから遮断する役割を果たす。企業組織の内部で進展する（市場取引にはなじまない）個性化や多様化を軸に，独自の競争力を備えた生産活動を促進するときに，その企業は「優良企業」(excellent company) として躍進を遂げる（それが成功の必要条件だと言ってもよい）。われわれの検討課題は，日本の製造工業にこの（優良企業を育てる）条件が備わっているかどうかを問うところにあった，と表現することもできよう。

　本書に盛られた調査・検討の意義は，多くの分野で懸命に努力している製造工業企業を訪問・調査して生産現場の状況を観察し，そこで得た知見の総合によって1つの作業仮説を抽出したところにある[21]。これらの企業では，日本の「ものづくり」伝統の維持発展を当然の前提とし[22]，組織内の人的交流および情報交換（職場連繋モデル）を介して企業内革新（イノヴェーション）を生み出そうとしていた。技術力の維持・発展の秘密はここにあった[23]。

　このように見るなら，企業による生産活動の適切な維持発展のためには，自

---

21) 今回は，まず手始めの作業として「ものづくり」現場を対象とし，サービス業，流通業は将来の課題とした。
22) さしあたりは，コアとなる製造現場は，R&D によって国際競争力を磨いて生き残るであろう（当人たちも，そのつもりである）。しかし，その生産基地が海外にシフトし，海外のスタッフによって活動する比率は上昇を続けるだろう。それに伴い，国内での生産比率が低下するのは避けられない（たとえば，2008年1月20日付の「食品，海外を輸出拠点に」と題する日本経済新聞記事は，「大手食品メーカーが海外工場から第三国への輸出を拡大する。（略）／各社は少子高齢化に伴う国内市場の縮小で海外事業を強化している」と報じた。具体的には，味の素，サントリー，キリンフードテックなど）。
23) その原型は，トヨタ自動車の経験から生まれた（いわゆるトヨタ生産方式，Toyota Production System, TPS）。これは，戦後日本の工業が編み出した製造方法の一大特色（個性）のように思われる。ただし，この方法は海外でも応用可能である（小池 [2008] を参照）。
　なお，本書の随所で触れられたように，現代日本の製造工業では，「職場連繋モデル」のみではなく，（今井・金子 [1988] が説く「ネットワーク分業」を介した）企業間の「相乗り」または「相互作用」が観察される。この（いわば）「企業連繋モデル」は，「職場連繋モデル」の延長的応用例と言えるかもしれない。

己の事業の中から育った（生産現場を熟知する）人材が経営層の少なくとも一部を構成することが望ましい。株主がこの点を十分に了解するとき，株主総会は，経営陣と従業員とに対して必ずしもいつも敵対（拮抗）関係にあるわけではない。ベーカーとスミス（Baker and Smith ［1998］）が主張するように，M&A（merger and acquisition，企業の合併と買収）にも，その脅威によって企業みずからに体力増進の努力をさせる（プラスの）規律効果がある[24]。

創造的で元気のよい組織が維持・発展するには，意欲に富む人材を擁すること，それを支える組織管理（人的訓練を含む）と賃金管理とについても強靭さを維持すること，が強く求められる。生産組織の中では，人材の適正管理，すなわち潜在的可能性を引き出し育成するかたわら，的確な人事配置と賃金管理とが必要である。また人材教育の領域では，観察と能力（知識）を材料に精一杯考えまた検証する姿勢，理論とともに経験・実証を大切にする方法，身体による理解と感性重視の教育思想などが要請される（尾高［1997］を参照）。

しかしながら，仮にものづくりの根本を元気に保つ条件が満たされたとしても，企業経営は，自社を囲む経済環境（国際競争，資金供給，需要状況など）に条件づけられている点を考慮せねばならない。（化学産業の事例で見たように）市場や産業組織の特徴から影響を受ける側面もある。たとえば，多品種少量のブランド商品による激烈な競争が展開される製品市場のもとでは，収益が伸び悩む状態が続き，内発的な技術革新を図る余裕は生まれないかもしれない。

一方，海外との取引にいそしむ企業や，海外に生産拠点を持つ企業にあっては，国内における仕事組織の運用通則（とりわけ本章で強調した「職場連繋モデル」）がそのままはあてはまらなかったり適用不可能な場合もあり，産業競争力を維持するためには「職場連繋モデル」以外の方策を編み出す必要も生じよう。「グローバル化」が，（FTA〔Free Trade Area〕やAPEC〔Asia Pacific Economic

---

24）ちなみに今城と宮島は，日本でM&Aが始まったのは最近の現象ではない，と指摘している（今城・宮島［2008］344頁，Miyajima, Imajoh and Kawamoto［2008］をも参照）。たしかに，1990年代前半までの日本経済では，M&Aは企業経営の相乗（synergy）や規律を促すための目立った役割は果たさなかったが，それでも戦前期には，3つのM&Aブームがあったという。すなわち，第1の小さな波（1900～13年），第2の第一次大戦ブーム後のやや大きな波（電力供給システムの展開），そして第3の1930年代の波（資本集約的な大企業〔鉄鋼，紙，醸造〕が規模の経済を実現）がそれである。

Cooperation〕などのゆるやかな協調を含む）東アジアの経済統合（economic integration）を指向するとすれば，なおさらのことである。

これらの諸問題にどう対処するか。この問いに答えるには，本書とはまた別の接近を必要とする。

参考文献

阿部謹也［1990］『西洋中世における個人（人格）の成立に関する予備的考察』一橋大学社会学古典資料センター．

阿部謹也［2006］『近代化と世間——私が見たヨーロッパと日本』朝日新聞社．

Abernathy, William J., and Kim B. Clark［1985］"Innovation: Mapping the winds of creative destruction," *Research Policy*, vol. 14, no. 1, pp. 3-22.

Baker, George P., and George D. Smith［1998］*The New Financial Capitalists: Kohlberg Kravis Roberts and the Creation of Corporate Value*, Cambridge, UK: Cambridge University Press.（G. P. ベーカー = G. D. スミス〔岩村充監訳，日本債権信用銀行・金融技法研究会訳〕［2000］『レバレッジド・バイアウト——KKRと企業価値創造』東洋経済新報社）．

Black, Antony［1984］*Guilds and Civil Society in European Political Thought from the Twelfth Century to the Present*, London: Methuen.

Foucault, Michel［1976］*Histoire de la sexualité 1 La volonté de savoir*, Paris: Gallimard.（ミシェル・フーコー〔渡辺守章訳〕［1986］『性の歴史1　知への意志』新潮社）．

福澤諭吉（小室正紀・西川俊作編）［2002］『福澤諭吉著作集 第3巻　学問のすゝめ』慶應義塾大学出版会（初版1872-76年刊）．

福澤諭吉（寺崎修編）［2003］『福澤諭吉著作集 第7巻　通俗民権論・通俗国権論』慶應義塾大学出版会（初版1878年刊）．

林吉郎［1994a］『異文化インターフェイス経営——国際化と日本的経営』日本経済新聞社．

25）たとえば，21世紀初頭に浮上した1つの見解によれば，「もう日本は高コスト構造なので生産工程の一から十まですべてを持つと高過ぎちゃって，むしろアジア・ワイドに分散させる形でうまくヴァリュー・チェーンをつないで，手間のかかる，労働集約的なところは外に出しちゃったほうがいい，そうすると日本の競争力が維持強化できるという，そういう発想が出てきて，（略）経産省の中で，経済統合という議論がとくに現実感を持って議論されている」（T通商審議官〔当時〕からの聴き取りによる，2008年1月）．

なお，広域経済統合を成功させるためには，製造工業の競争力強化とともに，金融サービス業の実力向上がぜひ必要であろう．ところが現代の日本の金融業は，国際的な情報交換が不得意（言語の問題等），系列相互にうまく情報が流通しないなど，増大するこのニーズに十分応えていないように見える．金融業の場合，長期安定的雇傭だとか職種間の相乗りなどの「日本的」特徴はむしろお荷物なのだとのジェイムズ・リンカーン（James R. Lincoln）教授の意見もある（本研究プロジェクトの2009年2月16日研究会における発言）．

林吉郎［1994b］「O 型経営の国際化・現地化――タイ・インドネシアを中心に」『青山国際政経論集』第 29 号，31-53 頁．
今井賢一・金子郁容［1988］『ネットワーク組織論』岩波書店．
今城徹・宮島英昭［2008］「戦前期日本における M&A の動向と特徴――20 世紀企業 M&A データベースを用いた検討」宮島英昭編『企業社会の変容と法創造 8 企業統治分析のフロンティア』日本評論社，所収（補章，340-359 頁）．
石田英夫［1982］「日本型ヒューマン・リソース・マネジメント――過程と構造」『日本労働協会雑誌』第 285 号，13-22 頁．
石田英夫［1994］「日本企業のグローバル化と国際人事の基本問題」石田英夫編著『国際人事』中央経済社，所収（第 1 章）．
石田英夫［2008］『日本型 HRM』ケース・ブック Ⅲ，慶應義塾大学出版会．
小池和男［2008］『海外日本企業の人材形成』東洋経済新報社．
小松隆二［1971］『企業別組合の生成――日本労働組合運動史の一齣』御茶の水書房．
松田宏一郎［2008］『江戸の知識から明治の政治へ』ぺりかん社．
Miyajima, Hideaki, Toru Imajoh, and Shinya Kawamoto ［2008］ "Mergers and acquisitions in Japan from a historical perspective: Understanding M&A waves in the prewar era," a paper presented to the international conference on business history on M&A from a long-term perspective, at Waseda University, 26 January 2008.
夏目漱石［1978］『私の個人主義』講談社学術文庫．
二村一夫［1988］『足尾暴動の史的分析――鉱山労働者の社会史』東京大学出版会．
二村一夫［2001］「日本における職業集団の比較史的特質――戦後労働組合から時間を逆行し，近世の〈仲間〉について考える」『経済学雑誌』第 102 巻第 2 号，3-30 頁．
尾高煌之助［1997］「イノベーション教育を考える」『Business Review』第 45 巻第 1 号，56-63 頁．
尾高煌之助［2009］「紹介・資料 小池和男著『海外日本企業の人材育成』東洋経済新報社，2008 年」『経済志林』第 77 巻第 1 号，237-245 頁．
尾高煌之助［2010］「企業躍進の諸要件――戦後企業家史にみる」浜田宏一・大塚啓二郎・東郷賢編著『模倣型経済の躍進と足ぶみ』ナカニシヤ出版，所収．
瀧勇・千田峰雄・尾高煌之助［1993］「高度成長期日本鋳物業躍進の要因――技術導入から技術輸出へ」一橋大学経済研究所ディスカッションペーパー B，No.13．
和田一夫［2009］『ものづくりの寓話――フォードからトヨタへ』名古屋大学出版会．
Webb, Sidney, and Beatrice Webb ［1965］ *The History of Trade Unionism, a reprint of the revised ed.*, New York: Kelley.（シドニー・ウエッブ＝ビアトリス・ウエッブ〔荒畑寒村訳〕［1949］『労働組合運動史』上・下，板垣書店）

事項索引

■ アルファベット

CAFE 規制　118
EJB　212
FS　→ファンクション・スケール
H.264　195
IP　→インターネット・プロトコル
IPTV　→インターネット・プロトコル・テレビジョン
IT 産業　184, 210, 230
Java　212
Linux　209
M&A　248
Mpeg2　194, 195
NGN　181, 193, 194, 198, 202
Off-JT　164
OJT　164, 186
OSS　209
PDCA　216
QCD　206, 215
RE　→レジデンス・エンジニア
TPS　→トヨタ生産方式
UNIX　209

■ あ 行

意思疎通　→コミュニケーション
一次サプライヤーの開発への関与　78
イネーブリング技術　146
イノヴェーション〔革新〕
　企業内──〔組織内──〕　236, 238, 239, 241, 247
　製品──　146
インセンティブ制度　117
インターネット・プロトコル〔IP〕　181, 183, 184, 190, 193, 194, 197, 203
インターネット・プロトコル・テレビジョン〔IPTV〕　7, 183, 184, 188, 193, 194, 196-200
オイル・ショック　174

■ か 行

会社としての成果　223
改善活動　74, 216
外的統合　225
開発指示権限　192
学　習
　組織内──　94
革　新　→イノヴェーション
カスタム・システム〔カスタマイズされたソフトウェア,カスタマイズド・ソフトウェア〕　7, 211, 224, 225, 228, 229
活用の仕事　94
カトリーク教会　244, 245
金型技術　71
規格化　215
企業規模プラント　167
技　術
　──間の関連性　156
　──の相互依存的発展　174
　──の相互作用　18, 19, 28, 38, 67, 172
　──の目利き　201
技術員室
　トヨタ自動車の──　26, 28, 48
技術者
　──のキャリア　108
　生産現場の──　113
　派遣される──　121
技術蓄積　174

251

──のプロセス　150
技術部門と生産技術部門との連繋　43
規制緩和　246
気相法　154, 159, 161, 166
気相法二段重合プラント　159
機能設計　135
機能別組織　5, 109, 110, 112
キー・パーソン〔プレイヤーを束ねるキー・パーソン〕　182
規模の経済（性）　6, 170
キャリア
　　──管理　117, 137
　　──パス　164
　　技術者の──　107
　　研究者の──　126
　　研究分野の壁を越えた──形成　202
共通の言語　47
共通目的　227
共同開発
　　自動車産業との──　117, 132
ギルド　242, 244
勤労意欲　12
クライアント企業の組織化　230
グローバリゼーション〔グローバル化, 全球化〕　2, 246
経営者の役割　222
ゲスト・エンジニア　76
研究開発
　　──成果の事業化　184
　　──体制の再編　182
　　──能力　178
　　──の同期化　193
　　事業化のための──　190
研究開発部門と事業部門の橋渡し〔研究部門と製造部門の架け橋〕　129, 190
研究所　108, 110, 112
　　製造現場と──とのコミュニケーション　126
　　放送局と事業会社と──の間における情報の橋渡し　196

現地現物主義　46, 47
現場〔生産現場, 製造現場〕
　　──と研究所とのコミュニケーション　126
　　──とのコミュニケーション　222
　　──の意見　129
　　──の技術者　113
貢献意欲　227
工作機械のNC化　71
公式組織　222
　　──の成立条件　227
　　──の範囲　228, 229
　　──の様態　228, 229
　　企業の境界を超えた──　227
構造設計　135
工程イノヴェーション　146
工程設計　65, 132, 135
個人主義　244
コスト面での効率化　174
コミュニケーション〔意思疎通〕　227
　　関係者相互の──と情報共有　200
　　製造現場と研究所との──　126
　　現場との──　222
ゴーン・ショック　119
コンパウンディング　147

■　さ　行

材料技術〔→製品技術〕　18, 36
サプライヤー・システム　226
残　業　217, 218
3K　219
3次元 CAD/CAM　72
事業化
　　──計画　190
　　──のための研究開発　190
　　──の判断　135
　　研究開発成果の──　184
事業会社
　　──との緊密な調整　191
　　放送局と──と研究所の間における情報

の橋渡し　196
事業創造　178
事業部制　5, 107-110, 112
事業部門と研究開発部門の橋渡し〔製造部門と研究部門の架け橋〕　129, 190
システム・エンジニア〔SE〕　220
実機試作　132, 138
自動交換機　182
自動車部品の設計への参画　134
死の谷〔デス・バレー〕　7, 178, 183, 184, 186-188
重合条件　163
重量級プロダクト・マネジャー〔重量級リーダー〕　5, 179, 200
　　商品別の──　123
主査〔チーフ・エンジニア〕　40
　　──制度〔──制度〕　44
準企業規模プラント　166
状況的学習理論　222
小集団活動　130
商品設計〔→製品技術〕　129, 132
商品別戦略組織　123
情報共有
　　関係者相互のコミュニケーションと──　200
　　企業を越えた──　116
　　組織間の──　137
情報交流〔情報の橋渡し〕
　　双方向の──　76
　　部門間の──　63
　　放送局と事業会社と研究所の間における──　196
情報の相互作用　239
少量多品種　→多品種生産
職種相乗り型〔職種間の相乗り〕　239, 240, 243
職種独立型　240
職能資格給制度　15, 217, 220
触媒技術　149, 150
　　──と生産技術の相互依存関係　154

職場連繋モデル　8, 236, 237, 239, 241, 247, 248
職務機能の柔軟性　11
人技一体　193
新規サービスの開発　181
人材育成〔人的訓練，人的投資〕　219, 230, 245, 248
人事交流
　　設計部門と生産技術部門の──　45, 47
　　部門間の──　38, 44, 47
垂直統合企業　224
垂直分業の開発プロセス　214
水平分業　214, 224
スキル（認定）と昇格の関係性　221
　　──の明確化　217
スキル認定　218
　　──システム　222
スタンダード触媒　155
スタンダード法　155
スラリー法　152, 153, 155, 159, 161, 168
　　──多段重合プロセス　161
擦り合わせ　226, 229
　　組織間の──能力　179
成果主義　220
生産管理　29
生産技術　11, 18, 20, 29, 61, 136, 149, 150, 168
　　触媒技術と──の相互依存関係　154
　　製造技術と──の相互作用　28, 39
　　製品技術と──の相互作用　44, 47
生産技術部門
　　──と技術部門との連繋　43
　　設計部門と──の人事交流　45, 47
生産現場　→現場
生産システムの内製　73
製造技術　9, 18, 20, 29, 61, 136, 149, 166
　　──と生産技術の相互作用　28, 39
　　製品技術と──の相互作用〔相関関係〕　36, 52

製造現場　→現場
製造部門と研究部門の架け橋〔事業部門と研究開発部門の橋渡し〕　129, 190
製造プロセス　152
製品開発戦略　91
　　——と人材組織戦略の関連性　84, 93
製品開発の分業関係　→分業関係
製品技術〔→材料技術,　→商品設計〕　18, 39, 136, 148
　　——と生産技術の相互作用　44, 47
　　——と製造技術の相関関係　52
世銀融資　25
設計部門
　　——と生産技術部門の人事交流　45, 47
　　——との接触　121
全体最適　48
　　——の実現　225
　　——の優先　47, 49
総合プロデュース活動　183, 188
相互調整
　　関係部門の〔関連部門との〕——　182, 196
ソフトウェア開発〔ソフト開発〕
　　——の型　215
　　——の工業化　216

■　た　行

多品種生産〔少量多品種, 多種少量生産〕　6, 127, 172
探求の仕事　94, 108
知恵の共有　215
チーグラー触媒　151, 152, 154, 155, 167, 171
チーグラー法　155
中試験　165
超企業・組織　207
長期雇傭〔長期安定的雇傭制度〕　8, 138
長距離通話　181
調　整
　　関係部門の〔関連部門との〕相互——　182, 196
　　事業会社との緊密な——　191
　　組織間の——過程　179
出来高制　217, 220
デジカメ　11
デス・バレー　→死の谷
電機産業　11
友子同盟　242
トヨタ生産方式〔TPS〕　13, 29, 214, 240, 247

■　な　行

内的統合
　　企業内での——　225
内発的動機づけ　220, 221
年　功　12
年功制〔年功的給与システム〕　8, 186, 217, 220, 222
　　日本型——　220

■　は　行

排ガス規制　120
パイロット・プラント　165
パッケージ化　224
場の共有　46
光ファイバー　193, 195, 198
標準化　224
　　作業——　216
品質管理　63
ファンクション・スケール〔FS〕　215, 216
ファンクション・ポイント〔FP〕　215
フィリップス法　155
フィリップス触媒　155
プラント設計技術　168
プログラミングスキル・レベル〔PL〕　217
プロジェクト・チーム　99, 102, 104, 106, 109-112, 123

──制〔方式〕　5, 103, 105
プロジェクト・マネジャー〔PM〕　218
プロセス型のソフトウェアファクトリ
　　214
プロセスの可視化　216
フローティング　219, 220, 222
プロデューサー　7, 190
分業関係〔製品開発の分業関係〕　136, 138
粉体技術　85
変数間の相互作用　171
ベンダー・ロックイン　190
ベンチ・スケール　165
放送局と事業会社と研究所の間における情報の橋渡し　196

■ ま 行

マルチ・タスキング・エージェンシー問題
　　94
身分差　242, 243

銘柄変更　163
メタロセン触媒　154, 159, 161, 167, 171
モジュール〔組合せ〕型分業〔方式〕
　　11, 13
ものづくり　3, 4, 213

■ や 行

溶液法　155, 159, 161, 171

■ ら 行

リッチ・コミュニケーション　226
量産化　165
　　──技術　168
レガシー系　181
レジデンス・エンジニア〔RE〕　35, 36
　　──制度〔──制度〕　34
労使関係　9
労働組合〔労組〕　10, 241, 243
　　職種別──　242
ロボットの活用　74

企業・組織名索引

■ アルファベット

IBM　223
ICI　155
JFEスチール〔JFE〕　5, 116-118, 121, 123, 124, 136, 138
　――の商品技術部　127
NEC　→日本電気
NTT　6, 7, 180-184, 186, 187, 190, 191, 193, 197-200, 202
NTTグループ〔NTT〕　194
　――エレクトロニクス　196
　――コミュニケーションズ　199
　――ぷらら　197-199
NTT持株会社〔NTT〕　7, 182, 192
　――サイバーコミュニケーション総合研究所　184
　――情報流通基盤総合研究所　184
　――先端技術総合研究所　184
　――のコンテンツ流通部門　188
　――労組　202
NUMMI　14, 26
PSL　104
PSジャパン　143
Shoshiba Filipina Industria, Inc.〔SFINC〕　59

■ あ行

アイシン精機　53
旭化成　143, 144
味の素　247
出光興産　143, 145, 156
イングリッシュ・スティール　156
大阪電灯会社　242
大阪砲兵工廠　242
沖電気　180

■ か行

九州昭芝　59
キリンフードテック　247
クライスラー　57
クラーク・ブラザーズ　156

■ さ行

サンキ工業　53
サントリー　247
芝浦製作所　242
昭芝製作所　4, 52, 54, 59, 60, 65, 67, 68, 71-73, 75, 78, 79
新電電　181
新日鐵　119
新日本石油化学　155
住友化学（工業）　143, 145, 155, 157
住友伸銅所　242
ゼネラル・モーターズ　57
先端力学シミュレーション研究所〔ASTOM〕　73
全日本海員組合　242
ソルヴェイ　158

■ た行

武部鉄工　28
中山三大精密金属製品有限公司　59
通産省　6, 155
逓信省　180
デュポン　159
電気通信研究所　184, 186
電機連合　14
電電公社　180
電電ファミリー　182

東亞合成　143
東京瓦斯会社　242
東京大学社会科学研究所　14
東　芝　24, 208
豊田工機　23
トヨタ自動車　4, 8, 12-14, 21, 31, 57, 84, 237, 239, 247
豊田自動織機　22
豊田鉄工　28

■ な 行

奈良機械製作所　5, 86, 90, 96-98, 100, 103-105, 108-112
　──の人事評価調整会議　106
　──の戦略会議　105
ニセック　72
日本電気〔NEC〕　180, 208
日本電装　53
日本粉体工業技術協会　85
日本ポリエチレン　145, 156
日本ポリスチレン　143

■ は 行

博文館印刷所　242

日立製作所〔日立〕　180, 208
富士通　180, 208
プライムポリマー　143, 145, 161, 169
プラクトロニカ昭芝　59
古河化学　155
ホソカワミクロン　5, 86, 89, 90, 107-112

■ ま 行

マイクロソフト　208, 224
マザー・アンド・プラッツ　156
マックス・プランク石炭研究所　151
三井化学　143, 145, 152, 155, 156, 159, 164-166, 168, 169, 171, 173
　──触媒科学研究所　166
三井石油化学工業　157, 158
三井ポリケミカル　159
三菱化学　143, 144, 155

■ や 行

八幡製鉄所　242
ユニオン・カーバイド　154

■ ら 行

リーマン・ブラザーズ　57

人名索引

■ あ 行

アウエルスヴァルト〔Philip E. Auerswald〕 178
青島矢一　9
赤瀬英昭　146, 147
浅沼萬里　226
アッターバック〔James M. Utterback〕 145
アバナシー〔William J. Abernathy〕 237, 238
阿部謹也　244
阿部正浩　9
アンチョルドギー〔Marie Anchordoguy〕 180
イアンシティ〔Marco Iansiti〕 208
飯塚悦功　9
生稲史彦　227
池渕浩介　26-30, 47, 48
石井健一郎　186
石黒一憲　201
石田英夫　9, 239, 240
石田光男　9, 124
伊丹敬之　209
伊藤秀史　226
今城徹　248
今野浩一郎　85
ウェンガー〔Etienne Wenger〕 222
ヴルーム〔Victor H. Vroom〕 220
大野耐一　20, 22, 26, 28-30
大橋正昭　36-39, 47
大湾秀雄　93
岡崎哲二　116
尾高煌之助　237, 239, 243

■ か 行

柏典夫　157
カミンスキー〔Walter Kaminsky〕 154, 159
カレベルグ〔Arne L. Kalleberg〕 14
川添雄彦　183
川端望　119
金容度　180, 201
楠兼敬　20-25, 29-31, 46, 47
クスマノ〔Michael A. Cusumano〕 208, 224
熊本祐三　31-36, 47
クラーク〔Kim B. Clark〕 52, 79, 179, 225, 227, 229, 237, 238
小池和男　9, 14, 237, 240, 247
ゴードン〔Andrew Gordon〕 10
小松隆二　242

■ さ 行

齋藤尚一　23
スミス〔George D. Smith〕 248
関俊司　183
妹尾大　209
セルビー〔Richard W. Selby〕 208
千田峰雄　239, 243

■ た 行

高井紳二　116, 209
高橋伸夫　209, 220, 227, 228
高松朋史　209
瀧勇　239, 243
立本博文　208, 209
チーグラー〔Karl W. Ziegler〕 151, 155, 157

中馬宏之　9
都留康　9
デシ〔Edward L. Deci〕　221
富田義典　84, 124
豊田英二　20, 22, 23, 40, 46
豊田喜一郎　46

■ な 行

中川靖造　180
永野治　239
ナッタ〔Giulio Natta〕　151
夏目漱石　244
西口敏宏　226
二村一夫　241, 242
沼上幹　7, 179
根本光一　180
延岡健太郎　85

■ は 行

バーナード〔Chester I. Barnard〕　206, 207, 227, 228
バーネット〔Brent D. Barnett〕　117, 138
馬場靖憲　116, 209
林吉郎　240
日高千景　116
フォン・クロー〔Georg von Krogh〕　209
フォン・ヒッペル〔Eric von Hippel〕　209
福澤諭吉　243
藤田英樹　220, 227
藤本隆宏　52, 79, 179, 225, 226, 228
ブランスコム〔Lewis M. Branscomb〕　178
ブルックス〔Frederick P. Brooks, Jr.〕　208

ベーカー〔George P. Baker〕　248
ホルムストロム〔Bengt Holmstrom〕　94

■ ま 行

マコーマック〔Alan MacCormack〕　208
マーチ〔James G. March〕　94
松浦一雄　157
松島茂　239
萬本正信　183
三上尚孝　157
水田裕二　209
三谷直紀　124
南宏二　183
三原佑介　69, 77
宮島英昭　248
ミルグロム〔Paul Milgrom〕　94

■ や 行

山本由夫　24
行松健一　186
米倉誠一郎　116

■ ら 行

リン〔Leonard H. Lynn〕　116
リンカーン〔James R. Lincoln〕　9, 14, 249
レイヴ〔Jean Lave〕　222
レイモンド〔Eric S. Raymond〕　209
ロバーツ〔John Roberts〕　94

■ わ 行

和田明広　36, 39-45, 47, 48
和田一夫　237
渡辺保　183

人名索引　259

● 編者紹介

尾高 煌之助(おだか・こうのすけ)
経済産業研究所編纂主幹,一橋大学経済研究所非常勤研究員,一橋大学名誉教授,法政大学名誉教授

松島 茂(まつしま・しげる)
東京理科大学専門職大学院総合科学技術経営研究科教授

連合総合生活開発研究所(連合総研)
連合のシンクタンクとして,勤労者とその家族の生活向上,経済の健全な発展と雇用の安定に寄与することを目的に,内外の経済・社会・産業・労働問題など,幅広い調査・研究活動を進めている。
http://www.rengo-soken.or.jp/

イノヴェーションの創出──ものづくりを支える人材と組織
Industrial Innovations Made Easy: How and Why Human and Organizational Interactions Renovated Modern Japanese Enterprises

2010 年 5 月 10 日　初版第 1 刷発行

編 者		尾高 煌之助 松島 茂 連合総合生活開発研究所
発行者		江草 貞治
発行所		株式会社 有斐閣

〒101-0051　東京都千代田区神田神保町 2-17
電話 (03)3264-1315〔編集〕
(03)3265-6811〔営業〕
http://www.yuhikaku.co.jp/

印 刷　萩原印刷株式会社
製 本　大口製本印刷株式会社
組 版　BIKOH

© 2010, JTUC Research Institute for Advancement of Living Standards.
Printed in Japan
落丁・乱丁本はお取替えいたします。
★定価はカバーに表示してあります。
ISBN 978-4-641-16356-0

[JCOPY] 本書の無断複写(コピー)は,著作権法上での例外を除き,禁じられています。複写される場合は,そのつど事前に,(社)出版者著作権管理機構(電話03-3513-6969, FAX03-3513-6979, e-mail:info@jcopy.or.jp)の許諾を得てください。